"大数据与裁判规则"系列丛书

国家社会科学基金重点项目《中国民事诉讼一审程序实证研究（1949-2013）》（14AFX015）
河南省高等学校哲学社会科学创新团队《诉讼制度运行机制实证研究》（2015-CXTD-08）

Essentials and Rules of
Judicial Adjudication

司法裁判精要与裁判规则

2018年卷

张嘉军　马　斌　付翔宇　武文浩
游大宇　余怡然　张　盟　孟馨琳　著

法律出版社 | LAW PRESS

总 序

党的十八大以来，以习近平同志为核心的党中央高度重视司法案例对于推进法治建设、促进司法公正、加强法治宣传教育的重要作用。党的十八届四中全会作出决定，要求加强和规范案例指导，统一法律适用标准。最高人民法院院长周强强调，要充分运用大数据全面推进司法案例工作，积极构建司法案例研究大格局，将其作为一项重要的基础性、全局性、常态性工作规划和部署，促进审判体系和审判能力的现代化，实现司法为民、公正司法。

司法案例是总结审判经验、诠释法律精神的重要载体，我国自古以来便有重视案例研判的传统，律例并行、以例补律是中华法系的突出特点，"比附援引"是中国古代的一种重要法律形式。周代断狱的"邦成"，秦代的"廷行事"，汉代的"决事比"，隋朝的"断罪无正条"，唐代的"出罪举重以明轻，入罪举轻以明重"，宋代的"断例"，元代的"格例、条格"，清代的"比附成案"，都是重视司法判例、以典型案例作为裁判指引和参考的表现。

在中国历史上，司法判例与成文法曾出现过三次较为明显的结合现象。从西周初年的以例断狱到战国时期的成文法，再到西汉时期的律例并用，两者出现了首次融合。汉代《九章律》规定不足，于是就有了"决事比"；当时仅死罪的"决事比"就高达14,372条。这一现象贯穿中国古代始终，唐律疏议、大明律、大清律等法典的条文之后都附有数目众多的"例"，在当时起到了注释法律的作用。第二次融合现象出现在"清末修律"之后，当时大理院创制了大量判例，以解决参与立法的日本学者仿效欧洲，将西方法律移植到中国成文法中的适应性问题。国民党时期，尽管"六法全书"被认为建立了较为完备的法律体系，但该体系中仍然包含了众多判例。20世纪40年代之后，由于多重因素使然，旧法统曾出现过由成文法一边倒的局面转而向英美法靠拢、对案例进行制度化建设的趋势。第三次融合，则发生在新中国成立之后。

新中国成立以来,我国通过案例提炼司法智慧和审判经验的努力历程久远。新中国成立初期,我国成文法体系尚不完备,运用案例积累立法经验、回应司法实践需求,以案例指导审判工作成为当时一项重要的司法探索和实践。毛泽东同志针对当时法制方面的问题指出:"不仅要制定法律,还要编案例。"自 1953 年开始,最高人民法院历时数年调集各地案例,起草了著名的《1955 年以来奸淫幼女案件检查总结》,并于 1957 年下发执行。1955 年 10 月,针对当时确定罪名、适用刑罚司法尺度不一的混乱现象,时任最高人民法院院长董必武同志主持最高人民法院调阅各级法院审结的 19,200 件案件,总结拟定了当时审判工作通用的 9 类罪、92 个罪名和 10 个刑种。1956 年全国司法审判工作会议中,董必武同志提出:"要注重编纂典型判例,经审定后发给各级法院比照援引。"1962 年 12 月,最高人民法院《关于人民法院工作若干问题的规定》要求"总结审判工作经验,选择案例,指导工作"。1976 年,最高人民法院印发"刘殿清案"等 9 个典型案例,指导各级法院纠正"文化大革命"期间形成的冤错案件,在当时对国家拨乱反正、匡扶社会正义、树立司法权威等工作起到了关键作用。

党的十一届三中全会召开之后,《刑法》《民法通则》《婚姻法》《刑事诉讼法》等法律相继颁布施行,针对审判实践中出现的法律适用问题,最高人民法院开启了运用案例解释法律、配合有关法律和司法解释指导审判实践的尝试,并将其作为对下级法院审判工作进行监督和指导的重要措施。1983 年,时任最高人民法院院长郑天翔指出,要利用具体案例指导各级人民法院的审判工作,对人民群众进行具体、生动而实际的法律教育。1983 ~ 1988 年,最高人民法院以内部文件形式下发了 293 个案例,对一些重大、复杂、新型的刑事案件的定罪、量刑问题提供范例,为改革开放中新出现的民事、经济纠纷案件提供审判参考。1985 年,《最高人民法院公报》在创刊号上发布了 15 个案例,并于其后的十年间发布了 168 个案例。将案例定期在《公报》上发布,表明我国的司法案例制度逐渐步入规范化轨道。

1989 年 4 月 29 日,时任最高人民法院院长任建新提出,在法制不健全、法律不完备的情况下,中央要求最高人民法院"要更多地搞点案例",提出"案例对下级法院做好审判工作是很有指导作用和参照作用的,而发布案例只能由最高人民法院来做"。在这一时期,所有的案例都在《公报》上公开发布,公开性和透明度大大提高,发布案例的程序也较过去更加规范。1996 年以后,公报案例不再经最高人民法院审委会讨论确认后公布,最高人民法院的下属单位也开始编辑典型案例,案例的发掘、推广、研究和运用逐步由自发性生长、制度化探索走向多元化发展的道路。

党的十五大以后，最高人民法院着手进行案例指导的制度性建设。1999 年，《人民法院五年改革纲要》明确提出要编选典型案例，供下级法院审判类似案件时参考。2005 年，《人民法院第二个五年改革纲要》首次以正式文件的形式提出“建立和完善案例指导制度”。2008 年 12 月，中央政法委员会《关于深化司法体制和工作机制改革若干问题的意见》将案例指导作为国家司法改革的一项重要内容。2010 年 11 月 26 日，最高人民法院《关于案例指导工作的规定》要求：“最高人民法院发布的指导性案例，各级人民法院在审判类似案件时应当参照。”这标志着中国特色的案例指导制度正式确立。

自 2011 年年底最高人民法院发布第一批指导性案例以来，截至 2018 年 10 月，最高人民法院颁布了 18 批共 96 件指导性案例，在解释法律、统一法律适用标准、规范司法行为等方面发挥了积极的作用。

司法案例是我国法治进程的真实记录和见证，蕴藏着法律的经验和秩序，浓缩着人类法律智慧赋予的温情与正义。作为法治的基本单位，案例几乎蕴含着所有与法有关的信息，其不仅集中展现制度的冲突与整合，而且充分显示了司法运行的实际及制约因素。相较于司法解释固有的局限性，司法案例在弥补制定法不足方面更具针对性、及时性、明确性，更有利于将法官的自由裁量权约束到一个相对合理的限度内。作为司法公共服务产品，以及国家立法的先行验证和实践支撑，其已然成为国家治理的重要依据。

强调司法案例重要作用的同时，不容忽视的是，司法判例作为经验主义哲学的产物，其本身也存在一定的局限性。重视案例并不意味着要以判例改变甚至取代法律及司法解释的地位和作用。对司法案例进行的类似性判断，是逻辑上类比推理等方法的运用，对此必须谨慎对待，不仅应注重类比推理过程的合理性，同时更应重视规范分析的根基地位。类似性比对应以案件要素事实为基础，考量案件关键事实、法律关系、案件争点、争议法律问题是否具有相似性。在对实定法秩序进行体系化解释的过程中，要坚持司法中心主义，既给价值判断留出适当的弹性空间，同时也应注重保持法律体系的相对封闭性，在尊重案例事实的基础上完成理论抽象，以此保证案例作用发挥的科学性。

当前，我国裁判文书公开的全面性、及时性、公开内容的规范化程度还存在一定的提升空间，指导性案例在数量、质量，以及援引适用的状况距离司法实践需求还存在一定的差距。在我国法学发展和法治建设的时代背景下，案例研究理应成为法学研究的重要方法。

中国司法案例研究中心自成立以来,始终致力于发现、树立、推广具有独特价值的案例,深度挖掘其中蕴含的裁判方法和法律思维,充分发挥这些案例独特的启示、指引和示范功能,目前已经基本建设成较为智能、高效、便捷的典型案例推广平台、法学理论研究平台、法律工作者服务平台、普及法律知识平台和司法交流合作平台,发挥了以案例分析法律、丰富法律、普及法律的作用,为探索和推动切合我国国情和司法实际的本土案例研究范式树立了成功的典范。

本套丛书不仅是中国司法案例研究中心多年研究成果的总结和回顾,同时也是对司法大数据与审判经验深度融合进行制度探索的经验归纳与凝炼。从内容上来看,本套丛书囊括民事、行政与刑事裁判规则,集中选取了一批权威度高、影响力广泛的案例进行精心编排、整理编辑,其中也不乏一些适用法律和司法解释准确、说理充分的文书范例。本套丛书基于案例,但又不局限于汇编案例,中心学者在案例的基础上,对其裁判要旨、争议要点、相关法律条文进行了重点解读、详尽阐述和深入解析,对案件事实认定和法律适用过程中可能出现的容易引起混淆和误解的问题进行了尽可能全面、客观的适用指引。通读本套丛书,不仅可以全面掌握蕴藏在典型案例中的制度规则,以及该制度规则的理论背景、学术观点,了解权威法律机关对具体法律适用问题的司法政策、观点,准确理解和掌握法律条文及司法解释的精神和原义,而且还能够获取大量可参照、可复制的释法说理的思路与方法,其中的分析与观点深具启发,具有一定的指导及参考价值。

本套丛书契合我国司法实际,无论是内容编排还是案例选取,都始终注重其典型性、代表性和实用性,不仅对司法实务有重要的参考价值,可资成为审判人员、律师、仲裁员在审判实践中参考的工具书,而且也能够为法学理论研究提供生动的素材。本套丛书在编排过程中,注重结构体系的系统性,以及案例来源、法律观点的权威性,故而也能够为法科学生以及法律爱好者进行法学专业知识学习提供参考和帮助。使用本书时,应注意国家最新公布的法律和最高人民法院最新颁布的司法解释,凡与前者有抵触的,应以前者为准。

是为序!

河南省高级人民法院副院长　王韶华

二零一八年十月一日

序 言

由于法学传统渊源之差异，两大法系形成了截然不同的两种裁判规范路径。大陆法系形成了以成文法为主体的裁判规范体系，英美法系则形成了以判例为主体的裁判规范体系。尽管二者的终极目标都是为了判决的公正性，但二者对法官的要求却有所不同。前者需要法官对现有法律规定有全面把握与理解，后者需要法官对过往判例了然于心。两大法系在裁判规范思路上的分野致使大陆法系的裁判过于追求逻辑严谨性而易于出现“同案不同判”的情况；英美法系的裁判则可能会过于强调对过往判例的遵循而会忽视裁判的逻辑性。两大法系在裁判思路上有差异，但并不影响其在各自反思的基础上相互吸收与靠拢。大陆法系国家在继续坚持成文法裁判规范思路之时，也开始发布部分判例，指导各级法院的审判。英美法系在继续秉持判例法裁判规范思路的同时，也开始颁布部分成文法，也注重依据法律规定进行裁判。任何体系或制度貌似拥有抵御外来知识或文化侵入的坚硬外壳，但并非说明其坚不可摧甚或恒久不变。变与不变主要取决于这一体系或制度在历史变迁中适应社会经济发展的能力，当这一能力并不能完全契合社会经济发展需要时，就应做出自身的调整和变革，否则这一体系或制度只能被抛弃，且可能会被其他新的体系或制度所取代。大陆法系的成文法裁判规范体系与英美法系判例法裁判规范体系的相互吸收与借鉴，一方面固然说明了两大法系在世界全球化背景下的相互融合与接近；另一方面也说明了这两种裁判规范体系在历史发展进程中已经遭遇了需要做出改变的内外压力。两大法系在裁判规范思路上的变化，让两大法系各自不同的裁判规范体系更具有张力与适应性。

就法学传统渊源而言，我国属于大陆法系的成文法体系，法律的明文规定系我国法院裁判规范的主要依据。随着我国改革开放的不断深入，中国的法学和司法也成为世界全球化浪潮的“弄潮儿”。两大法系的法学和司法知识大量传入中国，中国的法学和司法也走出了国门。中国众多法律制度的制定或修改，在注重本土化的同时,也或多或少地吸收和借鉴了两大法系其他国家或地区的相关制度。在这一过程中,中国也关注了英美法系的判例法制度,也注意了大陆法系开始建设有限的判例制度。这些新变化和新走向,对中国裁判规范体系的影响无疑是深远的。中国于2012年建立了指导性案例制度,之后最高人民法院发布多批次指导性案例用以指导各级法院法官的裁判。尽管我国的指导性案例并不具有英美法系判例那么高的法律位阶层次,但指导性案例也可以作为裁判主文的引用规范,即指导性案例具有司法解释的功能。具有中国特色的案例指导制度在中国已经形成并已深深嵌入中国的司法体系之中,这一点是毋庸置疑的。但这一中国特色的案例指导制度却存在"不接地气"和"指导性不足"等问题:一是指导性案件多为新颖性、造法性案例,这类案例对于绝大部分法官而言,或许一辈子不会遇到。对于广大一线法官而言,指导性案例显然并"不接地气"。二是指导性案例的数量有限,涵盖面不足,对于广大一线的急切想获得相关案例指导的法官而言,并不能够及时得到指导。现行指导性案例制度与广大一线基层法官需求之间的矛盾日益明显,其指导性不够。

对中国裁判具有划时代意义的"中国裁判文书网"于2013年7月1日正式上线,在该网站上公布生效裁判文书至今近5000万份。这些"浩如烟海"的"海量"裁判文书为一线法官办案时查找相关案例作为参考提供了极大的便利。中国裁判文书网上公布的案例,弥补了指导性案例对一线法官办案指导性不足以及"不接地气"问题。正是看到了这一点,不少纸质媒体以及新媒体等都及时发布各类案件的裁判规则以及裁判精要,这些"短平快""快餐式"的裁判规则和裁判精要,内容丰富、灵活多样,契合司法实践的需求,深受广大司法实践者和法学爱好者的青睐与追捧。河南省高级人民法院与郑州大学联合成立的"中国司法案例研究中心"以最高人民法院的生效判决为基础梳理了大量类案并形成了一系列"裁判精要和裁判规则",这些"裁判精要与裁判规则"涉及实体法和程序法的诸多内容。其中部分"裁判精要与裁判规则"已经在该中心的微信公众号——"判例研究"(chinese case)上推送,反响大、社会效果好。是故,本中心将已经在"判例研究"(chinese case)上推送的以及尚未推送的"裁判规则"结集出版,以飨读者。该书具有但并不限于以下特点:

一是权威性。本书收录的裁判规则以最高人民法院的生效裁判文书为主,间或涉及高级人民法院的生效裁判文书,对相同案件的裁判规则和思路进行梳理。在此基础上提炼形成的裁判规则和裁判思路一定程度上代表了这一时期最高的司法水准，权威性和对各级法院法官裁判的参考性更强。

二是适用性。本书紧扣当前司法实践中的热点或难点，梳理相关生效判决中的裁判规则与裁判思路。这样的进路，更能贴近司法现实的需要。与指导性案例距离一线法官的需求过于遥远不同，该书所收录的裁判规则和裁判精要更契合一线法官甚或广大律师和检察官的办案需求，本书的适用性更强。

三是广泛性。本书收录的有关最高法院生效裁判的裁判规则与思路不仅涵盖了实体法还包括了程序法的裁判规则与思路；不仅有民事实体法、行政实体法还有刑事实体法的裁判规则与思路。就其适用面而言，该书不仅适用于法官、检察官、律师，还适用于学者以及法科学生。本书无论是其内容还是其适用主体上都更具有广泛性。

四是体系性。本书所归纳的裁判规则和裁判思路，不仅包括具体案件的裁判规则本身，还在此之前就该问题有关的基本知识以及相关法律或司法解释的规定予以简单介绍，并且对上述裁判规则与思路予以总结和提升，凸显其体系性。

中国司法案例研究中心推出本书《司法裁判精要与裁判规则》，显然并非传统意义上的学术专著，其更在于在归纳整理相关知识点以及相关法律和司法解释规定基础上，再归纳梳理相关案件的裁判规则和裁判思路。这样的"研究"进路意在探寻和发现司法实践中最为鲜活生动的一面——法官裁判的精髓，即承载着法官对法律和案件事实经验智慧的裁判规则，并将其呈现在广大学者、法官、检察官、律师以及法科学生面前，供其研究、参考办案与学习之用。尽管本书深度有限，但其对于中国法治建设的贡献或许并不亚于深奥的学术专著！当然，本书仅为这一研究进路的"探路者"，今后我们将秉持这样的进路继续跋涉，陆续推出"大数据与裁判规则"系列丛书，为法治建设尽绵薄之力！

是为序！

张嘉军

2018 年 6 月 18 日于盛和苑

目　录

上篇　民事案件裁判规则

上　篇

民事案件裁判规则

第一章 民事案件实体裁判规则

第一节 诚实信用原则适用裁判规则

一、导读

诚实信用原则是民事主体从事民事活动、行使民事权利和履行民事义务应当遵循的基本原则，旨在强调对于民事活动的开展应当本着诚实、善意、信用的态度。该原则对于敦促当事人行使权利与履行义务合法友善、帮助合同条款内容的解释、补充法律在某些领域的不足等方面有十分积极的意义。

在实践中，对于诚实信用原则的适用存在一些问题，主要表现在运用诚实信用原则认定合同效力、确定合同履行适当性、厘定合同违约责任承担等情形时，无法确定如何更加契合地展现司法裁判的说理功能。本书此部分从裁判文书网检索到707篇诚实信用原则适用的相关案件，现选取其中最贴切的9篇进行梳理，总结裁判规则。

二、诚实信用原则适用的理论及立法规定

（一）诚实信用原则适用的基本理论

1. 诚实信用原则的概念

诚实信用原则，简称诚信原则，是指民事主体在从事民事活动、行使民事权利和履行民事义务时，应本着善意、诚实的态度，即讲究信誉、恪守信用、意思表示真实、行为合法、不规避法律和曲解合同条款等。其具体表现为：(1)不为欺诈行为；(2)恪守信用、尊重交易习惯；(3)不得规避法律和曲解合同条款；(4)正当竞争，反对垄断；(5)尊重社会利益、不得滥用权利等。诚实信用原则的本质有如下表现：第

一,为市场经济活动提供道德准则;第二,是道德准则的法律化;第三,尽管具有内涵与外延的不确定性,其实质在于授予法院以自由裁量权。

2. 诚实信用原则的适用范围

诚实信用原则的遵守构成了法律上往来的基础,因而,凡有法律上特别约束时(如债法、物权法)均可适用该原则。即诚实信用原则只限于在特别约束下,并使相对人产生信赖时才能适用;反之,无此种法律上特别约束时,如参与竞赛的多数参与人之间或数个要向债务人为相同主张的债权人之间(多重买卖的情形),其行为非以诚信原则来衡量,而应以对人类社会中所有行为皆适用的"善良风俗"来衡量。同时,诚实信用原则作为市场交易道德的法律化,只适用于市场交易领域。

3. 诚实信用原则的功能

诚实信用原则具有以下 4 个功能。

(1)指导当事人行使权利和履行义务的功能。凡一切民事主体从事民事活动,行使权利、履行义务时,均应遵守诚信原则,否则构成违法。

(2)补充功能。进一步形成法律关系(尤其是债的关系)的主给付义务的内容,创设与给付具有关联的从义务或附随义务,建立以避免他方当事人的权益不受侵害的先合同义务。

(3)解释合同的功能。当合同因其条款表述不当,未能将其真实意思表达清楚;当事人欠缺法律知识,导致合同条款不完备、约定不详细时,当事人应依诚实信用原则认真地履行合同义务。一旦发生纠纷,人民法院或仲裁机关应依据诚实信用原则正确解释合同,判明是非,确定责任。

(4)解释与补充法律规定不足的功能。当有关法律规定不足时,人民法院或仲裁机构应依诚实信用原则解释法律或以诚实信用原则为根据公平合理地处理民事纠纷。①

(二)法律或司法解释有关诚实信用原则的规定

《民法总则》

第七条 民事主体从事民事活动,应当遵循诚信原则,秉持诚实,恪守承诺。

《民法通则》

第四条 民事活动应当遵循自愿、公平、等价有偿、诚实信用的原则。

---

① 马俊驹、余延满:《民法原论》(第 3 版),法律出版社 2007 年版,第 39 ~ 42 页。

《合同法》

第六条　当事人行使权利、履行义务应当遵循诚实信用原则。

《民事诉讼法》

第十三条　民事诉讼应当遵循诚实信用原则。

……

《保险法》

第五条　保险活动当事人行使权利、履行义务应当遵循诚实信用原则。

《商标法》

第七条　申请注册和使用商标，应当遵循诚实信用原则。

商标使用人应当对其使用商标的商品质量负责。各级工商行政管理部门应当通过商标管理，制止欺骗消费者的行为。

《公司法》

第五条　公司从事经营活动，必须遵守法律、行政法规，遵守社会公德、商业道德，诚实守信，接受政府和社会公众的监督，承担社会责任。

公司的合法权益受法律保护，不受侵犯。

《中小企业促进法》

第九条　中小企业应当遵守职业道德，恪守诚实信用原则，努力提高业务水平，增强自我发展能力。

《个人独资企业法》

第四条　个人独资企业从事经营活动必须遵守法律、行政法规，遵守诚实信用原则，不得损害社会公共利益。

个人独资企业应当依法履行纳税义务。

《合伙企业法》

第四条　订立合伙协议，设立合伙企业，应当遵循自愿、平等、公平、诚实信用原则。

三、最高人民法院及下级各级人民法院关于诚实信用原则的裁判规则

实务要点一

行政机关在职权范围内对行政协议约定的条款进行的解释，对协议双方具有法律约束力，人民法院经过审查，根据实际情况，可以作为审查行政协议的依据。

最高人民法院指导案例 76 号

萍乡市亚鹏房地产开发有限公司诉萍乡市国土资源局不履行行政协议案

法院认为:

行政协议是行政机关为实现公共利益或者行政管理目标,在法定职责范围内与公民、法人或者其他组织协商订立的具有行政法上权利义务内容的协议,本案行政协议即市国土局代表国家与亚鹏公司签订的国有土地使用权出让合同。行政协议强调诚实信用、平等自愿,一经签订,各方当事人必须严格遵守,行政机关无正当理由不得在约定之外附加另一方当事人义务或单方变更解除。本案中,TG-0403号地块出让时对外公布的土地用途是“开发用地为商住综合用地,冷藏车间维持现状”,出让合同中约定为“出让宗地的用途为商住综合用地,冷藏车间维持现状”。但市国土局与亚鹏公司就该约定的理解产生分歧,而萍乡市规划局对原萍乡市肉类联合加工厂复函确认 TG-0403 号国有土地使用权面积 23,173.3 平方米(含冷藏车间)的用地性质是商住综合用地。萍乡市规划局的解释与挂牌出让公告明确的用地性质一致,且该解释是萍乡市规划局在职权范围内作出的,符合法律规定和实际情况,有助于树立诚信政府形象,并无重大明显的违法情形,具有法律效力,并对市国土局关于土地使用性质的判断产生约束力。因此,对市国土局提出的冷藏车间占地为工业用地的主张不予支持。亚鹏公司要求市国土局对“萍国用(2006)第 43750 号”土地证(土地使用权面积 8359.1 平方米)地类更正为商住综合用地,具有正当理由,市国土局应予以更正。亚鹏公司作为土地受让方按约支付了全部价款,市国土局要求亚鹏公司如若变更土地用途则应补交土地出让金,缺乏事实依据和法律依据,且有违诚实信用原则。

实务要点二

当事人违反诚实信用原则,损害他人合法权益,扰乱市场正当竞争秩序,恶意取得、行使商标权并主张他人侵权的,人民法院应当以构成权利滥用为由,判决对其诉讼请求不予支持。

最高人民法院指导案例82号

王碎永诉深圳歌力思服饰股份有限公司、杭州银泰世纪百货有限公司侵害商标权纠纷案

法院认为：

法院生效裁判认为，诚实信用原则是一切市场活动参与者所应遵循的基本准则。一方面，它鼓励和支持人们通过诚实劳动积累社会财富和创造社会价值，并保护在此基础上形成的财产性权益，以及基于合法、正当的目的支配该财产性权益的自由和权利；另一方面，它又要求人们在市场活动中讲究信用、诚实不欺，在不损害他人合法利益、社会公共利益和市场秩序的前提下追求自己的利益。民事诉讼活动同样应当遵循诚实信用原则。一方面，它保障当事人有权在法律规定的范围内行使和处分自己的民事权利和诉讼权利；另一方面，它又要求当事人在不损害他人和社会公共利益的前提下，善意、审慎地行使自己的权利。任何违背法律目的和精神，以损害他人正当权益为目的，恶意取得并行使权利、扰乱市场正当竞争秩序的行为均属于权利滥用，其相关权利主张不应得到法律的保护和支持。

第4157840号"歌力思及图"商标迄今为止尚未被核准注册，王碎永无权据此对他人提起侵害商标权之诉。对于歌力思公司、杭州银泰公司的行为是否侵害王碎永的第7925873号"歌力思"商标权的问题，首先，歌力思公司拥有合法的在先权利基础。歌力思公司及其关联企业最早将"歌力思"作为企业字号使用的时间为1996年，最早在服装等商品上取得"歌力思"注册商标专用权的时间为1999年。经长期使用和广泛宣传，作为企业字号和注册商标的"歌力思"已经具有了较高的市场知名度，歌力思公司对前述商业标识享有合法的在先权利。其次，歌力思公司在本案中的使用行为系基于合法的权利基础，使用方式和行为性质均具有正当性。从销售场所来看，歌力思公司对被诉侵权商品的展示和销售行为均完成于杭州银泰公司的歌力思专柜，专柜通过标注歌力思公司的"ELLASSAY"商标等方式，明确表明了被诉侵权商品的提供者。在歌力思公司的字号、商标等商业标识已经具有较高的市场知名度，而王碎永未能举证证明其"歌力思"商标同样具有知名度的情况下，歌力思公司在其专柜中销售被诉侵权商品的行为，不会使普通消费者误认该商品来自于王碎永。从歌力思公司的具体使用方式来看，被诉侵权商品的外包装、

商品内的显著部位均明确标注了“ELLASSAY”商标,而仅在商品吊牌之上使用了“品牌中文名:歌力思”的字样。由于“歌力思”本身就是歌力思公司的企业字号,且与其“ELLASSAY”商标具有互为指代关系,故歌力思公司在被诉侵权商品的吊牌上使用“歌力思”文字来指代商品生产者的做法并无明显不妥,不具有攀附王碎永“歌力思”商标知名度的主观意图,亦不会为普通消费者正确识别被诉侵权商品的来源制造障碍。在此基础上,杭州银泰公司销售被诉侵权商品的行为亦不为法律所禁止。最后,王碎永取得和行使“歌力思”商标权的行为难谓正当。“歌力思”商标由中文文字“歌力思”构成,与歌力思公司在先使用的企业字号及在先注册的“歌力思”商标的文字构成完全相同。“歌力思”本身为无固有含义的臆造词,具有较强的固有显著性,依常理判断,在完全没有接触或知悉的情况下,因巧合而出现雷同注册的可能性较低。作为地域接近、经营范围关联程度较高的商品经营者,王碎永对“歌力思”字号及商标完全不了解的可能性较低。在上述情形之下,王碎永仍在手提包、钱包等商品上申请注册“歌力思”商标,其行为难谓正当。王碎永以非善意取得的商标权对歌力思公司的正当使用行为提起的侵权之诉,构成权利滥用。

实务要点三

经营者在格式合同中未明确规定对某项商品或服务的限制条件,且未能证明在订立合同时已将该限制条件明确告知消费者并获得消费者同意的,该限制条件对消费者不产生效力。

最高人民法院指导案例64号

刘超捷诉中国移动通信集团江苏有限公司徐州分公司电信服务合同纠纷案

法院认为:

电信用户的知情权是电信用户在接受电信服务时的一项基本权利,用户在办理电信业务时,电信业务的经营者必须向其明确说明该电信业务的内容,包括业务功能、费用收取办法及交费时间、障碍申告等。如果用户在不知悉该电信业务的真实情况下进行消费,就会剥夺用户对电信业务的选择权,达不到真正追求的电信消费目的。

依据我国《合同法》第39条的规定，采用格式条款订立合同的，提供格式条款的一方应当遵循公平原则确定当事人之间的权利和义务，并采取合理的方式提请对方注意免除或者限制其责任的条款，按照对方的要求，对该条款予以说明。电信业务的经营者作为提供电信服务合同格式条款的一方，应当遵循公平原则确定与电信用户的权利义务内容，权利义务的内容必须符合维护电信用户和电信业务经营者的合法权益、促进电信业的健康发展的立法目的，并有效告知对方注意免除或者限制其责任的条款并向其释明。业务受理单、入网服务协议是电信服务合同的主要内容，确定了原被告双方的权利义务内容，入网服务协议第4项约定有权暂停或限制移动通信服务的情形，第5项约定有权解除协议、收回号码、终止提供服务的情形，均没有因有效期到期而中止、解除、终止合同的约定。而话费有效期限制直接影响到原告手机号码的正常使用，一旦有效期到期，将导致停机、号码被收回的后果，因此被告对此负有明确如实告知的义务，且在订立电信服务合同之前就应如实告知原告。如果在订立合同之前未告知，即使在缴费阶段告知，亦剥夺了当事人的选择权，有违公平和诚实信用原则。被告主张"通过单联发票、宣传册和短信的方式向原告告知了有效期"，但未能提供有效的证据予以证明。综上所述，本案被告既未在电信服务合同中约定有效期内容，亦未提供有效证据证实已将有效期限制明确告知原告，被告暂停服务、收回号码的行为构成违约，应当承担继续履行等违约责任，故对原告主张"取消被告对原告的话费有效期的限制，继续履行合同"的诉讼请求依法予以支持。

实务要点四

与"老字号"具有历史渊源的个人或企业在未违反诚实信用原则的前提下，将"老字号"注册为个体工商户字号或企业名称，未引人误认且未突出使用该字号的，不构成不正当竞争或侵犯注册商标专用权。

最高人民法院指导案例 58 号

成都同德福合川桃片有限公司诉重庆市合川区同德福桃片有限公司、余晓华侵害商标权及不正当竞争纠纷案

法院认为:

个体工商户余晓华及重庆同德福公司与成都同德福公司经营范围相似,存在竞争关系;其字号中包含“同德福”三个字与成都同德福公司的“同德福 TONGDEFU 及图”注册商标的文字部分相同,与该商标构成近似。其登记字号的行为是否构成不正当竞争关键在于该行为是否违反诚实信用原则。成都同德福公司的证据不足以证明“同德福 TONGDEFU 及图”商标已经具有相当知名度,即便他人将“同德福”登记为字号并规范使用,不会引起相关公众误认,因而不能说明余晓华将个体工商户字号注册为“同德福”具有“搭便车”的恶意。而且,在 20 世纪 20 年代至 50 年代,“同德福”商号享有较高商誉。同德福斋铺先后由余鸿春、余复光、余永祚三代人经营,尤其是在余复光经营期间,同德福斋铺生产的桃片获得了较多荣誉。余晓华系余复光之孙、余永祚之子,基于同德福斋铺的商号曾经获得的知名度及其与同德福斋铺经营者之间的直系亲属关系,将个体工商户字号登记为“同德福”具有合理性。余晓华登记个体工商户字号的行为是善意的,并未违反诚实信用原则,不构成不正当竞争。基于经营的延续性,其变更个体工商户字号的行为以及重庆同德福公司登记公司名称的行为亦不构成不正当竞争。

实务要点五

从事互联网服务的经营者,在其他经营者网站的搜索结果页面强行弹出广告的行为,违反诚实信用原则和公认商业道德,妨碍其他经营者正当经营并损害其合法权益,可以依照《反不正当竞争法》第 2 条的原则性规定认定为不正当竞争。

最高人民法院指导案例45号

北京百度网讯科技有限公司诉青岛奥商网络技术有限公司等不正当竞争纠纷案

法院认为：

我国《反不正当竞争法》第2章第5条至第15条，①对不正当竞争行为进行了列举式规定，对于没有在具体条文中列举的行为，只有按照公认的商业道德和普遍认识能够认定违反该法第2条原则性规定时，才可以认定为不正当竞争行为。判断经营者的行为构成不正当竞争，应当考虑以下方面：一是行为实施者是反不正当竞争法意义上的经营者；二是经营者从事商业活动时，没有遵循自愿、平等、公平、诚实信用原则，违反了反不正当竞争法律规定和公认的商业道德；三是经营者的不正当竞争行为损害正当经营者的合法权益。

首先，根据《反不正当竞争法》第2条有关经营者的规定，经营者的确定并不要求原、被告属同一行业或服务类别，只要是从事商品经营或者营利性服务的市场主体，就可成为经营者。联通青岛公司、奥商网络公司与百度公司均属于从事互联网业务的市场主体，属于反不正当竞争法意义上的经营者。虽然联通青岛公司是互联网接入服务经营者，百度公司是搜索服务经营者，服务类别上不完全相同，但联通青岛公司实施的在百度搜索结果出现之前弹出广告的商业行为，与百度公司的付费搜索模式存在竞争关系。

其次，在市场竞争中存在商业联系的经营者，违反诚信原则和公认商业道德，不正当地妨碍了其他经营者正当经营，并损害其他经营者合法权益的，可以依照《反不正当竞争法》第2条的原则性规定，认定为不正当竞争。尽管在互联网上发布广告、进行商业活动与传统商业模式有较大差异，但从事互联网业务的经营者仍应当通过诚信经营、公平竞争来获得竞争优势，不能未经他人许可，利用他人的服务行为或市场份额来进行商业运作并从中获利。联通青岛公司与奥商网络公司实施的行为，是利用了百度网站搜索引擎在我国互联网用户中被广泛使用优势，利用

① 案例发生时，《反不正当竞争法》未进行修正，此处引用法条对应的是1993年《反不正当竞争法》的内容。

技术手段,让使用联通青岛公司提供互联网接入服务的网络用户,在登录百度网站进行关键词搜索时,在正常搜索结果显示前强行弹出奥商公司发布的与搜索的关键词及内容有紧密关系的广告页面。这种行为诱使本可能通过百度公司搜索结果检索相应信息的网络用户点击该广告页面,影响了百度公司向网络用户提供付费搜索服务与推广服务,属于利用百度公司提供的搜索服务来为自己牟利。该行为既没有征得百度公司同意,又违背了使用其互联网接入服务用户的意志,容易导致上网用户误以为弹出的广告页面系百度公司所为,会使上网用户对百度公司提供服务的评价降低,对百度公司的商业信誉产生不利影响,损害了百度公司的合法权益,同时也违背了诚实信用和公认的商业道德,已构成不正当竞争。

实务要点六

反不正当竞争法并未限制经营者之间必须具有直接的竞争关系,也没有要求其从事相同行业。经营者之间具有间接竞争关系,行为人违背反不正当竞争法的规定,损害其他经营者合法权益的,也应当认定为不正当竞争行为。

最高人民法院指导案例 30 号

兰建军、杭州小拇指汽车维修科技股份有限公司诉天津市小拇指汽车维修服务有限公司等侵害商标权及不正当竞争纠纷案

法院认为:

天津小拇指公司登记使用“小拇指”字号是否具有主观上的恶意。市场竞争中的经营者,应当遵循诚实信用原则,遵守公认的商业道德,尊重他人的市场劳动成果,登记企业名称时,理应负有对同行业在先字号予以避让的义务。本案中,天津华商公司作为被特许人,曾于 2008 年 6 月 30 日与作为“小拇指”品牌特许人的杭州小拇指公司签订《特许连锁经营合同》,法定代表人田俊山代表该公司在合同上签字,其知晓合同的相关内容。天津小拇指公司虽主张其与天津华商公司之间没有关联,是两个相互独立的法人,但两个公司的法定代表人均为田俊山,且天津华商公司的网站内所显示的宣传信息及相关联系信息均直接指向天津小拇指公司,并且天津华商公司将其登记的经营地点作为天津小拇指公司天津总店的经营地点。故

应认定，作为汽车维修相关市场的经营者，天津小拇指公司成立时，对杭州小拇指公司及其经营资源、发展趋势等应当知晓，但天津小拇指公司仍将“小拇指”作为企业名称中识别不同市场主体核心标识的企业字号，且不能提供使用“小拇指”作为字号的合理依据，其主观上明显具有“搭便车”及攀附他人商誉的意图。综合以上内容分析，天津小拇指公司登记使用该企业名称本身违反了诚实信用原则，具有不正当性，且无论是否突出使用均难以避免产生市场混淆，已构成不正当竞争，应对此承担停止使用“小拇指”字号及赔偿相应经济损失的民事责任。

实务要点七

法人资格的获得应当遵守诚实信用原则，由于界限模糊、人格混同产生的“关联债务”，应当承担连带清偿责任。

最高人民法院指导案例15号

徐工集团工程机械股份有限公司诉成都川交工贸有限责任公司等买卖合同纠纷案

法院认为：

川交机械公司、瑞路公司应当对川交工贸公司的债务承担连带清偿责任。公司人格独立是其作为法人独立承担责任的前提。我国《公司法》第3条第1款规定：“公司是企业法人，有独立的法人财产，享有法人财产权。公司以其全部财产对公司的债务承担责任。”公司的独立财产是公司独立承担责任的物质保证，公司的独立人格也突出地表现在财产的独立上。当关联公司的财产无法区分，丧失独立人格时，就丧失了独立承担责任的基础。《公司法》第20条第3款规定：“公司股东滥用公司法人独立地位和股东有限责任，逃避债务，严重损害公司债权人利益的，应当对公司债务承担连带责任。”本案中，三个公司虽在工商登记部门登记为彼此独立的企业法人，但实际上相互之间界线模糊、人格混同，其中川交工贸公司承担所有关联公司的债务却无力清偿，又使其他关联公司逃避巨额债务，严重损害了债权人的利益。上述行为违背了法人制度设立的宗旨，违背了诚实信用原则，其行为本质和危害结果与《公司法》第20条第3款规定的情形相当，故参照《公司法》第20

条第3款的规定,川交机械公司、瑞路公司对川交工贸公司的债务应当承担连带清偿责任。

实务要点八

运用技术利用其他主体的资源、却又使被利用主体承担成本的,违背了诚实信用原则,其行为不具有正当性。

最高人民法院公报案例

北京爱奇艺科技有限公司诉深圳聚网视科技有限公司其他不正当竞争纠纷案

法院认为:

被上诉人爱奇艺公司依托"广告+免费视频"或者收取会员用户费用的经营模式,通过广告费和会员费谋求商业利益的经营行为应受法律保护。绕开广告直接播放爱奇艺公司视频的行为是上诉人聚网视公司采取技术手段的结果,聚网视公司凭借技术使其用户在无须付出时间成本和费用成本的情况下,观看爱奇艺公司的视频,这将导致部分爱奇艺公司用户转而成为聚网视公司的用户以及爱奇艺公司广告点击量和会员费收入的下降。聚网视公司通过技术让其用户观看爱奇艺公司视频,但其并未支付版权费等营运成本,该成本仍由爱奇艺公司承担。而爱奇艺公司在支付上述成本的同时,却面临用户数量减少和广告点击量下降导致的商业利益的损失。作为技术实施方的聚网视公司明知该技术会出现自己得利他人受损的后果,仍实施该技术,具有主观故意,违背了诚实信用原则和公认的商业道德,侵害了爱奇艺公司合法的经营活动,其行为不具有正当性。

实务要点九

合同履行中发现影响合同履行情形的,双方应本着诚实信用原则及时协商。未能及时协商并做出调整以致造成损失的,双方根据过错大小分别担责。

《中华人民共和国最高人民法院公报》2015 年第 6 期(总第 223 期)

海擎重工机械有限公司与江苏中兴建设有限公司、中国建设银行股份有限公司泰兴支行建设工程施工合同纠纷案

法院认为:

从事建设工程活动,必须严格执行基本建设程序,坚持先勘察、后设计、再施工原则。建设单位未提前交付地质勘查报告、施工图设计文件未经过建设主管部门审查批准的,应对于因双方签约前未曾预见的特殊地质条件导致工程质量问题承担主要责任。施工单位应秉持诚实信用原则,采取合理施工方案,避免损失扩大。人民法院应当根据合同约定、法律及行政法规规定的工程建设程序,依据诚实信用原则,合理确定建设单位与施工单位对于建设工程质量问题的责任承担。案涉工程质量出现重大问题,建设单位与施工单位均有过错。海擎公司违反诚信原则,在签订合同之前未提交岩土工程详细勘查报告,未提交经过审核的施工图纸,违反《建设工程质量管理条例》规定的基本建设程序,为质量事故发生埋下隐患;海擎公司未能会同监理单位、设计单位对于施工单位提出的"增加桩长、提高承台"的合理建议予以充分重视并研究相应措施,亦未能会同监理单位对施工单位的土方开挖方案进行审查及组织专证,且在施工过程中,使用载重汽车参与土方开挖及运输导致道路碾压,海擎公司一味强调工程造价为不变价,并以中兴公司施工应当采取何种方案与建设单位无关为由,对施工单位调整设计方案的建议未予重视与答复,故应承担相应的责任。作为专业施工单位,中兴公司在没有看到岩土详细勘查报告及经过审核的施工图情况下,即投标承揽工程,本身就不够慎重,发现特殊地质情况后虽提出建议,但在海擎公司不予认可之后仍不计后果冒险施工,对桩基出现的质量问题采取了一种放任态度。这种主观状态和做法应得到否定性评价。如果中兴公司真正关心工程质量,应当与海擎公司就地质情况所带来的问题进行协商,协商不成,明知工程无法继续应当采取措施避免损失的扩大。从案涉工程施工开始,中兴公司都可采取停止施工的止损措施,但其为了自己的合同利益,一味蛮干,且直到 2008 年 3 月 6 日,还与海擎公司签订内容为"考虑中兴公司施工有一定困难土方量加大,海擎公司一次性补助中兴公司 42 万元,对中兴公司在施工过程中出现的

道路、排水、塌方等一切困难及问题,海擎公司一律不再承担任何费用,全部由中兴公司自行承担并解决”的补充协议。中兴公司虽主张该协议的补助仅是针对土方量增加的补助而非工程质量问题,但也说明中兴公司为谋取合同利益而忽视质量风险。因此本院认为中兴公司对工程质量事故责任应承担比二审判决所确定的比例更高的责任。综上所述,建设单位海擎公司对本案工程质量问题的发生应承担主要责任,施工单位中兴公司承担次要责任。本院认为,应对二审法院确定的责任比例进行调整,由海擎公司对本案工程质量问题的发生承担70%的责任,中兴公司承担30%的责任。

四、小结

诚实信用原则在司法审判领域具有补充漏洞的意义,它扩大了裁判说理的机能,使民事纠纷在诉诸司法审判时得以更合理、完善地解决。该原则对于发挥民事法律的指导、预测作用具有十分积极的意义。归纳整理诚实信用原则适用的情形,有助于民事主体在从事民事活动、行使民事权利、履行民事义务时做到“心中有杆秤”——本着诚实、信用、合法、合理、不虚假、不欺诈地参与到社会经济活动的运行之中,也即违背诚实信用原则,将导致民事行为的被否定、民事行为“目的”落空,这是不利于诚信社会的发展的。

第二节　情势变更原则性质及效力认定裁判规则

一、导读

“情势变更”旨在救契约于水火——在无法预知的情形发生且将会导致显示公平之时,得以通过解除合同的方式离开该“不公平”的状态,其对于契约精神的维护具有十分重要意义。但同时,立足维护交易稳定和交易秩序角度,对于“情势变更”原则的适用,又应当慎之又慎。

在实践中,对于情势变更原则的适用存在不少问题,主要表现为认定情势变更的情形存在与否、当事人对于变更事项的预见可能性等方面。本书此部分从裁判文书网检索到16,563篇相关案件,现选取其中最贴切的7篇进行梳理,总结裁判规则。

二、情势变更原则的理论及立法规定

(一)情势变更原则的基本理论

1. 情势变更原则的概念

情势变更原则是现代债法中关于合同之债效力的重要原则。它是随着社会经济的发展,为协调合同当事人之间的利益冲突,维护社会公平及经济流转秩序,逐步建立和完善的一项民法制度。无论是大陆法系国家还是英美法系国家,均把情势变更原则视为免除合同当事人债务的条件。

2. 情势变更原则的法理基础

在罗马法时代,对"意外事件致使债务人得到解脱"的"意外事件"仅限于不可抗力。进入20世纪,德国学者欧特曼提出"法律行为基础"学说,认为因法律行为基础有瑕疵,即合同依存的特定环境发生重大变化或者不复存在,则合同的履行应予变更。随着经济社会的发展,该原则的适用也逐渐变化、扩大。

3. 情势变更原则在我国的发展

情势变更原则是现行《合同法》于1999年修订之时加入的内容。早于《合同法》修订的1993年5月,最高人民法院以《全国经济审判工作座谈会纪要》的形式,肯定了债法中的情势变更原则,这为情势变更问题的解决提供了一个明确的指导思想。

我国《民法通则》第4条规定:"民事活动应当遵循自愿、公平、等价有偿、诚实信用的原则。"显然,对于因情势变更而未能履行债务的当事人来说,如果不能免除其责任是显失公平的,而坚持公平原则又是民法调整民事法律行为的核心原则。另外,对于诚实信用的理解,首先是双方意思表示要真实、合法,符合订立合同时依据的特定环境,若此种待定环境发生了重大变化或者不复存在,就意味着失去了原订合同存续的基础,进而否定了双方意思表示的真实性。其次,双方坚守信用的是有条件的,是建筑在一定客观基础之上的,若这种条件和基础发生了重大变化或者不复存在,以致继续履行合同会给一方当事人带来重大损失,就会直接违背民法的公平原则,进而坚守信用就成为纯主观的"赌咒",其本身就是不可信任的。因此,情势变更原则的实质就是公平观念、公平原则在债法中的切实体现。①

---

① 马俊驹:《我国债法中情势变更原则的确立》,载《法学评论》1994年第6期。

4. 情势变更原则的构成要件

情势变更原则作为对契约严守原则的突破以及公平原则的延伸适用,应当具备严谨的构成要件。首先,须发生客观情势的重大变化,以致继续履行合同或者对一方当事人明显不公平,或者不能实现合同目的;其次,此种重大变化须发生在合同成立后、履行完毕前;再次,此种重大变化是当事人在缔约时无法预见,亦非因当事人自身原因造成的,从而区别于正常商业风险;最后,当事人在缔约时尽管无法预见,但又尚未达到不能避免、不可克服之程度,不构成不可抗力。

(二)法律或司法解释有关情势变更原则的规定

最高人民法院《关于适用〈中华人民共和国合同法〉若干问题的解释(二)》

第二十六条 合同成立以后客观情况发生了当事人在订立合同时无法预见的、非不可抗力造成的不属于商业风险的重大变化,继续履行合同对于一方当事人明显不公平或者不能实现合同目的,当事人请求人民法院变更或者解除合同的,人民法院应当根据公平原则,并结合案件的实际情况确定是否变更或者解除。

1993 年最高人民法院印发的《全国经济审判工作座谈会纪要》

由于不可归责于当事人双方的原因,作为合同基础的客观情况发生了非当事人所能预见的根本性变化,以致合同履行显失公平的,可以根据当事人的申请,按情势变更原则变更或解除合同。

最高人民法院印发《〈关于当前形势下审理民商事合同纠纷案件若干问题的指导意见〉的通知》

一、慎重适用情势变更原则,合理调整双方利益关系

(1)当前市场主体之间的产品交易、资金流转因原料价格剧烈波动、市场需求关系的变化、流动资金不足等诸多因素的影响而产生大量纠纷,对于部分当事人在诉讼中提出适用情势变更原则变更或者解除合同的请求,人民法院应当依据公平原则和情势变更原则严格审查。

(2)人民法院在适用情势变更原则时,应当充分注意到全球性金融危机和国内宏观经济形势变化并非完全是一个令所有市场主体猝不及防的突变过程,而是一个逐步演变的过程。在演变过程中,市场主体应当对于市场风险存在一定程度的预见和判断。人民法院应当依法把握情势变更原则的适用条件,严格审查当事人提出的"无法预见"的主张,对于涉及石油、焦炭、有色金属等市场属性活泼、长期以来价格波动较大的大宗商品标的物以及股票、期货等风险投资型金融产品标的物的合同,更要慎重适用情势变更原则。

(3)人民法院要合理区分情势变更与商业风险。商业风险属于从事商业活动的固有风险,诸如尚未达到异常变动程度的供求关系变化、价格涨跌等。情势变更是当事人在缔约时无法预见的非市场系统固有的风险。人民法院在判断某种重大客观变化是否属于情势变更时,应当注意衡量风险类型是否属于社会一般观念上的事先无法预见、风险程度是否远远超出正常人的合理预期、风险是否可以防范和控制、交易性质是否属于通常的"高风险高收益"范围等因素,并结合市场的具体情况,在个案中识别情势变更和商业风险。

(4)在调整尺度的价值取向把握上,人民法院仍应遵循侧重于保护守约方的原则。适用情势变更原则并非简单地豁免债务人的义务而使债权人承受不利后果,而是要充分注意利益均衡,公平合理地调整双方利益关系。在诉讼过程中,人民法院要积极引导当事人重新协商,改订合同;重新协商不成的,争取调解解决。为防止情势变更原则被滥用而影响市场正常的交易秩序,人民法院决定适用情势变更原则作出判决的,应当按照最高人民法院《关于正确适用〈中华人民共和国合同法〉若干问题的解释(二)服务党和国家工作大局的通知》(法〔2009〕165 号)的要求,严格履行适用情势变更的相关审核程序。

三、最高人民法院及下级各级人民法院关于情势变更原则适用的裁判规则

实务要点一

当事人在合同订立时约定"租金上涨"等类似表述的条款,说明其对于合同履行基础的变更是有预见的,不适用情势变更原则,应严格按照合同约定履行。

最高人民法院案例

吴沛霖、王辰羽房屋租赁合同纠纷再审审查与审判监督民事裁定书

法院认为:

适用情势变更原则,有十分严格的条件限制,应当慎重。意思自治、契约自由是合同法的基本原则,对于当事人基于真实意思表示所达成的协议人民法院一般不应予以干预。涉案房屋租金的上涨除了国务院于 2009 年 12 月 31 日发布的《关于推进国际旅游岛建设发展的意见》的影响外,更多的是房地产市场自身上涨、正常

的商业风险等多重因素的影响所致。本案中,《铺面租赁合同》中约定房屋租金在四年后由26万元/年增加至28.2万元/年,说明双方在签订合同时对房屋租金的上涨趋势是有预见的,而近年来电子商务的发展导致房屋租金也有下降的趋势,说明房屋租金的涨跌都是正常的商业风险。从房屋租金的现状来看,虽然对吴某有些不公,但还达不到显失公平的程度。《铺面租赁合同》签订于2006年,至今已经履行了十年时间,如轻易予以调整,将不利于维护交易稳定和交易秩序。综上所述,本案不具备适用情势变更原则的构成要件,原告诉求适用情势变更原则调整合同租金没有事实根据和法律依据,本院不予支持。经审判委员会讨论决定,驳回原告吴沛霖、王辰羽的诉讼请求。

实务要点二

是否属于所谓情势变更还是商业风险,需要参照合同约定,并从可预见性、归责性以及产生后果等方面进行分析。

最高人民法院公报案例

大宗集团有限公司、宗锡晋与淮北圣火矿业有限公司、淮北圣火房地产开发有限责任公司、涡阳圣火房地产开发有限公司股权转让纠纷案

法院认为:

本案中,淮北宗圣公司成立于2007年,涉案三处煤炭资源一直申请办理采矿权手续或立项核准,直到2014年10月12日国家能源局《关于调控煤炭总量优化产业布局的指导意见》(以下简称《指导意见》)之前,也未获得批准,并且该意见规定,只是在今后一段时间内东部地区原则上不再新建煤矿项目,且安徽省是否属于《指导意见》所确定的东部地区尚需进一步论证。因此,政策原因并非是造成合作开发项目得不到核准的唯一原因。案涉《股权转让协议》第4条约定,无论与淮北宗圣公司、宿州宗圣公司拥有的三处煤炭资源相关的探矿许可证或采矿许可证是否作废、到期或失效,圣火矿业公司均无条件的履行本协议约定的所有条款;第2条约定,2014年7月31日前,圣火矿业公司向大宗公司支付第一笔股权转让款。圣火矿业

公司对此并无异议，且在第一笔转让款期满不能支付的情况下向大宗公司出具了2000万元的违约金欠条并实际履行1000万元，而《指导意见》出台时间是在2014年10月12日，故对该笔股权转让款，一审判决认定不符合情势变更原则，有事实依据。

实务要点三

适用情势变更原则应以双方当事人履约存在利益严重失衡的情形为前提。

《中华人民共和国最高人民法院公报》2015年11期（总第229期）

大庆凯明风电塔筒制造有限公司与华锐风电科技（集团）股份有限公司买卖合同纠纷案

法院认为：

本院认为，第一，《塔筒买卖合同》第16条约定的误期赔偿不包括向业主赔偿损失，华锐公司的该项主张没有合同依据；第二，华锐公司虽与业主约定赔偿业主误期损失650万元，但尚未向业主支付，不应认定其损失已经发生。故华锐公司的此项主张缺乏依据，本院不予支持。关于应否将塔筒价格由每吨单价12,140元调降至9950元的问题。本案中双方当事人履行《塔筒买卖合同》不存在利益严重失衡的情形，故不能适用情势变更原则。华锐公司的主张不符合《合同法》相关司法解释的规定，故对其下调塔筒价格的请求不予支持。

实务要点四

受损方当事人依据情势变更原则请求变更合同部分条款的，人民法院应当予以支持。

《中华人民共和国最高人民法院公报》2010 年第 4 期(总第 161 期)

成都鹏伟实业有限公司与江西省永修县人民政府、永修县鄱阳湖采砂管理工作领导小组办公室采矿权纠纷案

法院认为:

受 36 年未遇的鄱阳湖罕见低水影响,鹏伟公司采砂提前结束,该自然灾害与鹏伟公司的亏损具有直接的因果关系。对此,鹏伟公司和采砂办均无异议。公平原则是当事人订立、履行民事合同所应遵循的基本原则。本案中,鹏伟公司所享有的鄱阳湖永修段采砂权虽然是通过竞拍方式取得的,但竞拍只是鹏伟公司与采砂办为订立《采砂权出让合同》所采取的具体方式,双方之间的合同行为仍应受《合同法》的调整。鹏伟公司在履行本案《采砂权出让合同》过程中遭遇鄱阳湖 36 年未遇的罕见低水位,导致采砂船不能在采砂区域作业,采砂提前结束,未能达到《采砂权出让合同》约定的合同目的,形成巨额亏损。这一客观情况是鹏伟公司和采砂办在签订合同时不可能预见到的,鹏伟公司的损失也非商业风险所致。在此情况下,仍旧依照合同的约定履行,必然导致采砂办取得全部合同收益,而鹏伟公司承担全部投资损失,对鹏伟公司而言是不公平的,有悖于合同法的基本原则。鹏伟公司要求采砂办退还部分合同价款,实际是要求对《采砂权出让合同》的部分条款进行变更,符合《合同法》和本院相关司法解释的规定,本院予以支持。

实务要点五

情势变更的事由应结合合同签订时间及变更的事项对合同履行有无实质影响综合认定。

北京北大青鸟有限责任公司、新疆北大青鸟能源矿业有限公司股权转让纠纷案

法院认为:

所谓情势变更,系指合同有效成立后,因不可归责于双方当事人的事由发生重

大变化而使合同的基础动摇或者丧失，若继续维持合同会显失公平，因此允许变更合同内容或解除合同的原则。本案中，青鸟公司、青鸟能源公司提出情势变更的事由系因兴和煤矿所在区域不再进行煤矿改扩建工作的审批，因政策原因导致其年产120万吨/年的改扩建目的不能实现。而从查明的事实可知，2011年11月4日，新疆维吾尔自治区人民政府即已下发了《关于对硫磺沟矿区和南山景区煤矿进行综合整治的通知》（新政函〔2011〕312号），该时点早于各方签订《股权转让协议》之时，表明在合同成立之前，青鸟公司所主张的情势变更事由已经出现。且如前所析，本案中并无证据表明股权转让方刻意隐瞒相关政策性文件，青鸟公司、青鸟能源公司亦具备获知该政策规定的能力和途径。既然该事由出现在合同订立之前，就并非为当事人所不能预见，亦表明其知晓可能产生的相应风险，并自愿予以承担。尽管青鸟公司、青鸟能源公司提出新疆维吾尔自治区于2014年又相继颁布相关文件条例，对于水源涵养区、南山景区的煤炭开发进行规制。但该事由亦不符合情势变更的适用要件，理由为：首先，双方在2012年已经办理完股权变更手续，股权转让方的主要合同义务已经履行完毕。其次，2014年出台的两份文件并未具体明确兴和煤矿属于必须关停的煤矿，无法得出兴和煤矿受该两份文件影响必然要予以关停的结论。再次，在该两份文件出台之后，新疆维吾尔自治区煤炭工业管理局于2014年12月19日出具的《关于新疆兴和煤矿有限公司机械化改造设计的意见》中载明，兴和煤矿120万吨/年的改扩建项目已列入自治区煤炭工业"十一五"发展规划，应继续按基本建设相关程序进行。该事实与青鸟公司、青鸟能源公司提出的2014年两份文件的出台即意味着兴和煤矿必将关停的结论明显相悖。最后，即便2014年出台的两份文件会对水源涵养区、南山景区的煤矿改建工作带来影响，但因2011年出台的《关于对硫磺沟矿区和南山景区煤矿进行综合整治的通知》对此已经做出明确限制，2014年的文件并未超出此前规范性文件的规制内容，故亦未超出当事人此前对该区域改扩建工作应有的预期，不属于超出预期的情势变更事由。

实务要点六

情势变更原则的适用，必须严格区分情势的重大变化与正常市场风险，并应由当事人提出请求。

刘秀兰与府谷县瑞丰煤矿有限公司合同纠纷案

法院认为:

煤炭市场不景气以及价格涨跌属于正常商业风险,对此双方当事人在订立合同时均应当预见。且刘某与瑞丰煤矿均未以情势变更为由请求人民法院变更或者解除合同,并同时上诉主张本案不属于情势变更的情形。故一审法院关于刘秀兰解除合同的实际原因是因为现在煤炭市场不景气,并非合同根本目的不能实现,鉴于刘秀兰已明确表示不再履行合同,双方所签《煤矿治理项目转让协议书》由于情势变更予以解除的认定,适用法律错误,本院予以纠正。

实务要点七

情势变更的发生是否为当事人不可预见、继续履行合同是否显失公平则为界定本案情形是否适用情势变更制度需要考虑之要件因素。

华锐风电科技(集团)股份有限公司与肇源新龙顺德风力发电有限公司买卖合同纠纷案

法院认为:

契约严守为合同法的基本原则,只有由于不可归责于合同当事人的原因导致合同缔约时的基础动摇或丧失,强行维持合同原有效力将导致合同当事人之间的利益均衡关系受到破坏,严重违背公平诚信原则时,才能适用情势变更制度。从本案买卖合同缔约情形来看,新龙公司对其以 4520 元/千瓦的综合造价购买案涉风力发电机组的意思表示明确,其主张的无法预见是指风力发电机组的价格在合同签订之后大幅下滑,但新龙公司在缔约时对于合同的交易价格是明知的,对其在本次交易中的实际付出有明确的预期,不存在无法预见之情形。新龙公司主张继续履行合同显失公平,但是否显失公平并不能简单以合同签订时的价格与合同履行时的价格进行纵向比较,本案中,新龙公司如继续履行合同不会额外增加其订约时预计付出的履约成本,仅是其在合同签订后可以以更少的交易成本从别处获取合同标的物,但这不是新龙公司可以违约并置正常的交易秩序于不顾之理由,故本案亦不存在显失公平之情形。国家能源局国能新能〔2011〕285 号文件的出台是在 2011

年8月，即在本案新龙公司发出解除通知之后，亦不影响本案的法律适用。风力发电机组作为在市场流通的交易物，其价格出现波动影响当事人的利益，属于市场发挥调节作用的正常现象，新龙公司作为专门从事风力发电的市场主体，对于该价格浮动应当存在一定程度的预见和判断，应当承担相应的商业风险。综合上述情形，本案买卖合同标的物风力发电机组的价格浮动应属正常的商业风险而非情势变更，新龙公司称本案存在情势变更情形的主张不能成立。

四、小结

情势变更原则作为民事行为公平原则在内涵上的延伸，是对于合同存续基础动摇后的对合同当事人作出的“宽恕”。但是，作为不可抗力、意外事件等原因之外的合同变更(或解除)因素，应当严格其适用。在我国当前采取的向高级人民法院甚至最高人民法院审核前置的做法，是我国民事案件审判的现实需要。对此，在合同订立过程中，当事人一方面应当“高瞻远瞩”，对合同履行中的因素做综合考虑，对合同文本的表述仔细拿捏，为情势变更原则得以适用留有余地；另一方面，应当有承担风险的勇气，视正常市场风险为民事行为的家常便饭，以期维护契约精神。

第三节　融资租赁合同性质及效力认定裁判规则

一、导读

融资租赁合同的主体为三方当事人，即出租人(买受人)、承租人和出卖人(供货商)。融资租赁承租人要求出租人为其融资购买承租人所需的设备，然后由供货商直接将设备交给承租人。

在实践中，对于融资租赁合同的性质及效力的认定存在不少问题，主要有融资租赁合同与民间借贷合同、买卖合同的区别认定存在一定的困难，以及涉案中实际认定的法律关系并非融资租赁关系，此时融资租赁合同的效力如何等。

截至2018年4月，在中国裁判文书网中键入案由为“融资租赁合同(民事案件)”共检索出48,714篇裁判文书，其中由最高人民法院作出的有70篇。本书此部分致力于对上述问题进行理论探讨并引用最高人民法院的案例予以梳理说明。

二、融资租赁合同性质与效力认定的理论及立法规定

(一)融资租赁合同性质与效力认定的基本理论

1. 融资租赁合同的概念

依《合同法》第 237 条的规定,融资租赁合同是出租人根据承租人对出卖人、租赁物的选择,向出卖人购买租赁物,提供给承租人使用,承租人支付租金的合同。

融资租赁合同具有以下三方面的含义:第一,出租人必须按照承租人的要求出资购买租赁物。这是其不同于租赁合同的一个重要特点。第二,出租人必须将购买的租赁物交付承租人使用收益。第三,承租人须向出租人支付租金。融资租赁合同的承租人对出租人购买的租赁物为使用收益,必须支付租金。也正是在这个意义上,该种合同的名称中含有“租赁”一词。

2. 融资租赁合同的特征

融资租赁合同是一种新型的不同于租赁合同的独立合同,除具备租赁等合同也具有的为诺成性合同、双务合同、有偿合同等特征外,还有自己的一些特征。总的来说,融资租赁合同主要有以下不同于租赁合同的特征:

第一,租赁标的物是由出租人依照承租人的要求购买的。在租赁合同中,出租人购置物件与出租无关,而在融资租赁合同中,出租人必须按照承租人的要求购买标的物,出租人购置物件的行为与出租物件的行为是联系在一起的,共同构成融资租赁合同关系的内容。

第二,出租人必须将为承租人购买的标的物交付承租人使用收益。出租人虽为承租人的使用而购买租赁物,但出租人所购买的物件却是归出租人所有,出租人仅将所购买的物件交付承租人使用收益,在整个租赁期间,承租人对出租人依其要求购买并交付使用的物件仅享有使用收益权,而不能享有物权。

第三,出租人对租赁标的物承担无瑕疵担保责任。由于出租人仅是依承租人的指示要求去筹措资金购买物件,因此,除承租人依赖出租人的技能确定租赁物或者出租人干预选择租赁物的情况外,出租人对租赁标的物不符合约定或者不符合使用目的不承担责任。

第四,承租人必须向出租人支付的租金非仅为使用租赁物的代价。因融资租赁合同为“融资”租赁,所以承租人支付的代价非对租赁物为使用收益的代价,而是“融资”的代价,租金实际上是承租人对出租人购买租赁物件的价金的本息和其应获得的利润等费用的分期偿还。

第五,承租人于租赁关系终止后享有选择权。租赁关系终止后,承租人有选择权,可以按照约定支付租赁物残余的价值购买租赁物而获取其所有权。

第六,出租人为专营融资租赁业务的租赁公司。融资租赁合同主体上的特征就是出租人的限定性,其只能为经营融资租赁业务的法人。这是由融资租赁合同的融资性所决定的。①

3. 融资租赁合同的性质

第一,融资租赁合同是由两个合同——买卖合同和融资性租赁合同,三方当事人——出卖人、出租人(买受人)、承租人结合在一起有机构成的新型独立合同。两个合同在效力上相互交错,从传统合同法的视角观察,主要体现在:买卖合同的一方当事人出卖人,不是向买卖合同的另一方当事人买受人履行现实交付标的物的义务,而是向另一合同,即融资租赁合同的承租人交付标的物,承租人享有受领标的物有关的买受人的权利和义务;在出卖人不履行合同的义务时,承租人得在一定前提下,向出卖人主张赔偿损失;买卖合同的双方当事人不得随意变更买卖合同中与租赁合同的承租人有关的合同内容等。第二,融资租赁合同是以融资为目的,以融物为手段的合同。融资租赁合同的承租人通过出租人购买并将标的物出租,达到融资的目的,以解决自己一次性购买标的物所需资金的不足。从这点来看,承租人等于向出租人借贷,但由于承租人此时并不是从出租人处取得租赁物或货币所有权,而仅是通过租赁的形式取得标的物的使用权,以租金的形式偿还出租人为购买租赁物所付出的对价和费用,与借款合同显然不同。②

(二)法律或司法解释有关融资租赁合同性质及效力认定的规定

1. 融资租赁合同的构成要件

《合同法》

第二百三十七条　融资租赁合同是出租人根据承租人对出卖人、租赁物的选择,向出卖人购买租赁物,提供给承租人使用,承租人支付租金的合同。

2. 融资租赁合同的认定及效力

最高人民法院《关于审理融资租赁合同纠纷案件适用法律问题的解释》

第一条　人民法院应当根据合同法第二百三十七条的规定,结合标的物的性质、价值、租金的构成以及当事人的合同权利和义务,对是否构成融资租赁法律关

---

① 魏振瀛主编:《民法》,北京大学出版社、高等教育出版社 2017 年版,第 508 ~ 510 页。

② 崔建远主编:《合同法》,法律出版社 2010 年版,第 437 ~ 442 页。

系作出认定。

对名为融资租赁合同,但实际不构成融资租赁法律关系的,人民法院应按照其实际构成的法律关系处理。

第二条 承租人将其自有物出卖给出租人,再通过融资租赁合同将租赁物从出租人处租回的,人民法院不应仅以承租人和出卖人系同一人为由认定不构成融资租赁法律关系。

第三条 根据法律、行政法规规定,承租人对于租赁物的经营使用应当取得行政许可的,人民法院不应仅以出租人未取得行政许可为由认定融资租赁合同无效。

第四条 融资租赁合同被认定无效,当事人就合同无效情形下租赁物归属有约定的,从其约定;未约定或者约定不明,且当事人协商不成的,租赁物应当返还出租人。但因承租人原因导致合同无效,出租人不要求返还租赁物,或者租赁物正在使用,返还出租人后会显著降低租赁物价值和效用的,人民法院可以判决租赁物所有权归承租人,并根据合同履行情况和租金支付情况,由承租人就租赁物进行折价补偿。

三、最高人民法院及下级各级人民法院关于融资租赁合同性质与效力认定的裁判规则

实务要点一

应当按照合同约定、租赁物的性质、价值及租赁物所有权的转移,认定涉案合同是否属于融资租赁合同。

北京国资融资租赁股份有限公司与山东飞达集团有限公司、中澳控股集团有限公司等融资租赁合同纠纷申诉、申请民事裁定书(2017)最高法民申字第111号

最高人民法院认为:

依照最高人民法院《关于审理融资租赁合同纠纷案件适用法律问题的解释》第1条的规定,人民法院应当根据《合同法》第237条的规定,结合标的物的性质、价值、租金的构成以及当事人的合同权利和义务,对是否构成融资租赁法律关系作出认定。原判综合本案合同约定、租赁物的性质、价值及租赁物所有权的转移,认定《融资租赁合同》符合融资租赁合同法律关系的要件,国资公司与中澳公司之间系

融资租赁法律关系并无不当。飞达公司主张《融资租赁合同》系借款合同没有事实和法律依据,不应予以支持。

实务要点二

双方当事人之间实为借贷关系,而非融资租赁法律关系,人民法院应当按照其实际构成的法律关系处理,但并不影响双方当事人签订的融资租赁合同的效力。

1. 柳林县浩博煤焦有限责任公司、山西联盛能源投资有限公司融资租赁合同纠纷二审民事判决书(2016)最高法民终字第286号

最高人民法院认为:

最高人民法院《关于审理融资租赁合同纠纷案件适用法律问题的解释》第1条规定:人民法院应当根据《合同法》第237条的规定,结合标的物的性质、价值、租金的构成以及当事人的合同权利和义务,对是否构成融资租赁法律关系作出认定。对名为融资租赁合同,但实际不构成融资租赁法律关系的,人民法院应按照其实际构成的法律关系处理。因现有证据仅能证明案涉当事人之间有资金的出借与返还关系,而不足以证明存在实际的租赁物并转移了租赁物的所有权,根据《合同法》第196条有关"借款合同是借款人向贷款人借款,到期返还借款并支付利息的合同"的规定,应当认定兴业公司与浩博公司、联盛公司之间系借款合同关系而非融资租赁合同关系。

浩博公司、联盛公司虽以三方之间的合同系企业间借贷,违反了法律、行政法规的强制性规定为由,主张无效,但其并未提供相应的法律、行政法规的强制性规范依据。故其有关案涉合同应当认定为无效的主张,于法无据,本院不予支持。该合同有关资金出借和到期还款的约定系各方当事人的真实意思表示,无违反法律、行政法规的强制性规定的情形,应当认定合同有效。

2. 唐山市丰南建设投资有限公司、民生金融租赁股份有限公司保证合同纠纷二审民事判决书(2016)最高法民终字第180号

最高人民法院认为:

关于丰南建设公司提出案涉融资租赁合同系名为融资租赁实为借贷,因此融

资租赁合同无效,进而主张丰南建设公司不应承担担保责任的问题。本院认为,民生租赁公司与山西海鑫公司之间是否存在真实的交易关系,仅影响法律关系性质的认定,对合同效力以及丰南建设公司担保责任的承担并无影响。

无论民生租赁公司与山西海鑫公司之间系融资租赁法律关系还是借贷法律关系,均不会导致案涉融资租赁合同无效。最高人民法院《关于审理融资租赁合同纠纷案件适用法律问题的解释》第 1 条第 2 款规定,对名为融资租赁合同,但实际不构成融资租赁法律关系的,人民法院应当按照其实际构成的法律关系处理。本案中,丰南建设公司未能提交证据证明案涉融资租赁合同存在《合同法》第 52 条规定的无效情形,其仅以案涉合同系名为融资租赁、实为借贷合同为由主张合同无效,缺乏法律依据,本院不予采纳。

实务要点三

合同三方当事人的权利义务未在同一合同中约定的,不影响融资租赁合同性质的认定。

攸县皇图岭中心卫生院融资租赁合同纠纷再审审查与审判监督民事裁定书(2016)最高法民申字第 358 号

最高人民法院认为:

关于合同性质。《合同法》第 237 条规定:"融资租赁合同是出租人根据承租人对出卖人、租赁物的选择,向出卖人购买租赁物,提供给承租人使用,承租人支付租金的合同。"该条规定并未限定三方当事人的权利义务须在同一合同中约定。根据本案查明事实,本案《融资租赁合同》系由中源公司作为出租人,根据承租人皇图岭卫生院对于租赁设备的需要和选择,由中源公司出资购买设备后,提供给皇图岭卫生院使用并支付租金,双方的权利义务关系完全符合合同法关于融资租赁合同的特征,一审、二审法院将该合同定性为融资租赁合同并无不当。皇图岭卫生院以合同缺乏设备出卖人,仅有两方当事人为由主张合同性质非融资租赁合同缺乏依据。

实务要点四

当事人之间签订的合同虽名为其他合同，但根据案情事实可以综合认定为融资租赁合同的，应当将案涉合同认定为“融资租赁合同”进行审理。

曲直、孙志财等与曲直、孙志财等融资租赁合同纠纷申请再审民事裁定书(2016)最高法民申字第204号

最高人民法院认为：

本院认为，判断当事人之间的法律关系性质，应根据双方当事人约定及实际履行的权利义务进行综合判断。根据《合同法》的规定，买卖合同是出卖人转移标的物所有权于买受人，买受人支付价款的合同；融资租赁合同是出租人根据承租人对出卖人、租赁物的选择，向出卖人购买租赁物，提供给承租人使用，承租人支付租金的合同。根据最高人民法院《关于审理融资租赁合同纠纷案件适用法律问题的解释》规定，人民法院应当根据《合同法》第237条的规定，结合标的物的性质、价值、租金的构成以及当事人的合同权利和义务，对是否构成融资租赁法律关系作出认定。根据上述法律及司法解释规定，曲直与徐工租赁公司之间存在融资租赁合同法律关系。综上所述，案涉合同内容符合融资租赁合同成立的一般要件即出租人根据承租人对出卖人和租赁物的选择出资购买租赁物；承租人向出租人交付租金；出租人将租赁物交付承租人使用收益。原判认定当事人之间为融资租赁关系并无不当。

实务要点五

对无实际租赁物或者租赁物所有权未从出卖人处转移至出租人或者租赁物的价值明显偏低而无法起到对租赁债权的担保，应认定该类融资租赁合同没有融物属性，仅有资金空转，系以融资租赁之名行借贷之实，应属借款合同。

国泰租赁有限公司与山东鑫海投资有限公司、山东鑫海担保有限公司等企业借贷纠纷二审民事判决书(2014)民二终字第109号

法院认为：

根据我国《合同法》第237条的规定，融资租赁合同与其他类似合同相比具有以下特征：一是通常涉及三方合同主体(出租人、承租人、出卖人)并由两个合同构成(出租人与承租人之间的融资租赁合同以及出租人与出卖人就租赁物签订的买卖合同)；二是出租人根据承租人对出卖人和租赁物的选择购买租赁物；三是租赁物的所有权在租赁期间归出租人享有，租赁物起物权担保作用；四是租金的构成不仅包括租赁物的购买价格，还包括出租人的资金成本、必要费用和合理利润；五是租赁期满后租赁物的所有权从当事人约定。从以上特征可以看出，融资租赁交易具有融资和融物的双重属性，缺一不可。如无实际租赁物或者租赁物所有权未从出卖人处转移至出租人或者租赁物的价值明显偏低无法起到对租赁债权的担保，应认定该类融资租赁合同没有融物属性，仅有资金空转，系以融资租赁之名行借贷之实，应属借款合同。一审法院将案涉《融资租赁合同》性质认定为名为融资租赁实为企业间借款合同，定性准确，本院依法予以维持。

实务要点六

承租人向出租人提供担保以确保出租人债权实现的，因法律法规未就融资租赁关系中设定担保予以禁止，不影响融资租赁合同的法律性质。

中水电北固建设机械有限公司、成都市裕邑丝绸有限责任公司借款合同纠纷再审审查与审判监督民事裁定书(2017)最高法民申字第2175号

最高人民法院认为：

因融资合同的租赁标的物可能实际上无法收回，或者起不到物权担保的作用导致出租人权利受损，故实践中存在承租人向出租人提供担保以确保出租人债权实现的情形。因法律法规未就融资租赁关系中设定担保予以禁止，故中水电北固

公司与裕邑丝绸公司、其他保证人另行签订担保合同保障中水电北固公司债权的安全，不影响融资租赁合同的法律性质。

四、小结

融资租赁合同所具有的不同于借款合同及租赁合同等其他合同的优点，使融资租赁合同的适用日益增加；与此同时，因融资租赁合同引发的纠纷数量也在逐年上升。融资租赁合同为承租人进行经营生产而欠缺资金提供了借款以外的手段，但其终究是以“融资”为主要目的，因此在实务中，正确区分融资租赁合同与其他合同特别是一般的借款合同与租赁合同是认定融资租赁合同性质与效力的关键所在。实务中，通常会出现假借融资租赁合同之名，实而暗度陈仓发生借款法律关系，躲避法律风险或获取不正当利益，或者尚未签订融资租赁合同而实际发生融资租赁合同关系的情况，均会对实际法律关系的审理判断带来迷惑与困扰。在此情况下，人民法院应当结合租赁物的性质、价值、租金的构成以及当事人的合同权利和义务，对是否构成融资租赁法律关系作出认定；若无实际租赁物或者租赁物所有权未从出卖人处转移至出租人或者租赁物的价值明显偏低而无法起到对租赁债权的担保，应认定该类融资租赁合同没有融物属性，仅有资金空转，系以融资租赁之名行借贷之实，应属借款合同，若未出现《合同法》第52条规定之情形，不影响融资租赁合同的效力，但应当按照实际形成的法律关系进行审理；有时出租人（买受人）为保障自己的权利得到实现，会在合同中约定承租人向自己提供担保，基于法律法规未就融资租赁关系中设定担保予以禁止，不影响融资租赁合同的法律性质，同时，约定的担保也会产生相应的法律效力。

第四节　委托理财合同裁判规则

一、导读

委托理财又称代客理财，是同一业务从委托方和管理方角度形成的不同称谓。委托理财指专业管理人接受资产所有者委托，代为经营和管理资产，以实现委托资产增值或其他特定目标的行为，一般特指证券市场内的委托理财，即投资银行作为管理人，以独立账户募集和管理委托资金，投资于证券市场的股票、基金、债券、期货等金融工具的组合,实现委托资金增值或其他特定目的的中介业务。

在实践中,委托人与受托人之间的委托理财关系与民间借贷经常难以区分,加上委托理财合同的相对特殊性,给司法造成了较大的困难。截至 2018 年 4 月,在中国裁判文书网中键入案由“委托理财合同(民事案件)”,共检索出 12,325 篇裁判文书,其中由最高人民法院作出的有 51 篇。本书此部分致力于对上述问题进行理论探讨并引用最高人民法院的案例予以梳理说明。

二、委托理财合同的理论与立法规定

(一)委托理财合同的基本理论

1. 委托理财的概念

委托理财是指委托人将其资金、证券等资产委托给受托人,由受托人将该资产投资于期货、证券等交易市场或通过其他金融形式进行管理,所得收益由双方按照约定进行分配或由受托人收取代理费的经济活动。在委托理财活动中出现的纠纷属于委托理财合同纠纷,出现委托理财合同纠纷时,应选择委托理财合同纠纷作为案由到人民法院立案。委托理财合同的种类根据主体不同,分为金融机构委托理财和非金融机构委托理财(民间委托理财)。出于稳定国家金融管理秩序的需要,国家对民间委托理财进行了一定程度的限制,部分民间委托理财合同在案件审理中会被认定无效。

2. 委托理财的法律特征

委托理财合同纠纷的法律特征主要包括:第一,委托理财合同纠纷通常是因投资于证券、国债、期货等金融性资产时引发的纠纷。当事人因非金融性资产委托投资管理引发的公募基金份额持有人与基金管理人、基金托管人之间的基金合同纠纷以及因直接投资设立公司所产生的股权诉讼不在此列。第二,在合同主体方面,通常是因以证券公司、期货公司、信托投资公司、投资咨询公司、各类投资管理公司、理财工作室、一般的有限公司以及自然人作为受托人的委托理财活动而引发的委托理财纠纷案件。储户与商业银行签订的具有委托理财性质的储蓄合同纠纷不在此列。第三,在合同的内容方面,部分委托理财合同通常约定保底收益条款。在司法实践中也出现了虽未约定保底条款,但部分受托人挪用了委托人的资产,从而引发的纠纷。第四,在纠纷起因上,通常是因委托资金遭受损失或因盈余分配而引发的委托理财纠纷,委托人经常是作为原告,受托人和监管人通常是作为被告。[①]

3. 民间委托理财合同的效力

民间委托理财是指法人或自然人将自有资金交给个人进行经营管理,既享受收益,又承担风险的一种投资经营模式。民间委托理财从整体上看是合法的,但亦有例外。一般的民间委托理财合同只要当事人意思表示真实,不违反《民法总则》、《合同法》以及国家金融法规的禁止性规定,应当认定为有效。但如下两种情况下的民间委托理财合同亦被认定为无效。一是受托人在同一时期内共同或分别接受社会上不特定多数人委托从事受托理财业务,涉及非法集资的范畴,特别是进行集合性受托投资管理业务的,因其行为与资质和身份不符,故应当认定合同无效;二是不具备金融类委托理财资质的自然人为受托人订立的金融类委托理财合同,通常被认定无效。对于金融类委托理财合同的主体资格,我国现行法律并没有明确的禁止性规定,但鉴于我国历来的金融严格管控政策,若以牺牲国家金融秩序和安全为代价换取合同自由,势必容易损害公共政策和经济秩序。[②]

(二)法律或司法解释有关委托理财合同的规定

《合同法》

第三百九十六条　委托合同是委托人和受托人约定,由受托人处理委托人事务的合同。

第四百一十条　委托人或者受托人可以随时解除委托合同。因解除合同给对方造成损失的,除不可归责于该当事人的事由以外,应当赔偿损失。

《信托法》

第二条　本法所称信托,是指委托人基于对受托人的信任,将其财产权委托给受托人,由受托人按委托人的意愿以自己的名义,为受益人的利益或者特定目的,进行管理或者处分的行为。

第十一条　有下列情形之一的,信托无效:

(一)信托目的违反法律、行政法规或者损害社会公共利益;

(二)信托财产不能确定;

(三)委托人以非法财产或者本法规定不得设立信托的财产设立信托;

(四)专以诉讼或者讨债为目的设立信托;

---

① 徐志新主编:《票据存单与委托理财》,中国民主法制出版社 2014 年版,第 220 ~ 221 页。

② 徐志新主编:《票据存单与委托理财》,中国民主法制出版社 2014 年版,第 225 页。

(五)受益人或者受益人范围不能确定;

(六)法律、行政法规规定的其他情形。

北京市高级人民法院《关于审理金融类委托理财合同纠纷案件若干问题的指导意见(试行)》

一、适用范围

金融类委托理财合同纠纷案件,是指法院受理的受托人和委托人为实现一定利益,委托人将其资金、证券等金融类资产根据合同约定委托给受托人,由受托人在资本市场上从事股票、债券等金融产品的交易、管理活动所引发纠纷而诉之法院的民商事案件。

二、经过中国证监会批准的、具备客户资产管理资质的证券公司作为受托人订立的金融类委托理财合同,应当认定有效。

三、下列主体订立的合同应当认定无效:

1. 未经中国证监会批准、未取得国家外汇管理局额度批准的境外机构作为委托人订立的金融类委托理财合同;

2. 未取得特许经营资质的证券公司作为委托人订立的金融类委托理财合同;

3. 不具备金融类委托理财资质的其他非金融机构作为受托人订立的金融类委托理财合同;

4. 其他主体违背相关法律法规订立的金融类委托理财合同。

四、金融类委托理财合同中的保底条款,原则上不予以保护。对于履行此类合同发生的损失,法院应当根据当事人各方的过错程度以及公平原则,确定各方当事人应当承担的责任。

十三、资金账户人诉证券经营机构要求返还资金账户内资金,在证券经营机构提出相反证据时,应当根据双方的证据确认资金的权属。在争议资金账户下的资金来源多元化混同的情况下,应当按比例确定实际入资人对资金账户中资金享有的取回权。

江苏省高级人民法院《关于审理委托理财合同纠纷案件若干问题的通知》

审理委托理财合同纠纷案件应当注意以下几个问题:

(一)要全面分析当事人约定的主要权利义务内容,正确认定合同性质。当事人在合同中约定,由委托人向受托人交付资金,受托人自行开设证券账户进行证券交易,委托期限届满后由受托方向委托方返还本金并支付固定回报,或除支付固定回报外对超额投资收益约定由委托人与受托人按比例分成的,应认定双方成立以委托理财为表现形式的借贷关系，并以借款合同纠纷确定案由。

当事人在合同中约定，由委托人自行开设账户并投入资金或购买证券资产后，将账户控制权委托受托人进行证券交易，受托人承诺委托期限届满后向委托人返还本金并支付固定回报，或者除支付固定回报外对超额投资收益约定由委托人和受托人按比例分成的，应认定双方之间成立有保底条款的委托代理关系，并以委托合同纠纷确定案由。

（二）要根据合同法、证券法及相关法律法规的规定，正确认定合同效力。对于被认定成立以委托理财为表现形式的借贷关系的合同效力，应根据人民法院审理借款合同纠纷的一贯原则认定。对于被认定为有保底条款的委托合同的效力，除受托方为证券公司外，一般应认定为有效，委托人请求受托人按照约定返还本金及约定回报的，人民法院应予支持。但是，由于市场风险导致受托人难以履行合同，受托人请求减少支付超出正常孳息部分的回报的，人民法院可以酌情予以调整。

根据证券法第一百四十二条、第一百四十三条规定，证券公司办理经纪业务，不得接受客户的全权委托而决定证券买卖、选择证券种类、决定买卖数量或者买卖价格。证券公司不得以任何方式对客户证券买卖的收益或者赔偿证券买卖的损失作出承诺。因此证券公司与客户签订有保底条款的委托合同的，应认定合同无效。

对于合同无效，双方均有过错的，应根据过错大小，对损失分别承担责任，在一般情况下，应认定受托人对损失承担主要责任。当事人以已经向对方支付回报或对方已经享受盈利为由进行抗辩的，已经支付的回报或已经享受的盈利可以冲抵损失。当事人不提出上述抗辩的，法院不主动理涉。受托人以双方之间在本案所涉委托理财合同之外签订其他委托理财合同，并已经按约向委托方支付回报进行抗辩的，法院不予支持。

三、最高人民法院及下级各级人民法院关于委托理财合同的裁判规则

实务要点一

委托理财合同中的受托人没有委托理财资质导致委托理财合同无效的，应认定受托人主观上存在较大的过错，受托人应承担返还委托人全部本金及部分利息损失的责任。

上海民生投资有限公司与吉林省东力综合投资(集团)有限公司委托理财合同纠纷上诉案(2006)民二终字第145号

法院认为:

在我国证券市场上,企业从事委托理财业务应当取得证券监管部门的特别许可,受托人必须取得相应的委托理财资质,并接受必要的监督管理。本案中,受托人东力公司并不具有从事该项资产管理经营活动的资格,故原审判决认定其与民生公司签订的《资产委托管理合同》为无效合同并无不当,本院对此予以确认。原审判决关于东力公司"不具有资产管理业务资质的情况下,受利益驱动,利用保底收益的承诺来争取客户、招揽业务,以期获得高额收益,主观上存在较大过错"的认定正确,但在确定东力公司承担的民事责任时,判令东力公司只返还民生公司本金损失的50%有失公允。东力公司应当全额给付民生公司的本金损失,并承担一定的利息损失。民生公司关于"东力公司应返还其全部本金损失12,495,960.24元,并给付自2001年5月11日至今的利息"的上诉请求,合情合理,于法有据,本院予以支持。

实务要点二

合同内容为委托股票投资交易的委托理财合同,根据合同性质的特殊性,合同到期后,若双方未就合同履行达成新的合意,即使委托人未对委托财产进行处理,仍视为合同终止。

冯新力、谢征昊委托理财合同纠纷再审审查与审判监督民事裁定书(2017)最高法民申字第1440号

最高人民法院认为:

涉案合同为委托理财合同,合同内容为委托股票投资交易,基于股票交易的连续性和股票盈亏的不确定性,履行期限在此类合同中关系重大,对于双方对股票盈亏的预期以及责任承担均具有重大影响。在双方未就合同终止时间达成一致的情况下,任何一方在任何时候主张合同终止都可能对对方造成不利。案涉《合作协

议》第1条和第4条约定了原道弘公司对账户进行操作的资金本金数额和操作期限，同时，双方在《合作协议》中明确约定“需要延期，双方另行约定”。原审判决基于涉案合同性质的特殊性和合同履行，认为涉案合同应由双方进行明确约定方可继续履行，并无不当。本案中，双方并未就合同延期另行签订协议，冯新力也未能证明双方就新的合同履行期限达成合意，应当认定为双方并未就合同继续履行达成一致。在合同约定的一年期满时，账户处于盈利状态。冯新力关于合同期满后双方继续履行合同，原道弘公司应就涉案证券账户上的亏损承担赔偿责任的申请理由，缺乏事实依据，本院不予支持。

实务要点三

一方当事人将期货账户交由另一方进行理财，但收取固定收益，而非将期货账户全权委托另一方进行操作以获取投资收益的情况下，双方构成委托理财关系，不认定为期货法律关系。

李寿桐与东方汇金期货有限公司上海营业部委托理财合同纠纷再审复查与审判监督民事裁定书(2014)民申字第2101号

法院认为：

本案中李寿桐与吴晓林之间签有《期货账户合作协议书》《贷款协议》等多份协议，此外，还约定吴晓林利用李寿桐期货账户进行期货交易，由吉粮期货经纪有限公司上海营业部保证其固定收益。但从实质交易内容上看，李寿桐行为的实质是将款项融资给吉粮期货经纪有限公司上海营业部并且收取固定收益，而非将期货账户全权委托吴晓林进行操作以获取投资收益，故原审法院据此认定双方构成委托理财关系并无不当。因东方汇金上海营业部不具有委托理财资质，一审、二审法院确认案涉合同无效，认定准确。本案系委托理财合同纠纷，东方汇金上海营业部所提出本案应适用有关期货纠纷法律规定来确定法律责任的再审主张缺乏法律依据，依法不能成立。

实务要点四

虽然当事人双方签订的合同名为“委托理财合同”,但合同和协议内容均表现为受托方保证到期返还本金和固定收益,双方不存在投资经营、共担风险的理财性质,而是一方收取固定回报,另一方承担全部风险的行为,应认定双方之间为借贷关系,非委托理财关系。

甘肃省科技风险投资有限公司与上海方大投资管理有限公司委托理财合同纠纷上诉案(2009)民二终字第 83 号

法院认为:

关于方大公司与科技公司之间形成何种性质的民事法律关系及如何确认各方应承担的民事责任问题。本案虽然是方大公司以委托理财合同纠纷提起诉讼,但方大公司与科技公司之间形成何种法律关系,应由人民法院从相关合同和协议的内容出发依法予以确认。本案中,方大公司与科技公司之间虽然签订了《委托资产管理合同》和《委托资产管理合同补充协议》,但合同和协议内容,均表现为受托方保证到期返还本金和8%的固定收益。涉案各方不存在投资经营、共担风险的理财性质,而是一方收取固定回报,另一方承担全部风险的行为。因此其法律关系应是名为委托理财实为企业借贷关系,本案案由亦应定为企业借贷纠纷。上诉人关于各方当事人均未主张双方为借款关系,因而应认定为委托关系的上诉理由不能成立,本院不予支持。原审法院关于案涉合同为借贷法律关系的认定正确,应予维持。

实务要点五

当事人双方签订委托理财合同,但合同内容中包含保底条款,致使双方民事权利义务严重失衡,保底条款无效;但基于委托理财合同的性质,保底条款作为合同的核心条款无效,委托理财合同也会归于无效。

亚洲证券有限责任公司与长沙同舟资产管理有限公司委托理财合同纠纷上诉案(2009)民二终字第1号

法院认为:

关于保底条款的效力。本案委托理财协议所约定的10%的固定年回报率属于保底条款。尽管该保底条款是资金委托管理协议双方以意思自治的形式对受托行为所设定的一种激励和制约机制,但该条款致使双方民事权利义务严重失衡,既不符民法上委托代理的法律制度构成,亦违背民法的公平原则。为此,本院认定本案委托理财协议中所涉保底条款无效。

关于委托理财协议的效力。虽然我国《合同法》第56条规定:"……合同部分无效,不影响其他部分效力的,其他部分仍然有效",但在本案订有保底条款的委托理财合同中,保底条款与合同其他内容条款不具有可分性,其并非可以独立分离出来的合同部分,而是与合同其他部分存在紧密的牵连关系。就本案中委托理财协议之缔约目的而言,委托人青基会除期待委托资产本金的安全外,尚期待高达10%的固定收益回报率。因此可以说,若没有保底条款的存在,当事人双方尤其是委托人通常不会签订委托理财合同;在保底条款被确认无效后,委托人的缔约目的几乎丧失;若使合同其他部分继续有效并履行,不仅违背委托人的缔约目的,而且几无履约意义,将导致极不公平合理之结果。鉴于此,本院认为,保底条款应属本案中委托理财协议之目的条款或核心条款,不能成为相对独立的合同无效部分,保底条款无效应导致委托理财协议整体无效。原审判决认定委托理财协议有效属适用法律不当。亚洲证券关于委托理财协议无效的主张,本院予以支持。

四、小结

委托理财是指委托人将其资金、证券等资产委托给受托人,由受托人将该资产投资于期货、证券等交易市场或通过其他金融形式进行管理,所得收益由双方按照约定进行分配或由受托人收取代理费的经济活动。一般分为金融委托理财和民间委托理财。在民间委托理财中,一般认定委托理财合同有效,但有例外。

委托理财合同的效力认定是实践中经常出现的问题。当事人双方有可能签订名为"委托理财合同",但合同和协议内容均表现为受托方保证到期返还本金和固定收益,而双方不存在投资经营、共担风险的理财性质,而是一方收取固定回报,另一方承担全部风险的行为,这违背了委托理财合同的基本属性,应认定双方之间为借贷关系,非委托理财关系;同样,委托理财合同内容中包含保底条款,致使双方民事权利义务严重失衡,保底条款无效;但基于委托理财合同的性质,保底条款作为合同的核心条款无效,委托理财合同也会归于无效。合同内容为委托股票投资交易的委托理财合同,根据合同性质的特殊性,合同到期后,若双方未就合同履行达成新的合意,即使委托人未对委托财产进行处理,仍视为合同终止。对于合同无效后责任承担方面,在委托理财合同纠纷中,若因合同中的受托人没有委托理财资质导致委托理财合同无效的,应认定受托人主观上存在较大的过错,受托人应承担返还委托人全部本金及部分利息损失的责任。

第五节　以房抵债协议裁判规则

一、导读

近年来,因涉及民间借贷等债权债务纠纷而引发的"以房抵债"类新型民事诉讼案件不断增多,该类案件既涉及如何保护债权人的合法债权获得清偿的问题,又涉及如何维护好房地产二级市场及三级市场的交易安全问题。以房抵债是以物抵债范围中的一种,涉及以房抵债的协议包括债权债务法律关系和房屋买卖法律关系。"以物抵债"可以归纳为债务人与债权人约定以债务人或经第三人同意的第三人所有的财产折价归债权人所有,用以清偿债务的行为。尽管我国关于该类纠纷相继出台了一系列法律规范,但关于以房抵债的行为性质认定仍然没有统一的定论,各地的司法实践中关于以房抵债的认定也不一。

截至 2018 年 4 月,在中国裁判文书网中键入案由"以房抵债(民事案件)",共检索出 16,044 篇裁判文书,其中由最高人民法院作出的有 156 篇。本书此部分致力于对上述问题进行理论探讨并引用最高人民法院的案例(含最高人民法院发布的指导性案例)进行梳理说明。

二、以房抵债协议的理论与立法规定

(一)以房抵债协议的基本理论

1. 以房抵债的概念

所谓代物清偿,是指债权人受领他种给付,以代替原定给付,以使债之关系消灭。债务人以他种给付代替原定给付,债权人的拒绝受领,并无受领迟延之问题。但如果债权人同意以他种给付代替原定给付的,也可以达到消灭债务的目的。① 以房抵债属于代物清偿的一种,依此类推,以房抵债是指债权人受领债务人自己或者第三人所有的房屋,以代替原合同所约定的金钱给付义务,消灭债权债务关系。

2. 以房抵债的要件

以房抵债有以下要件:(1)必须有原债务存在;(2)必须以他种给付代替原定给付,两种给付在价值上可以有差额,但须经双方当事人约定;(3)必须有双方当事人关于代物清偿的合意;(4)必须债权人等有受领权的人现实地受领给付。所谓现实地受领给付,即在其他给付为转移不动产所有权时,仅仅有表示转移的意思尚不足够,必须要办理转移登记手续,完成交付,才算成立代物清偿。② 因此,在以房抵债时,债权债务人仅仅签订以房抵债协议还不能达到债权消灭的效果,必须是办理不动产转移登记手续后,才发生债权消灭掉的法律效果。

3. 以房抵债的性质

关于以房抵债的性质,有以下几种观点:(1)清偿合同说。该说认为,在给付行为之外尚需要一个特别合同,其内容是约定提出并受领该给付以替代清偿债权人放弃旧有的债权。基于清偿合同说,当事人双方都需要有行为能力,如果没有特别约定,担保以及优先权随着旧债权而消灭。(2)合同变更说。该说主要认为,在代物清偿情况下,当事人就给付标的达成了一个事后的合同变更约定。其特别之处在于,原给付标的的变更与被变更债务的清偿是同时进行的并彼此绑在一起,变更与债的实现结合在一起。代物清偿是一种特别的给付制度,应限定在有偿合同下,对于代物清偿的标的物,债务人承担出卖人责任。法律的出发点是:债权人放弃了原来的债权,是其获得的代替给付的对价。(3)有偿契约说。该说认为代物清偿是

---

① 王洪亮:《债法总论》,北京大学出版社 2016 年版,第 167 页。

② [日]於保不二雄:《日本民法债权总论》,庄胜荣校订,台北五南图书出版股份有限公司 1998 年版,第 373 页。转引自崔健远主编:《合同法》,法律出版社 2011 年版,第 132 页。

交换的双务合同,代物清偿时,债务人提出的给付并没有变更所谓依据变更合同所负担的,仍然是与原来所负担不同的给付,但该给付对于债的消灭而言与原来所负担的给付具有同等效力。据此,并不当然认为,债务人现在要为代替给付的瑕疵承担责任。债务人还是应在清偿情况下、其所原应负担的物之瑕疵的范围内对该提出的物承担瑕疵担保责任。我国有学者认为,在当事人之间既不存在变更合同,也不存在交换性质的有偿合同,而是存在一种清偿约定。清偿约定的内容是提供的替代给付具有清偿债务的效力。当事人可以在清偿前、清偿时以及清偿后订立。该说本质为清偿合同说。①

对于代物清偿是诺成性合同还是要物性合同,最高人民法院的判例在不同时期也体现了不同的观点,甚至截然相反。一般认为,代物清偿为要物契约。②

(二)法律或司法解释有关以房抵债协议的规定

最高人民法院《关于适用〈中华人民共和国物权法〉若干问题的解释(一)》

第七条 人民法院、仲裁委员会在分割共有不动产或者动产等案件中作出并依法生效的改变原有物权关系的判决书、裁决书、调解书,以及人民法院在执行程序中作出的拍卖成交裁定书、以物抵债裁定书,应当认定为物权法第二十八条所称导致物权设立、变更、转让或者消灭的人民法院、仲裁委员会的法律文书。

最高人民法院《关于审理民间借贷案件适用法律若干问题的规定》

第二十四条 当事人以签订买卖合同作为民间借贷合同的担保,借款到期后借款人不能还款,出借人请求履行买卖合同的,人民法院应当按照民间借贷法律关系审理,并向当事人释明变更诉讼请求。当事人拒绝变更的,人民法院裁定驳回起诉。

按照民间借贷法律关系审理作出的判决生效后,借款人不履行生效判决确定的金钱债务,出借人可以申请拍卖买卖合同标的物,以偿还债务。就拍卖所得的价款与应偿还借款本息之间的差额,借款人或者出借人有权主张返还或补偿。

最高人民法院《关于适用〈中华人民共和国民事诉讼法〉的解释》

第四百一十九条 经申请执行人和被执行人同意,且不损害其他债权人合法权益和社会公共利益的,人民法院可以不经拍卖、变卖,直接将被执行人的财产作价交申请执行人抵偿债务。对剩余债务,被执行人应当继续清偿。

---

① 王洪亮:《债法总论》,北京大学出版社 2016 年版,第 168 页。

② 崔健远、韩世远、于敏:《债法》,清华大学出版社 2010 年版,第 163 页。

最高人民法院《关于人民法院民事执行中拍卖、变卖财产的规定》

第二十九条　动产拍卖成交或者抵债后，其所有权自该动产交付时起转移给买受人或者承受人。

不动产、有登记的特定动产或者其他财产权拍卖成交或者抵债后，该不动产、特定动产的所有权、其他财产权自拍卖成交或者抵债裁定送达买受人或者承受人时起转移。

最高人民法院《关于当前商事审判工作中的若干具体问题》

九、关于以物抵债合同纠纷案件的审理问题

第一，关于债务履行期届满前约定的以物抵债。

债权人与债务人在债务履行期届满前就作出以物抵债的约定，由于债权尚未到期，债权数额与抵债物的价值可能存在较大差距。如果此时直接认定该约定有效，可能会导致双方利益显失公平。所以在处理上一般认为应参照《物权法》关于禁止流押、流质的相关规定，不确认该种情形下签订的以物抵债协议的效力。在后果处理上：

1. 如果此时抵债物尚未交付给债权人，而债权人请求确认享有抵债物所有权并要求债务人交付的，不予支持。今年最高人民法院颁布的民间借贷司法解释第二十四条规定：当事人以签订买卖合同作为民间借贷合同的担保，应当按照民间借贷法律关系审理。债务人不履行生效判决确定的金钱债务，债权人可以申请拍卖买卖合同标的物以偿还债务。上述处理思路与该司法解释规定是一致的。

2. 如果此时抵债物已交付给债权人，参照《物权法》中质押的有关规定，债务人请求债权人履行清算义务或主张回赎的，法院应予支持。

第二，关于债务履行期届满后约定的以物抵债。

债务履行期届满后，债权的数额就得以确定，在此基础上达成的以物抵债协议，一般不会存在显失公平的问题。在以物抵债行为不存在违反法律、行政法规禁止性规定的情形下，应当尊重当事人的意思自治。在后果的处理上：

1. 如果此时抵债物尚未交付给债权人，债务人反悔但未能提供证据证明有能力继续履行原债务，债权人请求债务人履行以物抵债约定的，应予支持。此时，对法院是否还应就该物履行清算程序的问题，一种意见认为应当履行，债权人不能就超过债权部分受偿。另一种意见则认为，此时因以物抵债约定系事后达成，所以不会对债务人造成不公平，故无须履行上述程序，债权人可以就抵债物直接受偿。当然，如果该抵债行为损害第三人利益，第三人可以参照《物权法》第一百九十五条第一款的规定主张撤销。这两种意见中,我们倾向于后一种意见。

2. 如果抵债物已交付给债权人,债务人反悔的,不予支持。但为防止一方当事人利用以物抵债协议损害对方的合法权益,当存在《合同法》第五十四条规定的情形时,债权人、债务人均可请求变更或撤销以物抵债行为。对当事人利用以物抵债恶意逃债,第三人既可依据《合同法》第五十二条的规定主张抵债行为无效,也可依据《合同法》第七十四条的规定行使撤销权。

三、最高人民法院及下级各级人民法院关于以房抵债协议的裁判规则

实务要点一

借款合同双方当事人经协商一致,终止借款合同关系,建立商品房买卖合同关系,将借款本金及利息转化为已付购房款并经对账清算的,不属于流质契约与作为民间借贷合同的担保,在不存在《合同法》第 52 条规定情形的情况下,该商品房买卖合同具有法律效力。

最高人民法院指导性案例 72 号

汤龙、刘新龙、马忠太、王洪刚诉新疆鄂尔多斯彦海房地产开发有限公司商品房买卖合同纠纷

法院认为:

本案争议的商品房买卖合同签订前,彦海公司与汤龙等四人之间确实存在借款合同关系,且为履行借款合同,双方签订了相应的商品房预售合同,并办理了预购商品房预告登记。但双方系争商品房买卖合同是在彦海公司未偿还借款本息的情况下,经重新协商并对账,将借款合同关系转变为商品房买卖合同关系,将借款本息转为已付购房款,并对房屋交付、尾款支付、违约责任等权利义务作出了约定。民事法律关系的产生、变更、消灭,除基于法律特别规定,需要通过法律关系参与主体的意思表示一致形成。民事交易活动中,当事人意思表示发生变化并不鲜见,该意思表示的变化,除为法律特别规定所禁止外,均应予以准许。本案双方经协商一致终止借款合同关系,建立商品房买卖合同关系,并非为双方之间的借款合同履行提供担保,而是借款合同到期彦海公司难以清偿债务时,通过将彦海公司所有的商

品房出售给汤龙等四位债权人的方式，实现双方权利义务平衡的一种交易安排。该交易安排并未违反法律、行政法规的强制性规定，不属于《物权法》第186条规定禁止的情形，亦不适用最高人民法院《关于审理民间借贷案件适用法律若干问题的规定》第24条的规定。尊重当事人嗣后形成的变更法律关系性质的一致意思表示，是贯彻合同自由原则的题中应有之义。彦海公司所持本案商品房买卖合同无效的主张，不予采信。

实务要点二

在完成房屋变更登记之前，以房抵债协议并不形成优于其他债权的利益，不能认定由此而产生的物权期待权及物权本身。

1. 魏琳、青岛海宜林投资控股有限公司二审民事判决书(2017)最高法民终字第354号

最高人民法院认为：

本案双方当事人之间的以物抵债协议，不能体现双方买卖房屋的真实意思表示，只是债务人履行债务的变通方式，不必然地引起房屋权属的变动。且讼争房屋并未完成权属登记的变更手续，债权人只有债权请求权，而非物权。本案中魏学传寻求救济途径不当，以物抵债协议约定的交付房产，是以消灭金钱债务为目的的债的履行方式，在完成房屋变更登记之前，以房抵债协议并不形成优于其他债权的利益，且破坏了债权平等受偿的原则，损害了其他与中海盛明置业之间存有债权债务关系的当事人的合法权利救济途径，故不能认定依据以房抵债协议而产生的物权期待权及物权本身，该合同的订立并不能阻却有其他合法权利的第三人基于生效法律文书申请强制执行。

2. 魏招商银行股份有限公司包头分行、贾建军再审审查与审判监督民事裁定书(2017)最高法民申字第1769号

最高人民法院认为：

贾建军、姜亥军与刘涛、国红霞民间借贷纠纷一案，巴彦淖尔市临河区人民法

院于2014年10月28日作出(2014)临民初字第4283号民事判决,该判决已经生效。上述案件案由是民间借贷纠纷而非物权确认纠纷,该判决并未确认案涉房产所有权归属于贾建军、姜亥军,只是判决刘涛、国红霞协助贾建军、姜亥军办理抵顶房屋所有权转移登记手续及抵顶土地使用权变更登记手续,该判决不能直接引起物权变动的法律效果。因案涉房产一直登记在刘涛名下,物权变动并未完成,贾建军、姜亥军对刘涛只享有债权请求权。

原判决适用的主要依据是最高人民法院《关于人民法院办理执行异议和复议案件若干问题规定》第28条的规定,该规定适用的主体是不动产买卖合同中的买受人,保护的是基于买卖不动产而产生的物权期待权。本案涉及的是以房抵债协议,以房抵债协议首先以消灭金钱债务为目的,而房产的交付仅系以房抵债的实际履行方式,基于以房抵债而拟受让不动产的受让人,在完成不动产法定登记之前,该以房抵债协议并不足以形成优先于一般债权的利益,不能据此产生针对交易不动产的物权期待权。

实务要点三

抵债行为不能等同于正常的买卖或租赁等民事关系,合同价格与同期地段市价相比过高或过低均不能否定合同的效力,只要当事人前期在合同中作出了符合其真意的意思表示,又无其他合同法规定的无效情形,应当认定以房抵债合同有效。

中瑞投资(大连)有限公司、大连利丰房地产开发有限公司企业借贷纠纷二审民事判决书(2017)最高法民终字第427号

最高人民法院认为:

案涉两处房产分别为辽宁省大连市中山区(××号楼)和(××号楼),面积合计为1489平方米,折抵9900万元。参照房屋买卖测算,每平方米单价约为6.65万元;参照房屋租赁测算,每年每平方米租金约为1662元,两种估算价格均高于2014年同期该地段市价,但抵债行为不能等同于正常的买卖或租赁等民事关系,中瑞投资公司已在合同中确认其明知并认可,提出的上诉理由不足以否定其前期在合同中作出的意思表示。依据一审、二审查明的事实,应当认定基于双方签订的《房屋使用权转让合同》,利丰公司以房抵债偿还借款9900万元有效。

实务要点四

双方当事人签订《商品房买卖合同》，约定以房抵债，但仍保留原借款债务人的还款义务以及其他担保方式，该合同不产生债务抵偿的效果，应认定原借款债务人提供的实现债权的担保。

杨利民与罗琳、罗敏等民间借贷纠纷申诉、申请民事裁定书(2017)最高法民申字第974号

最高人民法院认为：

关于罗琳与杨利民于2016年5月31日签订协议的性质及履行问题。根据一审法院查明的事实，在罗琳两次未按约偿还借款之情形下，2016年5月31日，双方根据借款协议中罗琳确认的借款本息，就罗琳向杨利民偿还借款相关事宜达成了协议。该协议第1条、第2条两条约定确实有以房抵债的内容，但因该协议系多个条文组成，需结合协议全文来理解双方签订协议的真实意思表示。该协议第5条、第7条约定，罗琳或相关方在协议签订之日起4个月内偿还全部借款本息，否则杨利民有权选择自行处置上述抵债房屋或要求继续偿还借款本息；本协议作为原借款合同的从合同，原借款合同及相应保证合同、担保函等仍然有效，相关方有义务积极筹款按原约定偿还借款本息，杨利民也有权按原约定随时要求偿还借款本息；若杨利民得到部分偿还，及时配合将相应比例的房屋退还罗琳。可以看出，协议作为原借款合同的从合同，重申了罗琳需按照原约定继续偿还借款本息，签订《商品房购销合同》后罗琳偿还全部借款本息的义务仍然存在，并没有产生债务已经抵偿的结果。因此，从协议整体约定来看，杨利民的本意并非支付对价购买商品房，其真实意思仍是要求罗琳偿还借款本金及利息，双方签订协议的目的在于保障杨利民的债权得以顺利受偿。故一审、二审判决认定该协议并非是以物抵债协议，而是保障债权实现的担保方式，并无不当。

实务要点五

债务履行期届满后，双方当事人以作为原借款合同担保的房屋重新签订《商品房买卖合同》的，若债务人没有提供足够证据证明该买卖合同是将借款关系变更为商品房买卖关系的合意，则认定该合同作为原借款合同的担保。

营口弘逸房地产开发有限公司、王巧云与营口弘逸房地产开发有限公司、王巧云等民间借贷纠纷申请再审民事裁定书(2016)最高法民申字第112号

最高人民法院认为:

本院认为,以房抵债是指债务人难以清偿到期的金钱债务,而在原债权债务届满前或届满后与债权人达成的以其所有的房屋折抵所欠债务的行为。因此,以房抵债是对原债务履行方式的根本变更,需要双方当事人有明确的变更履行方式的意思表示,即存在用特定物清偿债务的合意。本案中,双方在《还款协议》中明确约定,弘逸老边分公司以10套房产作为抵押,担保所欠王巧云借款,虽后来弘逸老边分公司与王巧云未办理上述房屋的抵押登记手续,但双方在本院询问时均认可该房屋无法办理抵押登记手续。而弘逸老边分公司与王巧云之子王某签订的10份《商品房买卖合同》标的与《还款协议》中约定的用于抵押担保的10套房产完全一致。对此,双方存在不同主张,王巧云主张双方通过签订《商品房买卖合同》并进行备案的方式作为上述借款的担保,弘逸公司主张双方将借款抵押关系变更为商品房买卖关系,以房屋抵顶上述借款。经审查,首先,双方之间并无书面的以房抵债协议,而《商品房买卖合同》是由弘逸老边分公司与王巧云之子王某签署,并不能反映出双方同意以买卖合同约定的房屋抵顶弘逸老边分公司所欠王巧云借款的意思表示;其次,上述买卖合同签订后,弘逸老边分公司并未向王某或王巧云履行房屋交付的相关手续,王巧云及王某也没有在《商品房买卖合同》约定的履行期限届满后要求弘逸老边分公司向其交付房屋;最后,在上述10份《商品房买卖合同》签订后,弘逸老边分公司又分两次给付王某现金共计10万元,并将备案登记中一套商品房出售后的款项给付王某。据此,弘逸公司主张双方已经将借款关系变更为商品房买卖关系,通过以房抵债的方式清偿了案涉借款,证据不足。原判决认定案涉《商品房买卖合同》并非真实的房屋买卖关系,而是案涉借款的一种担保方式,有事实依据,并无不当。

四、小结

由于理论上对于以房抵债协议的性质认识未达成一致意见,因此在实践中,对于以房抵债协议的处理也不一致。在最高人民法院发布的指导性案例中,确定了

以房抵债协议属于诺成性合同，即借款合同双方当事人经协商一致，终止借款合同关系，建立商品房买卖合同关系，将借款本金及利息转化为已付购房款并经对账清算的，不属于流质契约与作为民间借贷合同的担保，在不存在《合同法》第52条规定情形的情况下，该商品房买卖合同具有法律效力，双方当事人应当履行商品房买卖合同。但是，在完成房屋变更登记之前，以房抵债协议并不形成优于其他债权的利益，不能认定由此而产生的物权期待权及物权本身，债权人不会因以房抵债协议而取得优先受偿权。同时，抵债行为不能等同于正常的买卖或租赁等民事关系，合同价格与同期地段市价相比过高或过低均不能否定合同的效力，只要当事人前期在合同中作出了符合其真意的意思表示，又无其他合同法规定的无效情形，应当认定以房抵债合同有效。但是，签订《房屋买卖合同》并不一定产生以房抵债的效果。因为如果双方当事人签订《商品房买卖合同》，约定以房抵债，但仍保留原借款债务人的还款义务以及其他担保方式，该合同不产生债务抵偿的效果，应将该《商品房买卖合同》认定为原借款债务人提供的实现债权的担保。同样，债务履行期届满后，双方当事人以作为原借款合同担保的房屋重新签订《商品房买卖合同》的，若债务人没有提供足够证据证明该买卖合同是将借款关系变更为商品房买卖关系的合意，则认定该合同作为原借款合同的担保。

第六节　建设工程合同性质及效力认定裁判规则

一、导读

建设工程合同的主体为发包人与承包人双方当事人，即承包人进行工程的勘察、设计、施工等建设，由发包人支付相应价款。其法律特征是：双方当事人一般是法人、其标的限于工程（区别于自住房屋等）的建设、其合同的订立采书面要式、其合同的履行受国家管理与监督。在实践中，建设工程合同的性质与效力的认定存在不少问题，主要有工程的验收、工程价款的支付、工程的结算等。本书此部分从中国裁判文书网共检索到1,186,208篇相关案例，现在从中选取最贴合的10篇案例进行梳理。

二、建设工程合同性质与效力认定的理论及立法规定

(一)建设工程合同性质与效力认定的基本理论

1. 建设工程合同的概念

建设工程合同,又称建设工程承包合同、基本建设合同、工程建设合同,是指承包人进行工程的勘察、设计、施工等建设,由发包人支付相应价款的合同。在建设工程合同中,发包人是指委托承包人进行工程的勘察、设计、施工任务的建设单位;承包人是指负责工程的勘察、设计、施工任务的一方当事人。

2. 建设工程合同的特征

建设工程合同具有完成工作合同的一般特征,因而在传统民法理论中,将建设工程合同作为承揽合同的一种类型,属于承揽完成不动产工程项目的合同。但由于建设工程不同于其他工作的完成,所以建设工程合同除了具有承揽合同的特征外,还具有以下特征:

(1)建设工程合同的双方当事人一般是法人。我国《合同法》并没有对合同当事人的资格作出限制,法人和自然人均可成为建设工程合同的当事人。但是,由于工程建设本身的特殊性,如投资大、周期长、质量要求高等,因此发包人一般是经过批准从事工程建设的法人,承包人一般是具有从事勘察、设计、施工资格的法人。而且根据我国《建筑法》第 12 条等的规定,承包人一般应具备以下条件:有与所承担的工程任务相适应的技术力量和施工人员;有独立组织生产、设计、进行经营管理的组织机构;有与所承担的施工、设计等任务相适应的设备机器和流动资金;有保证质量和如期完工的手段有合法的营业执照;取得了相应的等级资质证书等。

(2)建设工程合同的标的限于工程的建设。所谓工程,是指比较大而复杂的土木建筑,建设工程的要求较高。建设工程项目包括厂房、水库、桥梁、铁路、矿井、码头及学校、医院、住宅等。为完成一般建设项目而订立的合同不属于建设工程合同,而应属于承揽合同,如为个人建造住房与建筑队订立的合同就是承揽合同,而不是建设工程合同。

(3)建设工程合同的签订与履行,受到国家的严格管理和监督,具有计划性和程序性的特征。建设工程合同因涉及城市建设规划与国计民生,因此,国家从合同的签订到履行,从资金的投放到最终的效果验收,都实行严格的监督与管理,具有计划性与程序性的特征。所谓计划性,是指国家对一些重大建设工程项目,实行计划控制,以避免盲目进行固定资产的投资。所谓程序性,是指工程建设依据我国基

本建设法可分为立项、施工准备、施工和竣工验收、交付使用四个阶段。

(4)建设工程合同的要式性。我国《合同法》第270条规定:“建设工程合同应当采用书面形式。”即建设工程合同为要式合同。这是国家对基本建设进行监督管理的需要,也是由建设工程合同履行的特点决定的。

建设工程合同虽然具有不同于一般承揽合同的特点,但它毕竟是从承揽合同中分离出来的一种有名合同,因而,我国《合同法》第287条规定:“本章没有规定的,适用承揽合同的有关规定。”

3. 建设工程合同的效力

建设施工合同是以发包人和承包人为当事人双方的合同。发包人的主要义务有:做好施工前的准备工作、按合同约定及时向承包人提供原材料、技术资料及设备、提供施工过程中的监督、检查等协力、建设工程竣工后进行验收、受领建设工程并按约定支付工程价款。承包人的主要义务有:做好施工前的准备工作并按时,按要求开工、接受发包人必要的检查监督、按期完工并交付工程、对建设工程的瑕疵担负担保。①

(二)法律或司法解释有关建设工程合同性质与效力的规定

《合同法》

第二百六十九条　建设工程合同是承包人进行工程建设,发包人支付价款的合同。建设工程合同包括工程勘察、设计、施工合同。

第二百七十条　建设工程合同应当采用书面形式。

第二百七十一条　建设工程的招标投标活动,应当依照有关法律的规定公开、公平、公正进行。

第二百七十二条　发包人可以与总承包人订立建设工程合同,也可以分别与勘察人、设计人、施工人订立勘察、设计、施工承包合同。发包人不得将应当由一个承包人完成的建设工程肢解成若干部分发包给几个承包人。

总承包人或者勘察、设计、施工承包人经发包人同意,可以将自己承包的部分工作交由第三人完成。第三人就其完成的工作成果与总承包人或者勘察、设计、施工承包人向发包人承担连带责任。承包人不得将其承包的全部建设工程转包给第三人或者将其承包的全部建设工程肢解以后以分包的名义分别转包给第三人。

---

① 马俊驹、余延满:《民法原论》(第3版),法律出版社2007年版,第694~700页。

禁止承包人将工程分包给不具备相应资质条件的单位。禁止分包单位将其承包的工程再分包。建设工程主体结构的施工必须由承包人自行完成。

第二百七十三条 国家重大建设工程合同,应当按照国家规定的程序和国家批准的投资计划、可行性研究报告等文件订立。

第二百七十四条 勘察、设计合同的内容包括提交有关基础资料和文件(包括概预算)的期限、质量要求、费用以及其他协作条件等条款。

第二百七十五条 施工合同的内容包括工程范围、建设工期、中间交工工程的开工和竣工时间、工程质量、工程造价、技术资料交付时间、材料和设备供应责任、拨款和结算、竣工验收、质量保修范围和质量保证期、双方相互协作等条款。

第二百七十六条 建设工程实行监理的,发包人应当与监理人采用书面形式订立委托监理合同。发包人与监理人的权利和义务以及法律责任,应当依照本法委托合同以及其他有关法律、行政法规的规定。

第二百七十七条 发包人在不妨碍承包人正常作业的情况下,可以随时对作业进度、质量进行检查。

第二百七十八条 隐蔽工程在隐蔽以前,承包人应当通知发包人检查。发包人没有及时检查的,承包人可以顺延工程日期,并有权要求赔偿停工、窝工等损失。

第二百七十九条 建设工程竣工后,发包人应当根据施工图纸及说明书、国家颁发的施工验收规范和质量检验标准及时进行验收。验收合格的,发包人应当按照约定支付价款,并接收该建设工程。建设工程竣工经验收合格后,方可交付使用;未经验收或者验收不合格的,不得交付使用。

第二百八十条 勘察、设计的质量不符合要求或者未按照期限提交勘察、设计文件拖延工期,造成发包人损失的,勘察人、设计人应当继续完善勘察、设计,减收或者免收勘察、设计费并赔偿损失。

第二百八十一条 因施工人的原因致使建设工程质量不符合约定的,发包人有权要求施工人在合理期限内无偿修理或者返工、改建。经过修理或者返工、改建后,造成逾期交付的,施工人应当承担违约责任。

第二百八十二条 因承包人的原因致使建设工程在合理使用期限内造成人身和财产损害的,承包人应当承担损害赔偿责任。

第二百八十三条 发包人未按照约定的时间和要求提供原材料、设备、场地、资金、技术资料的,承包人可以顺延工程日期,并有权要求赔偿停工、窝工等损失。

第二百八十四条 因发包人的原因致使工程中途停建、缓建的,发包人应当采取措施弥补或者减少损失,赔偿承包人因此造成的停工、窝工、倒运、机械设备调迁、材料和构件积压等损失和实际费用。

第二百八十五条 因发包人变更计划,提供的资料不准确,或者未按照期限提供必需的勘察、设计工作条件而造成勘察、设计的返工、停工或者修改设计,发包人应当按照勘察人、设计人实际消耗的工作量增付费用。

第二百八十六条 发包人未按照约定支付价款的,承包人可以催告发包人在合理期限内支付价款。发包人逾期不支付的,除按照建设工程的性质不宜折 价、拍卖的以外,承包人可以与发包人协议将该工程折价,也可以申请人民法院将该工程依法拍卖。建设工程的价款就该工程折价或者拍卖的价款优先受偿。

第二百八十七条 本章没有规定的,适用承揽合同的有关规定。

最高人民法院《关于审理建设工程施工合同纠纷案件适用法律问题的解释》

根据《中华人民共和国民法通则》、《中华人民共和国合同法》、《中华人民共和国招标投标法》、《中华人民共和国民事诉讼法》等法律规定,结合民事审判实际,就审理建设工程施工合同纠纷案件适用法律的问题,制定本解释。

第一条 建设工程施工合同具有下列情形之一的,应当根据合同法第五十二条第(五)项的规定,认定无效:

(一)承包人未取得建筑施工企业资质或者超越资质等级的;

(二)没有资质的实际施工人借用有资质的建筑施工企业名义的;

(三)建设工程必须进行招标而未招标或者中标无效的。

第二条 建设工程施工合同无效,但建设工程经竣工验收合格,承包人请求参照合同约定支付工程价款的,应予支持。

第三条 建设工程施工合同无效,且建设工程经竣工验收不合格的,按照以下情形分别处理:

(一)修复后的建设工程经竣工验收合格,发包人请求承包人承担修复费用的,应予支持;

(二)修复后的建设工程经竣工验收不合格,承包人请求支付工程价款的,不予支持。

因建设工程不合格造成的损失,发包人有过错的,也应承担相应的民事责任。

第四条 承包人非法转包、违法分包建设工程或者没有资质的实际施工人借用有资质的建筑施工企业名义与他人签订建设工程施工合同的行为无效。人民法院可以根据民法通则第一百三十四条规定,收缴当事人已经取得的非法所得。

第五条 承包人超越资质等级许可的业务范围签订建设工程施工合同,在建设工程竣工前取得相应资质等级,当事人请求按照无效合同处理的,不予支持。

第六条 当事人对垫资和垫资利息有约定,承包人请求按照约定返还垫资及其利息的,应予支持,但是约定的利息计算标准高于中国人民银行发布的同期同类贷款利率的部分除外。

当事人对垫资没有约定的,按照工程欠款处理。

当事人对垫资利息没有约定,承包人请求支付利息的,不予支持。

第七条 具有劳务作业法定资质的承包人与总承包人、分包人签订的劳务分包合同,当事人以转包建设工程违反法律规定为由请求确认无效的,不予支持。

第八条 承包人具有下列情形之一,发包人请求解除建设工程施工合同的,应予支持:

(一)明确表示或者以行为表明不履行合同主要义务的;

(二)合同约定的期限内没有完工,且在发包人催告的合理期限内仍未完工的;

(三)已经完成的建设工程质量不合格,并拒绝修复的;

(四)将承包的建设工程非法转包、违法分包的。

第九条 发包人具有下列情形之一,致使承包人无法施工,且在催告的合理期限内仍未履行相应义务,承包人请求解除建设工程施工合同的,应予支持:

(一)未按约定支付工程价款的;

(二)提供的主要建筑材料、建筑构配件和设备不符合强制性标准的;

(三)不履行合同约定的协助义务的。

第十条 建设工程施工合同解除后,已经完成的建设工程质量合格的,发包人应当按照约定支付相应的工程价款;已经完成的建设工程质量不合格的,参照本解释第三条规定处理。

因一方违约导致合同解除的,违约方应当赔偿因此而给对方造成的损失。

第十一条 因承包人的过错造成建设工程质量不符合约定,承包人拒绝修理、返工或者改建,发包人请求减少支付工程价款的,应予支持。

第十二条 发包人具有下列情形之一,造成建设工程质量缺陷,应当承担过错责任:

(一)提供的设计有缺陷;

(二)提供或者指定购买的建筑材料、建筑构配件、设备不符合强制性标准;

(三)直接指定分包人分包专业工程。

承包人有过错的,也应当承担相应的过错责任。

第十三条　建设工程未经竣工验收,发包人擅自使用后,又以使用部分质量不符合约定为由主张权利的,不予支持;但是承包人应当在建设工程的合理使用寿命内对地基基础工程和主体结构质量承担民事责任。

第十四条　当事人对建设工程实际竣工日期有争议的,按照以下情形分别处理:

(一)建设工程经竣工验收合格的,以竣工验收合格之日为竣工日期;

(二)承包人已经提交竣工验收报告,发包人拖延验收的,以承包人提交验收报告之日为竣工日期;

(三)建设工程未经竣工验收,发包人擅自使用的,以转移占有建设工程之日为竣工日期。

第十五条　建设工程竣工前,当事人对工程质量发生争议,工程质量经鉴定合格的,鉴定期间为顺延工期期间。

第十六条　当事人对建设工程的计价标准或者计价方法有约定的,按照约定结算工程价款。

因设计变更导致建设工程的工程量或者质量标准发生变化,当事人对该部分工程价款不能协商一致的,可以参照签订建设工程施工合同时当地建设行政主管部门发布的计价方法或者计价标准结算工程价款。

建设工程施工合同有效,但建设工程经竣工验收不合格的,工程价款结算参照本解释第三条规定处理。

第十七条　当事人对欠付工程价款利息计付标准有约定的,按照约定处理;没有约定的,按照中国人民银行发布的同期同类贷款利率计息。

第十八条　利息从应付工程价款之日计付。当事人对付款时间没有约定或者约定不明的,下列时间视为应付款时间:

(一)建设工程已实际交付的,为交付之日;

(二)建设工程没有交付的,为提交竣工结算文件之日;

(三)建设工程未交付,工程价款也未结算的,为当事人起诉之日。

第十九条　当事人对工程量有争议的,按照施工过程中形成的签证等书面文件确认。承包人能够证明发包人同意其施工,但未能提供签证文件证明工程量发生的,可以按照当事人提供的其他证据确认实际发生的工程量。

第二十条　当事人约定,发包人收到竣工结算文件后,在约定期限内不予答复，视为认可竣工结算文件的，按照约定处理。承包人请求按照竣工结算文件结算工程价款的，应予支持。

第二十一条 当事人就同一建设工程另行订立的建设工程施工合同与经过备案的中标合同实质性内容不一致的，应当以备案的中标合同作为结算工程价款的根据。

第二十二条 当事人约定按照固定价结算工程价款，一方当事人请求对建设工程造价进行鉴定的，不予支持。

第二十三条 当事人对部分案件事实有争议的，仅对有争议的事实进行鉴定，但争议事实范围不能确定，或者双方当事人请求对全部事实鉴定的除外。

第二十四条 建设工程施工合同纠纷以施工行为地为合同履行地。

第二十五条 因建设工程质量发生争议的，发包人可以以总承包人、分包人和实际施工人为共同被告提起诉讼。

第二十六条 实际施工人以转包人、违法分包人为被告起诉的，人民法院应当依法受理。

实际施工人以发包人为被告主张权利的，人民法院可以追加转包人或者违法分包人为本案当事人。发包人只在欠付工程价款范围内对实际施工人承担责任。

第二十七条 因保修人未及时履行保修义务，导致建筑物毁损或者造成人身、财产损害的，保修人应当承担赔偿责任。

保修人与建筑物所有人或者发包人对建筑物毁损均有过错的，各自承担相应的责任。

第二十八条 本解释自二〇〇五年一月一日起施行。

三、最高人民法院及下级各级人民法院关于建设工程合同性质与效力认定的裁判规则

实务要点一

债务清偿期届满后，当事人双方在签订以物抵债协议时并没有约定消灭原金钱给付债务的，则以物抵债与原债务履行方式并行不悖。

最高人民法院公报案例

通州建总集团有限公司与内蒙古兴华房地产有限责任公司建设工程施工合同纠纷案

法院认为：

首先，以物抵债，系债务清偿的方式之一，是当事人之间对于如何清偿债务作出的安排，故对以物抵债协议的效力、履行等问题的认定，应以尊重当事人的意思自治为基本原则。一般而言，除当事人明确约定外，当事人于债务清偿期届满后签订的以物抵债协议，并不以债权人现实地受领抵债物，或取得抵债物所有权、使用权等财产权利，为成立或生效要件。只要双方当事人的意思表示真实，合同内容不违反法律、行政法规的强制性规定，合同即为有效。本案中，兴华公司与通州建总呼和浩特分公司第二工程处2012年1月13日签订的《房屋抵顶工程款协议书》，是双方当事人的真实意思表示，不存在违反法律、行政法规规定的情形，故该协议书有效。其次，当事人于债务清偿期届满后达成的以物抵债协议，可能构成债的更改，即成立新债务，同时消灭旧债务；亦可能属于新债清偿，即成立新债务，与旧债务并存。基于保护债权的理念，债的更改一般需有当事人明确消灭旧债的合意，否则，当事人于债务清偿期届满后达成的以物抵债协议，性质一般应为新债清偿。换言之，债务清偿期届满后，债权人与债务人所签订的以物抵债协议，如未约定消灭原有的金钱给付债务，应认定系双方当事人另行增加一种清偿债务的履行方式，而非原金钱给付债务的消灭。本案中，双方当事人签订了《房屋抵顶工程款协议书》，但并未约定因此而消灭相应金额的工程款债务，故该协议在性质上应属于新债清偿协议。当事人应当遵循诚实信用原则，按照约定全面履行自己的义务，这是合同履行所应遵循的基本原则，也是人民法院处理合同履行纠纷时所应秉承的基本理念。据此，债务人于债务已届清偿期时，应依约按时足额清偿债务。在债权人与债务人达成以物抵债协议、新债务与旧债务并存时，确定债权人应通过主张新债务抑或旧债务履行以实现债权，亦应以此作为出发点和立足点。若新债务届期不履行，致使以物抵债协议目的不能实现的，债权人有权请求债务人履行旧债务；而且，该请求权的行使，并不以以物抵债协议无效、被撤销或者被解除为前提。本案中，涉案工程于2010年年底已交付，兴华公司即应依约及时结算并支付工程款，但兴华公司却未能依约履行该义务。相反,就其所欠的部分工程款,兴华公司试图通过以部分房屋抵顶的方式加以履行,遂经与通州建总协商后签订了《房屋抵顶工程款协议书》。对此,兴华公司亦应按照该协议书的约定积极履行相应义务。但在《房屋抵顶工程款协议书》签订后,兴华公司就曾欲变更协议约定的抵债房屋的位置,在未得到通州建总同意的情况下,兴华公司既未及时主动向通州建总交付约定的抵债房屋,也未恢复对旧债务的履行即向通州建总支付相应的工程欠款。通州建总提起本案诉讼向兴华公司主张工程款债权后,双方仍然就如何履行《房屋抵顶工程款协议书》以抵顶相应工程款进行过协商,但亦未达成一致。而从涉案《房屋抵顶工程款协议书》的约定来看,通州建总签订该协议,意为接受兴华公司交付的供水财富大厦A座9层房屋,取得房屋所有权,或者占有使用该房屋,从而实现其相应的工程款债权。虽然该协议书未明确约定履行期限,但自协议签订之日至今已四年多,兴华公司的工程款债务早已届清偿期,兴华公司却仍未向通州建总交付该协议书所约定的房屋,亦无法为其办理房屋所有权登记。综上所述,兴华公司并未履行《房屋抵顶工程款协议书》约定的义务,其行为有违诚实信用原则,通州建总签订《房屋抵顶工程款协议书》的目的无法实现。在这种情况下,通州建总提起本案诉讼,请求兴华公司直接给付工程欠款,符合法律规定的精神以及本案实际,应予支持。

实务要点二

承包人诉讼请求中所主张的因发包人违约造成的停误工损失和材料价差损失,不属于建设工程价款优先受偿权的权利行使范围,承包人请求对上述两部分款项行使优先受偿权的,人民法院不予支持。

《中华人民共和国最高人民法院公报》2016年第4期(总第234期)

中铁二十二局集团第四工程有限公司与安徽瑞讯交通开发有限公司、安徽省高速公路控股集团有限公司建设工程施工合同纠纷案

法院认为:

根据最高人民法院《关于建设工程价款优先受偿权问题的批复》第3条的规定,“建筑工程价款包括承包人为建设工程应当支付的工作人员报酬、材料款等实

际支出的费用，不包括承包人因发包人违约所造成的损失”，能够行使建设工程价款优先受偿权的权利范围不包括因发包人违约导致的损失。而从中铁公司在本案中被支持的诉请款项来看，包括因瑞讯公司违约给其造成的停误工损失和材料价差损失两项，均不属于建设工程价款优先受偿权的权利行使范围，故一审法院未予支持中铁公司主张对案涉工程项目享有优先受偿权的请求，并无不当。中铁公司主张对案涉工程项目享有优先受偿权的该项上诉请求，无事实及法律依据，应予驳回。

实务要点三

对于约定了固定价款的建设工程施工合同，双方未能如约履行，致使合同解除的，在确定争议合同的工程价款时，应当综合考虑案件实际履行情况，并特别注重双方当事人的过错和司法判决的价值取向等因素来确定。

《中华人民共和国最高人民法院公报》2015 年第 12 期（总第 230 期）

青海方升建筑安装工程有限责任公司与青海隆豪置业有限公司建设工程施工合同纠纷二审民事判决书

法院认为：

……前述第一种方法的应用，是在当事人缔约时，依据定额预算价下调了一定比例形成的合同约定价，只要计算出合同约定价与定额预算价的下调比例，据此就能计算出已完工程的合同约定价。然而，采用这一方法计价存在明显不合理之处：一是现无证据证明鉴定的全部工程预算价是当事人缔约时依据的预算价，何况合同总价款也是通过鉴定得出的，并非当事人缔约时约定的合同总价款。二是用鉴定出的两个价款进行比对得出的下调比例，与当事人的意思表示没有任何关联，如此计算出来的价款当然不可能是合同约定的价格。三是如采用这一种方法，隆豪公司应支付的全部工程价款将明显低于合同约定的总价款（两者相差 910 余万元）。显然，如采用此种计算方法，将会导致隆豪公司虽然违反约定解除合同，却能额外获取 910 余万元利益的现象，这无疑会助长因违约获得不正当利益的社会效应，因而该方法在本案中不应被适用。四是一审判决忽略了当事人双方的利益平衡以及司法判决的价值取向。至隆豪公司解除合同时，方升公司承包的土建工程已全部完工,隆豪公司解除合同的行为破坏了双方的交易背景,此时如再还原合同约定的土建工程价款,既脱离实际情况,违背交易习惯,又会产生对守约一方明显不公平的后果;如果采用第二种方法计算本案工程的工程价款,与建设工程中发包人与承包人多以单位时间内完成工程量考核进度的交易习惯相符。隆豪公司应支付的全部工程价款明显高于合同约定的总价,此时虽然符合隆豪公司中途解除合同必然导致增加交易成本的实际情况,但该计算结果明显高于已完工工程相对应的定额预算价,对隆豪公司明显不公,因而也不应采用;如采用第三种方法即依据政府部门发布的定额计算已完工工程价款,比合同约定的总价仅高出36万余元。此种处理方法既不明显低于合同约定总价,也不过分高于合同约定总价,与当事人预期的价款较为接近,因而比上述两种计算结果更趋合理。另外,政府部门发布的定额属于政府指导价,审理此类案件,除应当综合考虑案件实际履行情况外,还特别应当注重双方当事人的过错和司法判决的价值取向等因素,以此确定已完工程的价款,方升公司提出的以政府部门发布的预算定额价结算本案已完工工程价款的上诉理由成立,应予支持。

实务要点四

工程实际存在明显的质量问题,承包人以工程竣工验收合格证明等主张工程质量合格的,人民法院不予支持。在双方当事人已失去合作信任的情况下,为解决双方矛盾,人民法院可以判决由发包人自行委托第三方参照修复设计方案对工程质量予以整改,所需费用由承包人承担。

《中华人民共和国最高人民法院公报》2014年第8期(总第214期)

江苏南通二建集团有限公司与吴江恒森房地产开发有限公司建设工程施工合同纠纷案再审民事判决书

法院认为:

关于本案屋面渗漏应按何种方案修复的问题,二审认为,根据《合同法》第107条、第281条之规定,因施工方原因致使工程质量不符合约定的,施工方理应承担无偿修理、返工、改建或赔偿损失等违约责任。本案中,双方当事人对涉案屋面所做的工序进行了明确约定，然南通二建在施工过程中，擅自减少多道工序，尤其是缺少对防水起重要作用的2.0厚聚合物水泥基弹性防水涂料层，其交付的屋面不符合约定要求，导致屋面渗漏，其理应对此承担违约责任。鉴于恒森公司几经局部维修仍不能彻底解决屋面渗漏，双方当事人亦失去信任的合作基础，为彻底解决双方矛盾，原审法院按照司法鉴定意见认定按全面设计方案修复，并判决由恒森公司自行委托第三方参照全面设计方案对屋面渗漏予以整改，南通二建承担与改建相应责任有事实和法律依据，亦属必要。

实务要点五

鉴定机构分别按照定额价和市场价作出鉴定结论的，在确定工程价款时，一般应以市场价确定工程价款。这是因为，以定额为基础确定工程造价大多未能反映企业的施工、技术和管理水平，定额标准往往跟不上市场价格的变化，而建设行政主管部门发布的市场价格信息，更贴近市场价格，更接近建筑工程的实际造价成本，且符合《合同法》的有关规定，对双方当事人更公平。

《中华人民共和国最高人民法院公报》2012年第9期（总第191期）

齐河环盾钢结构有限公司与济南永君物资有限责任公司建设工程施工合同纠纷案

法院认为：

环盾公司冒用“第九冶金建筑公司第五分公司”的名义，使用虚假公章与永君公司签订的三份建设工程施工合同均无效。因环盾公司按工程质量要求施工完成了工程，经验收工程质量合格，永君公司已经接收了工程并已投入使用，环盾公司以实际施工人的身份主张工程款，予以支持。因本案双方当事人分别举证的三份合同中约定的工程价款不同，双方均各自认为自己所举证的合同真实，因双方对三份合同本身及合同的工程价款存在分歧，法院无法予以参照。根据一审法院委托实信造价公司所做的《造价鉴定报告书》，经质证后，原一审、二审法院判决均予以采信，《造价鉴定报告书》中济南永君轧钢车间工程造价无异议部分是15,772,204.01元，有异议部分是39,922.82元。建设工程价值就是整体价值，也即建设工程的完整造价。合同无效后,如施工方只能主张建设工程造价中的直接费,则施工方融入建筑工程当中的间接费、利润及税金就被发包方获得,这与无效合同的处理原则不符,对施工方不公平,违背了等价有偿的原则。原审判决以环盾公司没有承揽涉案工程的施工资质,在合同签订和履行过程中有欺诈行为为由,仅支持了环盾公司无异议部分的直接费用12,097,423.01元,而对间接费、税金、利润等均未予以支持不当。检察机关关于本案应当保护环盾公司整体工程造价(包括直接费、间接费、利润及税金)的抗诉意见成立,予以支持。

实务要点六

法律、法规并不禁止建设工程施工合同项下的债权转让,只要建设工程施工合同的当事人没有约定合同项下的债权不得转让,债权人向第三人转让债权并通知债务人的,债权转让合法有效,债权人无须就债权转让事项征得债务人同意。

《中华人民共和国最高人民法院公报》2007年第12期(总第134期)

陕西西岳山庄有限公司与中建三局建发工程有限公司、中建三局第三建设工程有限责任公司建设工程施工合同纠纷案

法院认为:

本案中,三公司履行了部分合同义务,取得了向西岳山庄请求支付相应工程款的权利。转让行为发生时,三公司的此项债权已经形成,债权数额后被本案鉴定结论所确认。西岳山庄接到三公司的《债权转移通知书》后,并未对此提出异议,法律、法规亦不禁止建设工程施工合同项下的债权转让,债权转让无须征得债务人同意。根据《合同法》第80条、第81条的规定,本院确认涉案债权转让合法有效,建发公司因此受让三公司对西岳山庄的债权及从权利。西岳山庄虽然主张涉案债权依法不得转让,但并未提供相关法律依据,故对西岳山庄关于三公司转让债权的行为无效的主张,本院不予支持。

实务要点七

当事人就同一建设工程签订两份不同版本的合同,发生争议时应当以备案的中标合同作为结算工程价款的根据,而不是指以存档合同文本作为结算工程价款的依据。

《中华人民共和国最高人民法院公报》2008 年第 8 期(总第 142 期)

西安市临潼区建筑工程公司与陕西恒升房地产开发有限公司建设工程施工合同纠纷二审案

法院认为:

关于本案所涉工程应以哪个《建设工程施工合同》文本作为结算依据的问题。恒升公司与临潼公司于 2003 年 9 月 10 日签订《建设工程施工合同》,2004 年 4 月 5 日在西安市城乡建设委员会进行了备案。双方当事人在一审举证期限内向一审法院提供的《建设工程施工合同》文本内容是一致的,即没有 29 - 3 条款的内容,长安监理公司出具的《情况说明》也证明《建设工程施工合同》的文本没有 29 - 3 条款的内容。《建设工程施工合同》第 11 条约定了工程进度款问题,对具体的工程进度和付款期限作出了明确约定,恒升公司自己也主张已向临潼公司支付工程款 12,219,182.8 元,而 29 - 3 条款的内容与《建设工程施工合同》第 11 条明显矛盾。最高人民法院《关于审理建设工程施工合同纠纷案件适用法律问题的解释》第 21 条规定:"当事人就同一建设工程另行订立的建设工程施工合同与经过备案的中标合同实质性内容不一致的,应当以备案的中标合同作为结算工程价款的根据。"该条是指当事人就同一建设工程签订两份不同版本的合同,发生争议时应以备案的中标合同作为结算工程价款的依据,而不是指以存档合同文本为依据结算工程价款。恒升公司提交的西安市城市建设档案馆存档的《建设工程施工合同》文本,该合同文本上的 29 - 3 条款是恒升公司何西京书写的,没有证据证明该条款系经双方当事人协商一致。故应以一审举证期限届满前双方提交的同样内容的《建设工程施工合同》文本作为本案结算工程款的依据。

实务要点八

在审理建设工程施工合同纠纷案件中,针对发包人和承包人就已完成工程总造价、材料分析退价、不合格工程返修费用等事项产生的争议,基于当事人申请,分别委托鉴定机构就上述事项进行鉴定,经一审质证、二审上诉但未提出充分理由反驳的,可以认定上述鉴定结论的证明力。

《中华人民共和国最高人民法院公报》2007 年第 7 期(总第 129 期)

金坛市建筑安装工程公司与大庆市庆龙房地产开发有限公司建设工程结算纠纷二审案

法院认为:

关于工程所用材料价格如何确定的问题。双方对材料价格认识不一致,金坛公司的主张符合双方约定,应予采信。金坛公司一审庭审时虽然有过承认领取 3600 万元材料的意思表示,但同时亦表示材料问题愿意通过鉴定解决。庆龙公司既然也同意就工程造价按约定的定额标准进行鉴定,意味着如无充分证据足以否定鉴定结论,一审判决对鉴定结论予以采信是正当的。

关于鉴定机构资质问题。庆龙公司上诉提出,一审法院委托对 1999 年工程造价进行鉴定的中龙公司,其经营范围内工程造价咨询为乙级资质,而本案属于大型建设项目,理应由具有甲级资质的鉴定机构进行鉴定,据此认为一审法院采用该鉴定机构出具的结论系程序违法,申请重新鉴定。中龙公司虽然就工程造价咨询为乙级资质,但该鉴定机构经当地有关部门认定具有从事司法鉴定资格,且鉴定结论并非由中龙公司独立完成,是由鉴定中心和中龙公司联合作出,一审法院予以采信并无不当,亦不存在程序违法。庆龙公司在一审期间未就鉴定机构资质问题提出异议,现二审期间提出,加之鉴定所需要部分材料的原件已无法提供,不具备重新鉴定条件,故对庆龙公司的此项请求不予支持。

实务要点九

鉴于建设工程的特殊性，虽然合同无效，但施工人的劳动和建筑材料已经物化在建筑工程中，建设工程经竣工验收合格，承包人请求参照有效合同处理的，应当参照合同约定来计算涉案工程价款，承包人不应获得比合同有效时更多的利益。

《中华人民共和国最高人民法院公报》2013 年第 11 期(总第 205 期)

莫志华、深圳市东深工程有限公司与东莞市长富广场房地产开发有限公司建设工程合同纠纷再审案

法院认为：

双方当事人对于合同无效均不存在争议，但莫志华认为原判决对于合同无效的责任认定有失公正。莫志华认为，长富广场公司对于其挂靠东深公司的行为应当知情，但未提供相应证据证明其主张。从莫志华与东深公司签订的保密协议的内容来看，保密协议以外的第三人很难知晓他们之间的挂靠关系。涉案合同的签订主体为长富广场公司与东深公司，长富广场公司提交的收款收据表明涉案工程进度款是向东深公司支付的、且莫志华参加有关协调会议中亦是以东深公司的工作人员身份参加的，莫志华所提交的借条及借据也均是以东深公司大朗长富商贸广场工程项目经理部的名义借款的。以上证据及事实表明，在合同的签订和履行过程中与长富广场公司发生法律关系的是东深公司，而非莫志华。因此，莫志华与东深公司对于合同无效应当承担全部责任，原判决对于合同无效后责任的认定并无不当。即便长富广场公司对此知情，应承担一定的过错责任，也不影响本案的实体处理。过错责任的划分，仅在计算损失赔偿时有意义，对于涉案工程款数额的认定并无影响。依据《合同法》第 58 条的规定，“合同无效或者被撤销后，因该合同取得的财产，应当予以返还；不能返还或者没有必要返还的，应当折价补偿。有过错的一方应当赔偿对方因此所受到的损失，双方都有过错的，应当各自承担相应的责任”。而本案中双方仅对工程款的计算数额存在争议，双方当事人均未提起损害赔偿之诉，因此，过错责任的认定并不影响对于涉案工程款数额的计算。关于涉案工程款是应按照合同约定结算还是据实结算。鉴于建筑工程的特殊性，虽然合同无效，但莫志华与东深公司的劳动和建筑材料已经物化在涉案工程中，依据最高人民

法院《关于审理建设工程施工合同纠纷案件适用法律的解释》第 2 条的规定,建设工程无效合同参照有效合同处理,应当参照合同约定来计算涉案工程款。莫志华与东深公司主张应据实结算工程款,其主张缺乏依据。莫志华与东深公司不应获得比合同有效时更多的利益。涉案工程款应当依据合同约定结算。

实务要点十

在民事合同中,当事人对接受行政审计作为确定民事法律关系依据的约定,应当具体明确,而不能通过解释推定的方式,认为合同签订时,当事人已经同意接受国家机关的审计行为对民事法律关系的介入。相应地,在双方当事人已经通过结算协议确认了工程结算价款并已基本履行完毕的情况下,国家审计机关做出的审计报告,不影响双方结算协议的效力。

《中华人民共和国最高人民法院公报》2014 年第 4 期(总第 210 期)

重庆建工集团股份有限公司与中铁十九局集团有限公司建设工程合同纠纷再审案

法院认为:

关于分包合同是否约定了案涉工程应以国家审计机关的审计结论作为结算依据的问题。本院认为,分包合同中对合同最终结算价约定按照业主审计为准,系因该合同属于分包合同,其工程量与工程款的最终确定,需依赖合同之外的第三人即业主的最终确认。因此,对该约定的理解,应解释为工程最终结算价须通过专业的审查途径或方式,确定结算工程款的真实合理性,该结果须经业主认可,而不应解释为须在业主接受国家审计机关审计后,依据审计结果进行结算。根据审计法的规定,国家审计机关的审计系对工程建设单位的一种行政监督行为,审计人与被审计人之间因国家审计发生的法律关系与本案当事人之间的民事法律关系性质不同。因此,在民事合同中,当事人对接受行政审计作为确定民事法律关系依据的约定,应当具体明确,而不能通过解释推定的方式,认为合同签订时,当事人已经同意接受国家机关的审计行为对民事法律关系的介入。因此,重庆建工集团所持分包合同约定了以国家审计机关的审计结论作为结算依据的主张,缺乏事实和法律依据，本院不予采信。

四、小结

建设工程纠纷因其标的额大、合同双方当事人均为企业、合同履行周期长等原因，具有复杂性。建设工程纠纷的发生存在于合同签订后施工前、施工过程中、施工验收结算时等时间节点。对于该类纠纷的解决应当遵循“协商为王”，这也是基于该类合同双方当事人具有长期合作关系等因素决定的。协商不成的，应当积极采取诉讼或仲裁的方式，及时固定证据，把握诉讼的黄金时段。如对于发包方拖欠工程款违约纠纷，可以采取优先受偿的策略，“变工程为工程款”，变更工程到承包方名下；对于竣工结算引发的争议，应当在给予发包方合理审查期的前提下，通过邮寄决算书的方式固定决算书送达时间等。

第七节　借款合同性质及效力认定裁判规则

一、导读

借款合同依贷款人的不同，可以分为贷款合同（银行借贷合同）与民间借款合同，顾名思义，前者的贷款人是银行等金融机构，后者的贷款人是除银行等金融机构外的自然人或其他企业。在性质上，前者是诺成性合同，当事人意思表示一致达成书面协议，合同即成立；后者是实践合同，贷款人提供贷款时合同方能成立并生效。

在实践中，对于借款合同性质及其效力的认定存在不少问题，主要有以投资名义掩盖借款事实等形式的影响合同效力的情形，以及利息率过分高出银行同期贷款利率以致合同部分无效的问题。本书此部分通过中国裁判文书网检索“借款合同”相关案件，共检索出4,123,043篇裁判文书，本文选取其中最贴切的6个案件进行梳理。

二、借款合同性质与效力认定的理论及立法规定

（一）借款合同性质与效力认定的基本理论

1. 借款合同的概念

借款合同，是指当事人一方按约定将一定种类和数量的货币转移给他方，他方

到期后返还货币的协议。其中,交付货币的给他人的一方称为贷款人、贷与人或出借人;而接受货币并于一定期限内返还货币给贷与人的一方称为借款人、受贷人或借用人。

2. 借款合同的特征

(1)借款合同的标的物是金钱(货币)。借款合同的标的物是一种作为特殊种类物的金钱,借款合同到期后借款人只是向贷款人返还同等种类、数量的货币,而不必也不可能返还原物。

(2)借款合同是转让货币所有权的合同。当贷款人将借款即货币交给借款人后,货币的所有权移转给了借款人,借款人可以处分所得的货币。这是借款合同的目的决定的,也是货币这种特殊种类物的性质决定的。

(3)借款合同既可以是有偿合同,也可以是无偿合同。商业借贷合同(商业银行贷款合同)为有偿合同;而自然人之间的借款合同(民间借贷合同)既可能是有偿的,也可能是无偿的。其是否有偿,由当事人约定;没有约定的,即为无偿。

(4)借款合同中除自然人之间的借款合同为实践性合同外,其余均为诺成性合同。因为对于自然人之间的借款合同,我国《合同法》第 210 条规定,"自然人之间的借款合同,自借贷人提供借款时生效",即贷款人提供或交付借款,是自然人借款合同的成立要件,亦是其生效的要件。

(5)借款合同除自然人之间的借款合同为不要式合同外,其他的均为要式合同。因为我国《合同法》第 197 条第 1 款规定:"借款合同采用书面形式,但自然人之间借故另有约定的除外。"在此值得注意的是,借款申请书、有关借款的凭证、协议书和当事人双方同意修改借款合同的有关书面材料,也是借款合同的组成部分。

3. 借款合同的分类

借款合同依贷款人的不同,可分为贷款合同(银行借贷合同)与民间借贷合同。

(1)贷款合同。贷款合同的当事人是贷款人与借款人。其中,贷款人只能是银行或者其他金融机构,依《贷款通则》第 21 条的规定,贷款人必须经中国人民银行批准经营贷款业务,持有中国人民银行颁发的《金融机构法人许可证》或《金融机构营业许可证》,并经工商行政管理部门核准登记;而依《贷款通则》第 17 条的规定,借款人应当是经工商行政管理机关(或主管机关)核准登记的企(事)业法人、其他经济组织、个体工商户或具有中华人民共和国国籍的完全民事行为能力人。在贷款合同中,贷款人负有按约提供借款、借款的利息不得预先在本金中扣除等义务;借款人负有依约收取和适用借款、依约接受检查,监督借款使用情况、依约支付利息、按期返还借款等义务。

(2)民间借贷合同。

民间借款合同的当事人通常双方均为自然人。依我国现行法律,企业(指依法设立的非金融企业)之间是禁止相互借贷的(包括名为联营实为借贷),即民间借款合同的双方当事人不能均为企业。而对于自然人与企业之间能否相互借贷,1999年最高人民法院《关于如何确认公民与企业之间借贷行为效力问题的批复》认为,基于企业向自然人出借款项,是其财产权的体现,认为自然人与非金融企业之间的借贷属于民间借贷,只要双方当事人意思表示真实即可认定有效。

但是,具有下列情形之一的,应当认定无效:(1)企业以借贷为名义向职工非法集资的;(2)企业以借贷为名义非法向社会集资的;(3)企业以借贷为名义向社会公众发放贷款的;(4)其他违反法律、行政法规的行为。

4. 民间借款合同的性质

关于民同借款合同的性质,从系统解释来看,《合同法》第211条关于自然人之间的借款合同性质的规定,是该法关于借款合同的特别规定,依特别法与普通法关系的原理,自然人与企业之间的借款合同就应为诺成性合同。而从目的解释来看,《合同法》关于借款合同的一般规定,规范的是商业银行或其他金融机构提供的商业贷款合同,似乎并不包括自然人与企业之间的借款合同。因此,采用书面形式的自然人与企业之间有偿的借款合同宜解释为诺成性合同,以加重获得利益的出借人的义务,维护正常的社会经济秩序。此类借款合同类似于我国《合同法》所规定的借款合同,应参照适用我国《合同法》关于借款合同的规定。

5. 民间借款合同的特殊效力

贷款合同为有偿合同,且依《商业银行法》第38条的规定,商业银行应当按照中国人民银行规定的贷款利率的上下限,确定贷款利率。而民间借款合同并非一定是有偿合同,其是否有偿取决于当事人的意愿。我国《合同法》第211条第1款规定:"自然人之间的借款合同对支付利息没有约定或者约定不明确的,视为不支付利息。"即自然人之间的借款合同,除当事人明确约定为有偿的以外,为无偿合同。有观点认为,对于自然人与企业之间的借款合同对支付利息没有约定或者约定不明确的,原则上应为有偿合同,即借贷双方对有无约定利率发生争议,又不能证明的,可参照银行同类贷款利率计算。[①]

---

① 马俊驹、余延满:《民法原论》(第3版),法律出版社2007年版,第664~668页。

(二)法律或司法解释有关借款合同性质与效力的规定

《合同法》

第一百九十六条 借款合同是借款人向贷款人借款,到期返还借款并支付利息的合同。

第一百九十七条 借款合同采用书面形式,但自然人之间借款另有约定的除外。

借款合同的内容包括借款种类、币种、用途、数额、利率、期限和还款方式等条款。

第一百九十八条 订立借款合同,贷款人可以要求借款人提供担保。担保依照《中华人民共和国担保法》的规定。

第一百九十九条 订立借款合同,借款人应当按照贷款人的要求提供与借款有关的业务活动和财务状况的真实情况。

第二百条 借款的利息不得预先在本金中扣除。利息预先在本金中扣除的,应当按照实际借款数额返还借款并计算利息。

第二百零一条 贷款人未按照约定的日期、数额提供借款,造成借款人损失的,应当赔偿损失。

借款人未按照约定的日期、数额收取借款的,应当按照约定的日期、数额支付利息。

第二百零二条 贷款人按照约定可以检查、监督借款的使用情况。借款人应当按照约定向贷款人定期提供有关财务会计报表等资料。

第二百零三条 借款人未按照约定的借款用途使用借款的,贷款人可以停止发放借款、提前收回借款或者解除合同。

第二百零四条 办理贷款业务的金融机构贷款的利率,应当按照中国人民银行规定的贷款利率的上下限确定。

第二百零五条 借款人应当按照约定的期限支付利息。对支付利息的期限没有约定或者约定不明确,依照本法第六十一条的规定仍不能确定,借款期间不满一年的,应当在返还借款时一并支付;借款期间一年以上的,应当在每届满一年时支付,剩余期间不满一年的,应当在返还借款时一并支付。

第二百零六条 借款人应当按照约定的期限返还借款。对借款期限没有约定或者约定不明确,依照本法第六十一条的规定仍不能确定的,借款人可以随时返还;贷款人可以催告借款人在合理期限内返还。

第二百零七条 借款人未按照约定的期限返还借款的,应当按照约定或者国家有关规定支付逾期利息。

第二百零八条　借款人提前偿还借款的,除当事人另有约定的以外,应当按照实际借款的期间计算利息。

第二百零九条　借款人可以在还款期限届满之前向贷款人申请展期。贷款人同意的,可以展期。

第二百一十条　自然人之间的借款合同,自贷款人提供借款时生效。

第二百一十一条　自然人之间的借款合同对支付利息没有约定或者约定不明确的,视为不支付利息。自然人之间的借款合同约定支付利息的,借款的利率不得违反国家有关限制借款利率的规定。

《担保法》

第十四条　保证人与债权人可以就单个主合同分别订立保证合同,也可以协议在最高债权额限度内就一定期间连续发生的借款合同或者某项商品交易合同订立一个保证合同。

第六十条　借款合同可以附最高额抵押合同。

债权人与债务人就某项商品在一定期间内连续发生交易而签订的合同,可以附最高额抵押合同。

最高人民法院印发《〈关于进一步加强金融审判工作的若干意见〉的通知》

……

4.规范和促进直接服务实体经济的融资方式,拓宽金融对接实体经济的渠道。依法保护融资租赁、保理等金融资本与实体经济相结合的融资模式,支持和保障金融资本服务实体经济。对名为融资租赁合同、保理合同,实为借款合同的,应当按照实际构成的借款合同关系确定各方的权利义务,防范当事人以预扣租金、保证金等方式变相抬高实体经济融资成本。

……

14.依法保护金融债权,提升金融债权实现效率。依法打击逃废金融债权的行为,明确责任主体和责任范围,切实保护金融债权。根据具体金融借款合同纠纷案件的特点,分别适用普通程序、简易程序、特别程序、督促程序等不同程序,提高审判效率。有效发挥具有强制执行效力的公证书的作用,降低金融债权实现成本。

最高人民法院《关于审理民间借贷案件适用法律若干问题的规定》

为正确审理民间借贷纠纷案件,根据《中华人民共和国民法通则》《中华人民共和国物权法》《中华人民共和国担保法》《中华人民共和国合同法》《中华人民共和国民事诉讼法》《中华人民共和国刑事诉讼法》等相关法律之规定,结合审判实践,制定本规定。

第一条 本规定所称的民间借贷,是指自然人、法人、其他组织之间及其相互之间进行资金融通的行为。

经金融监管部门批准设立的从事贷款业务的金融机构及其分支机构,因发放贷款等相关金融业务引发的纠纷,不适用本规定。

第二条 出借人向人民法院起诉时,应当提供借据、收据、欠条等债权凭证以及其他能够证明借贷法律关系存在的证据。

当事人持有的借据、收据、欠条等债权凭证没有载明债权人,持有债权凭证的当事人提起民间借贷诉讼的,人民法院应予受理。被告对原告的债权人资格提出有事实依据的抗辩,人民法院经审理认为原告不具有债权人资格的,裁定驳回起诉。

第三条 借贷双方就合同履行地未约定或者约定不明确,事后未达成补充协议,按照合同有关条款或者交易习惯仍不能确定的,以接受货币一方所在地为合同履行地。

第四条 保证人为借款人提供连带责任保证,出借人仅起诉借款人的,人民法院可以不追加保证人为共同被告;出借人仅起诉保证人的,人民法院可以追加借款人为共同被告。

保证人为借款人提供一般保证,出借人仅起诉保证人的,人民法院应当追加借款人为共同被告;出借人仅起诉借款人的,人民法院可以不追加保证人为共同被告。

第五条 人民法院立案后,发现民间借贷行为本身涉嫌非法集资犯罪的,应当裁定驳回起诉,并将涉嫌非法集资犯罪的线索、材料移送公安或者检察机关。

公安或者检察机关不予立案,或者立案侦查后撤销案件,或者检察机关作出不起诉决定,或者经人民法院生效判决认定不构成非法集资犯罪,当事人又以同一事实向人民法院提起诉讼的,人民法院应予受理。

第六条 人民法院立案后,发现与民间借贷纠纷案件虽有关联但不是同一事实的涉嫌非法集资等犯罪的线索、材料的,人民法院应当继续审理民间借贷纠纷案件,并将涉嫌非法集资等犯罪的线索、材料移送公安或者检察机关。

第七条 民间借贷的基本案件事实必须以刑事案件审理结果为依据,而该刑事案件尚未审结的,人民法院应当裁定中止诉讼。

第八条 借款人涉嫌犯罪或者生效判决认定其有罪,出借人起诉请求担保人承担民事责任的,人民法院应予受理。

第九条 具有下列情形之一,可以视为具备合同法第二百一十条关于自然人之间借款合同的生效要件:

(一)以现金支付的,自借款人收到借款时;

(二)以银行转账、网上电子汇款或者通过网络贷款平台等形式支付的,自资金到达借款人账户时;

(三)以票据交付的,自借款人依法取得票据权利时;

(四)出借人将特定资金账户支配权授权给借款人的,自借款人取得对该账户实际支配权时;

(五)出借人以与借款人约定的其他方式提供借款并实际履行完成时。

第十条 除自然人之间的借款合同外,当事人主张民间借贷合同自合同成立时生效的,人民法院应予支持,但当事人另有约定或者法律、行政法规另有规定的除外。

第十一条 法人之间、其他组织之间以及它们相互之间为生产、经营需要订立的民间借贷合同,除存在合同法第五十二条、本规定第十四条规定的情形外,当事人主张民间借贷合同有效的,人民法院应予支持。

第十二条 法人或者其他组织在本单位内部通过借款形式向职工筹集资金,用于本单位生产、经营,且不存在合同法第五十二条、本规定第十四条规定的情形,当事人主张民间借贷合同有效的,人民法院应予支持。

第十三条 借款人或者出借人的借贷行为涉嫌犯罪,或者已经生效的判决认定构成犯罪,当事人提起民事诉讼的,民间借贷合同并不当然无效。人民法院应当根据合同法第五十二条、本规定第十四条之规定,认定民间借贷合同的效力。

担保人以借款人或者出借人的借贷行为涉嫌犯罪或者已经生效的判决认定构成犯罪为由,主张不承担民事责任的,人民法院应当依据民间借贷合同与担保合同的效力、当事人的过错程度,依法确定担保人的民事责任。

第十四条 具有下列情形之一,人民法院应当认定民间借贷合同无效:

(一)套取金融机构信贷资金又高利转贷给借款人,且借款人事先知道或者应当知道的;

(二)以向其他企业借贷或者向本单位职工集资取得的资金又转贷给借款人牟利,且借款人事先知道或者应当知道的;

(三)出借人事先知道或者应当知道借款人借款用于违法犯罪活动仍然提供借款的;

(四)违背社会公序良俗的;

(五)其他违反法律、行政法规效力性强制性规定的。

第十五条 原告以借据、收据、欠条等债权凭证为依据提起民间借贷诉讼,被告依据基础法律关系提出抗辩或者反诉,并提供证据证明债权纠纷非民间借贷行为引起的,人民法院应当依据查明的案件事实,按照基础法律关系审理。

当事人通过调解、和解或者清算达成的债权债务协议,不适用前款规定。

第十六条 原告仅依据借据、收据、欠条等债权凭证提起民间借贷诉讼,被告抗辩已经偿还借款,被告应当对其主张提供证据证明。被告提供相应证据证明其主张后,原告仍应就借贷关系的成立承担举证证明责任。

被告抗辩借贷行为尚未实际发生并能作出合理说明,人民法院应当结合借贷金额、款项交付、当事人的经济能力、当地或者当事人之间的交易方式、交易习惯、当事人财产变动情况以及证人证言等事实和因素,综合判断查证借贷事实是否发生。

第十七条 原告仅依据金融机构的转账凭证提起民间借贷诉讼,被告抗辩转账系偿还双方之前借款或其他债务,被告应当对其主张提供证据证明。被告提供相应证据证明其主张后,原告仍应就借贷关系的成立承担举证证明责任。

第十八条 根据《关于适用〈中华人民共和国民事诉讼法〉的解释》第一百七十四条第二款之规定,负有举证证明责任的原告无正当理由拒不到庭,经审查现有证据无法确认借贷行为、借贷金额、支付方式等案件主要事实,人民法院对其主张的事实不予认定。

第十九条 人民法院审理民间借贷纠纷案件时发现有下列情形,应当严格审查借贷发生的原因、时间、地点、款项来源、交付方式、款项流向以及借贷双方的关系、经济状况等事实,综合判断是否属于虚假民事诉讼:

(一)出借人明显不具备出借能力;

(二)出借人起诉所依据的事实和理由明显不符合常理;

(三)出借人不能提交债权凭证或者提交的债权凭证存在伪造的可能;

(四)当事人双方在一定期间内多次参加民间借贷诉讼;

(五)当事人一方或者双方无正当理由拒不到庭参加诉讼,委托代理人对借贷事实陈述不清或者陈述前后矛盾;

(六)当事人双方对借贷事实的发生没有任何争议或者诉辩明显不符合常理;

（七）借款人的配偶或合伙人、案外人的其他债权人提出有事实依据的异议；

（八）当事人在其他纠纷中存在低价转让财产的情形；

（九）当事人不正当放弃权利；

（十）其他可能存在虚假民间借贷诉讼的情形。

第二十条　经查明属于虚假民间借贷诉讼，原告申请撤诉的，人民法院不予准许，并应当根据民事诉讼法第一百一十二条之规定，判决驳回其请求。

诉讼参与人或者其他人恶意制造、参与虚假诉讼，人民法院应当依照民事诉讼法第一百一十一条、第一百一十二条和第一百一十三条之规定，依法予以罚款、拘留；构成犯罪的，应当移送有管辖权的司法机关追究刑事责任。

单位恶意制造、参与虚假诉讼的，人民法院应当对该单位进行罚款，并可以对其主要负责人或者直接责任人员予以罚款、拘留；构成犯罪的，应当移送有管辖权的司法机关追究刑事责任。

第二十一条　他人在借据、收据、欠条等债权凭证或者借款合同上签字或者盖章，但未表明其保证人身份或者承担保证责任，或者通过其他事实不能推定其为保证人，出借人请求其承担保证责任的，人民法院不予支持。

第二十二条　借贷双方通过网络贷款平台形成借贷关系，网络贷款平台的提供者仅提供媒介服务，当事人请求其承担担保责任的，人民法院不予支持。

网络贷款平台的提供者通过网页、广告或者其他媒介明示或者有其他证据证明其为借贷提供担保，出借人请求网络贷款平台的提供者承担担保责任的，人民法院应予支持。

第二十三条　企业法定代表人或负责人以企业名义与出借人签订民间借贷合同，出借人、企业或者其股东能够证明所借款项用于企业法定代表人或负责人个人使用，出借人请求将企业法定代表人或负责人列为共同被告或者第三人的，人民法院应予准许。

企业法定代表人或负责人以个人名义与出借人签订民间借贷合同，所借款项用于企业生产经营，出借人请求企业与个人共同承担责任的，人民法院应予支持。

第二十四条　当事人以签订买卖合同作为民间借贷合同的担保，借款到期后借款人不能还款，出借人请求履行买卖合同的，人民法院应当按照民间借贷法律关系审理，并向当事人释明变更诉讼请求。当事人拒绝变更的，人民法院裁定驳回起诉。

按照民间借贷法律关系审理作出的判决生效后，借款人不履行生效判决确定的金钱债务,出借人可以申请拍卖买卖合同标的物,以偿还债务。就拍卖所得的价款与应偿还借款本息之间的差额,借款人或者出借人有权主张返还或补偿。

第二十五条 借贷双方没有约定利息,出借人主张支付借期内利息的,人民法院不予支持。

自然人之间借贷对利息约定不明,出借人主张支付利息的,人民法院不予支持。除自然人之间借贷的外,借贷双方对借贷利息约定不明,出借人主张利息的,人民法院应当结合民间借贷合同的内容,并根据当地或者当事人的交易方式、交易习惯、市场利率等因素确定利息。

第二十六条 借贷双方约定的利率未超过年利率 24%,出借人请求借款人按照约定的利率支付利息的,人民法院应予支持。

借贷双方约定的利率超过年利率 36%,超过部分的利息约定无效。借款人请求出借人返还已支付的超过年利率 36% 部分的利息的,人民法院应予支持。

第二十七条 借据、收据、欠条等债权凭证载明的借款金额,一般认定为本金。预先在本金中扣除利息的,人民法院应当将实际出借的金额认定为本金。

第二十八条 借贷双方对前期借款本息结算后将利息计入后期借款本金并重新出具债权凭证,如果前期利率没有超过年利率 24%,重新出具的债权凭证载明的金额可认定为后期借款本金;超过部分的利息不能计入后期借款本金。约定的利率超过年利率 24%,当事人主张超过部分的利息不能计入后期借款本金的,人民法院应予支持。

按前款计算,借款人在借款期间届满后应当支付的本息之和,不能超过最初借款本金与以最初借款本金为基数,以年利率 24% 计算的整个借款期间的利息之和。出借人请求借款人支付超过部分的,人民法院不予支持。

第二十九条 借贷双方对逾期利率有约定的,从其约定,但以不超过年利率 24% 为限。

未约定逾期利率或者约定不明的,人民法院可以区分不同情况处理:

(一)既未约定借期内的利率,也未约定逾期利率,出借人主张借款人自逾期还款之日起按照年利率 6% 支付资金占用期间利息的,人民法院应予支持;

(二)约定了借期内的利率但未约定逾期利率,出借人主张借款人自逾期还款之日起按照借期内的利率支付资金占用期间利息的,人民法院应予支持。

第三十条 出借人与借款人既约定了逾期利率,又约定了违约金或者其他费用,出借人可以选择主张逾期利息、违约金或者其他费用,也可以一并主张,但总计超过年利率24%的部分，人民法院不予支持。

第三十一条　没有约定利息但借款人自愿支付，或者超过约定的利率自愿支付利息或违约金，且没有损害国家、集体和第三人利益，借款人又以不当得利为由要求出借人返还的，人民法院不予支持，但借款人要求返还超过年利率36%部分的利息除外。

第三十二条　借款人可以提前偿还借款，但当事人另有约定的除外。

借款人提前偿还借款并主张按照实际借款期间计算利息的，人民法院应予支持。

第三十三条　本规定公布施行后，最高人民法院于1991年8月13日发布的《关于人民法院审理借贷案件的若干意见》同时废止；最高人民法院以前发布的司法解释与本规定不一致的，不再适用。

三、最高人民法院及下级各级人民法院关于融资租赁合同性质与效力认定的裁判规则

实务要点一

以买卖形式实际形成的借贷合同均应认定为无效。

最高人民法院公报案例

日照港集团有限公司煤炭运销部与山西焦煤集团国际发展股份有限公司企业借贷纠纷申诉案

法院认为：

山西焦煤公司、日照港运销部及肇庆公司于2007年1月9日签订《三方合作协议》，约定三方在2007年度合作经营煤炭100万吨。由此可见，三方之间已就长期、反复地以煤炭买卖形式开展企业间借贷业务形成合意。本案所涉的1760万元交易即属三方协议的具体履行。日照港运销部不具有从事金融业务的资质，却以放贷为常业，实际经营金融业务，有违相关金融法规及司法政策的规定。山西焦煤公司以买卖形式向日照港运销部借款，并非出于生产、经营需要，而是为了转贷给肇庆公司用以谋利。因此日照港运销部与山西焦煤公司、山西焦煤公司与肇庆公司之

间以买卖形式实际形成的借贷合同均应认定为无效。根据《合同法》第 58 条的规定，本案当事人日照港运销部与山西焦煤公司之间的借贷合同无效后，山西焦煤公司应将从日照港运销部取得的 1760 万元及其利息返还给日照港运销部。由于日照港运销部对借贷行为的无效亦存在过错，山西焦煤公司应返还的利息金额可以适当减轻，本院根据公平原则，酌定按中国人民银行同期同类存款基准利率计算山西焦煤公司应返还的利息数额。山西焦煤公司与案外人肇庆公司之间的纠纷可以另案解决。

实务要点二

委托人、受托银行与借款人三方签订委托贷款合同，由委托人提供资金、受托银行根据委托人确定的借款人、用途、金额、币种、期限、利率等代为发放、协助监督使用并收回贷款，受托银行收取代理委托贷款手续费，并不承担信用风险，其实质是委托人与借款人之间的民间借贷。

最高人民法院公报案例

北京长富投资基金与武汉中森华世纪房地产开发有限公司等委托贷款合同纠纷案

法院认为：

本案中，长富基金、兴业银行武汉分行与中森华房地产公司三方签订《委托贷款合同》，由长富基金提供资金，兴业银行武汉分行根据长富基金确定的借款人、用途、金额、币种、期限、利率等代为发放、协助监督使用并收回贷款，兴业银行武汉分行收取代理委托贷款手续费，并不承担信用风险，实质是长富基金与中森华房地产公司之间的民间借贷，委托贷款合同的效力和长富基金与中森华房地产公司之间约定的权利义务内容均应受相关民间借贷的法律、法规和司法解释的规制。最高人民法院《关于认真学习贯彻适用〈最高人民法院关于审理民间借贷案件适用法律若干问题的规定〉的通知》第 3 条第 1 项规定，“人民法院确认民间借贷合同效力时，应当按照《最高人民法院关于适用〈中华人民共和国合同法〉若干问题的解释（一）》第三条规定的精神，对本《规定》施行以前成立的民间借贷合同，适用当时的司法解释民间借贷合同无效而适用本《规定》有效的，适用本《规定》”。最高人民法院《关于审理民间借贷案件适用法律若干问题的规定》第 11 条规定，“法人之间、其他组织之间以及它们相互之间为生产、经营需要订立的民间借贷合同，除存在合同法第五十二条、本规定第十四条规定的情形外，当事人主张民间借贷合同有效的，人民法院应予支持”。第 14 条规定，“具有下列情形之一，人民法院应当认定民间借贷合同无效：(一)套取金融机构信贷资金又高利转贷给借款人，且借款人事先知道或者应当知道的；(二)以向其他企业借贷或者向本单位职工集资取得的资金又转贷给借款人牟利，且借款人事先知道或者应当知道的；(三)出借人事先知道或者应当知道借款人借款用于违法犯罪活动仍然提供借款的；(四)违背社会公序良俗的；(五)其他违反法律、行政法规效力性强制性规定的”。本案中长富基金与中森华房地产公司之间通过兴业银行武汉分行签订《委托贷款合同》，并不违反《合同法》第 52 条和最高人民法院《关于审理民间借贷案件适用法律若干问题的规定》第 14 条关于合同无效的规定，无论在最高人民法院《关于审理民间借贷案件适用法律若干问题的规定》施行前后，案涉《委托贷款合同》均应合法有效。

实务要点三

主合同当事人双方串通，骗取保证人提供保证的，保证人不承担民事责任。

《中华人民共和国最高人民法院公报》1997 年第 4 期(总第 52 期)

中国工商银行青岛市市北区第一支行诉青岛华悦物资发展公司、青岛海尔空调器总公司、青岛海尔集团总公司借款合同担保纠纷上诉案

法院认为：

被上诉人华悦公司与被上诉人工商支行签订的借款合同是一份虚假合同。工商支行没有依此合同将款贷给华悦公司；华悦公司亦没有实际得到和支配该合同项下的 800 万元借款。该项贷款名为华悦公司“购房”款，实为工商支行用于内部平账、以贷堵漏、转嫁经济损失为目的。双方签订的借款合同，属于《民法通则》第 58 条第 1 款第 4 项、第 7 项规定的“恶意串通，损害国家、集体或者第三人利益”和“以合法形式掩盖非法目的”的无效民事行为，不应受到法律保护。对于无效民事

行为的法律后果,应由工商支行自行承担。工商支行根据借款合同提出的诉讼请求,予以驳回;华悦公司此前所欠工商支行的 800 万元本息,由于该公司已被工商行政管理部门依法注销,应由工商支行另行追偿。华悦公司和工商支行隐瞒事实真相,“借新还旧”骗取上诉人空调公司在违背其真实意思表示的情况下进行担保,依照《担保法》第 30 条第 1 项关于“主合同当事人双方串通,骗取保证人提供保证的”“保证人不承担民事责任”的规定,空调公司不应对本案“借款”承担担保责任。空调公司关于华悦公司、工商支行欺骗担保人,担保人不应承担担保责任的上诉理由成立,应予支持。

实务要点四

关于款项的出借方对款项使用情况的知情权、监督权,借款人在借款的两年多的时间里,从未向出借人提供相关材料和报表的,属于违约。

《中华人民共和国最高人民法院公报》2015 年第 9 期(总第 227 期)

李占江、朱丽敏与贝洪峰、沈阳东昊地产有限公司民间借贷纠纷案

法院认为:

本院认为,判断贝洪峰是否具有违约行为的依据,是双方当事人签订的《担保借款合同》及其《补充协议》的约定。根据《担保借款合同》的约定,借款期限为 2009 年 12 月 15 日至 2010 年 6 月 15 日。又根据《补充协议》的约定,借款期限延长至 2012 年 9 月 14 日。这是确认借款期限以及贝洪峰是否按时还款的依据。但是,《担保借款合同》第 4 条第 1 款约定,“发生下列情况之一时,乙方有权停止发放借款并立即收回已经发放的借款本息,直至解除本合同。(1)甲方、丙方提供情况包括但不限于报表和各项材料等不真实。(2)甲方、丙方与第三者发生诉讼,有可能无力向乙方偿付本息……”该条第 2 款约定,“乙方有权检查、监督款项的使用情况,甲方应当向乙方提供有关报表和资料等”。本案中,李占江、朱丽敏在借款期限未届满前要求贝洪峰提前归还借款及利息的理由是贝洪峰违反《担保借款合同》第 3 条第 2 款、第 3 款及《补充协议》的相关约定,拒绝提供报表和资料、借款使用情况及与第三方存在纠纷,甚至对出借人隐匿财产、对外低价转让财产。但一审审理中,李占江、朱丽敏指责贝洪峰违约的理由主要集中在其没有提供相关报表和资料上,

至于贝洪峰与第三方存在纠纷或者对李占江、朱丽敏隐匿财产或者低价处分财产的情况，一审庭审中并未涉及。因此，在本案中，贝洪峰是否存在违约行为，集中在其是否负有向李占江、朱丽敏提供相关资料和报表的义务，该项义务应当在何时履行，贝洪峰是否未履行该项义务的问题上。通过一审、二审审理已经查明，贝洪峰自收到借款起至李占江、朱丽敏起诉时止，确实未向李占江、朱丽敏提供过任何资料和报表。双方在合同中也从未就提供资料和报表的时间、方式和条件作出具体约定。正因为如此，当事人双方对合同相关内容的理解产生了分歧。本院认为，一审法院认定贝洪峰不提供相关报表和资料的行为构成违约，李占江、朱丽敏因此有权要求贝洪峰提前还款有合同依据，是正确的。而贝洪峰辩称，合同只是将贝洪峰、东昊公司提供情况包括但不限于报表和各项材料等不真实约定为构成违约，不提供上述材料则没有明确规定为违约的理由是不能成立的。《合同法》第125条规定："当事人对合同条款的理解有争议的，应当按照合同所使用的词句、合同的有关条款、合同的目的、交易习惯以及诚实信用原则，确定该条款的真实意思。"双方人签订的合同为《担保借款合同》，具体到该合同第4条第1款约定的目的，是保证款项的出借方李占江、朱丽敏对款项使用情况的知情权、监督权，以便在发现贝洪峰改变款项用途或发生其他可能影响出借人权利的情况时，及时采取措施、收回款项及利息。用目的解释的原理可以得知，提供不真实的材料和报表固然会影响出借方对借款人使用款项的监督，而不提供相关材料和报表却会使出借人无从了解案涉款项的使用情况，不利及时行使自己的权利。因此，贝洪峰在延款的两年多的时间里，从未向李占江、朱咖敏提供相关材料和报表，属于违约。根据合同约定，在贝洪峰违约的情况下，李占江、朱丽敏有权要求其提前还款并支付利息。

实务要点五

"公司为公司股东或者实际控制人提供担保须经股东会或者股东大会决议"不作为评价合同效力的依据。担保人抗辩认为其法定代表人订立抵押合同的行为超越代表权，债权人以其对相关股东会决议履行了形式审查义务，主张担保人的法定代表人构成表见代表的，人民法院应予支持。

《中华人民共和国最高人民法院公报》2015年第2期(总第219期)

招商银行股份有限公司大远东港支行与大连振邦氟涂料股份有限公司、大连振邦集团有限公司借款合同纠纷案

法院认为:

本院认为,本案各方争议的焦点是担保人振邦股份公司承担责任的界定。鉴于案涉借款合同已为一审、二审法院判定有效,申请再审人对此亦无异议,故本院对案涉借款合同的效力直接予以确认。案涉《抵押合同》及《不可撤销担保书》系担保人振邦股份公司为其股东振邦集团公司之负债向债权人招行东港支行作出的担保行为。作为公司组织及公司行为当受《公司法》调整,同时其以合同形式对外担保行为亦受《合同法》及《担保法》的制约。案涉公司担保合同效力的认定,因其并未超出平等商事主体之间的合同行为的范畴,故应首先从合同法相关规定出发展开评判。关于合同效力,《合同法》第52条规定"有下列情形之一的,合同无效……(五)违反法律、行政法规的强制性规定"。关于前述法律中的"强制性"最高人民法院《关于适用〈中华人民共和国合同法〉若干问题的解释(二)》第14条则作出如下解释规定"合同法第五十二条第(五)项规定的'强制性规定'是指效力性强制性规定"。因此,法律及相关司法解释均已明确了将违反法律或行政法规中效力性强制性规范作为合同效力的认定标准之一。公司作为不同于自然人的法人主体,其合同行为在接受合同法规制的同时,应当受作为公司特别规范的公司法的制约。《公司法》第1条开宗明义规定"为了规范公司的组织和行为,保护公司、股东和债权人的合法权益,维护社会经济秩序,促进社会主义市场经济的发展,制定本法"。《公司法》第16条第2款规定"公司为公司股东或者实际控制人提供担保的,必须经股东会或者股东大会决议"。上述公司法规定已然明确了其立法本意在于限制公司主体行为,防止公司的实际控制人或者高级管理人员损害公司、小股东或其他债权人的利益,故其实质是内部控制程序,不能以此约束交易相对人。故此上述规定宜理解为管理性强制性规范。对违反该规范的,原则上不宜认定合同无效。另外,如作为效力性规范认定将会降低交易效率和损害交易安全。如股东会何时召开,以什么样的形式召开,何人能够代表股东表达真实的意志,均超出交易相对人的判断和控制能力范围,如以违反股东决议程序而判令合同无效,必将降低交易效率,同

时也给公司股东以违反股东决议主张合同无效的不诚信行为留下了制度缺口，最终危害交易安全，不仅有违商事行为的诚信规则，更有违公平正义。故本案一审、二审法院以案涉《股东会担保决议》的决议事项并未经过振邦股份公司股东会的同意，振邦股份公司也未就此事召开过股东大会为由，根据《公司法》第16条规定，作出案涉不可撤销担保书及抵押合同无效的认定，属于适用法律错误，本院予以纠正。该案事实和证据表明，案涉《股东会担保决议》确实存在部分股东印章虚假、使用变更前的公司印章等瑕疵，以及被担保股东振邦集团公司出现在《股东会担保决议》中等违背公司法规定的情形。振邦股份公司法定代表人周建良超越权限订立抵押合同及不可撤销担保书，是否构成表见代表，招行东港支行是否善意，亦是本案担保主体责任认定的关键。《合同法》第50条规定："法人或者其他组织的法定代表人、负责人超越权限订立的合同，除相对人知道或者应当知道超越权限的以外，该代表行为有效。"本案再审期间，招行东港支行向本院提交的新证据表明，振邦股份公司提供给招行东港支行的股东会决议上的签字及印章与其为担保行为当时提供给招行东港支行的签字及印章样本一致。而振邦股份公司向招行东港支行提供担保时使用的公司印章真实，亦有其法人代表真实签名。且案涉抵押担保在经过行政机关审查后也已办理了登记。至此，招行东港支行在接受担保人担保行为过程中的审查义务已经完成，其有理由相信作为担保公司法定代表人的周建良本人代表行为的真实性。《股东会担保决议》中存在的相关瑕疵必须经过鉴定机关的鉴定方能识别，必须经过查询公司工商登记才能知晓、必须谙熟公司法相关规范才能避免因担保公司内部管理不善导致的风险，如若将此全部归属于担保债权人的审查义务范围，未免过于严苛，亦有违合同法、担保法等保护交易安全的立法初衷。担保债权人基于对担保人法定代表人身份、公司法人印章真实性的信赖，基于担保人提供的股东会担保决议盖有担保人公司真实印章的事实，完全有理由相信该《股东会担保决议》的真实性，无须也不可能进一步鉴别担保人提供的《股东会担保决议》的真伪。因此，招行东港支行在接受作为非上市公司的振邦股份公司为其股东提供担保过程中，已尽到合理的审查义务，主观上构成善意。本案周建良的行为构成表见代表，振邦股份公司对案涉保证合同应承担担保责任。

实务要点六

银行利息作为主债权的收益,属于法定孳息,除法律有特别规定或者当事人有特别约定外,取得孳息的权利随着主物所有权的转移而转移。

《中华人民共和国最高人民法院公报》2006 年第 7 期(总第 117 期)

福州商贸大厦筹备处与福建佳盛投资发展有限公司借款纠纷二审案

法院认为:

本院认为,本案双方当事人对于两次债权转让协议中确认的债务本金 3550 万元及其计算至 2000 年 6 月 20 日的利息 11,030,159.17 元均无争议,故本院对原审判决主文第 1 项中关于该部分的判决内容予以维持。本案争议焦点在于筹备处对于 2000 年 6 月 21 日之后的利息是否应予给付的问题。首先,从债权转让合同的约定来看,2000 年 6 月 20 日,华融福州办从福建工行受让前述五份借款合同、三份担保合同项下未受清偿债权之时,并未明示放弃债权受让之后的利息之债;2004 年 11 月 29 日,佳盛公司从华融福州办转让取得相同债权,亦未明示放弃相应利息之债。其次,华融福州办向筹备处出具的数份《催款通知书》上写明的无具体数额的“相应利息”,以及华融福州办于 2004 年 11 月 29 日向原审法院出具《债权转让证明》中关于“债权本金 3550 万元、利息(暂计至 2004 年 9 月 21 日)及 2004 年 9 月 22 日之日起的利息随之转让”的表述,亦能说明华融福州办从未放弃 2000 年 6 月 21 日之后的利息之债。况且,银行利息是主债权的收益,属法定孳息,除法律有特别规定或当事人有特别约定外,取得孳息的权利随着主物所有权转移而同时转移。本案债权虽经两次转让,但合同当事人均未明确表示放弃债权转让之后的利息,故原审判决判令债务人筹备处偿还债权人佳盛公司自 2000 年 6 月 21 日起至给付之日止的利息并无不当,本院应予维持,但计息标准应按照中国人民银行同期逾期贷款利率分段计付。原审判决统一按照日万分之二点一计付未能考虑中国人民银行逾期贷款利率的变动情况,本院予以纠正。

四、小结

借款合同是日常生活中最为常见的合同种类之一。在互联网金融日益发展的如今,借款人往往因为急需款项而不理性地接受极高的利息率,处于弱势地位。将相关问题放置于借款合同有效性的审查视角，应当从贷款人的资质、借款利息率的约定等方面是否适格加以考虑。在实践形式日益多样化的今天，对于借款合同的纠纷应当依托《合同法》的规定，在相关法律、司法解释、部门规章不足以支撑的情形下，对《合同法》的规定进行目的解释、体系解释，在保证“契约严守”的古训下，对个案合同的效力、履行、违约责任等做具体分析，引导社会资金有序流动。

第八节　居间合同性质及效力认定裁判规则

一、导读

居间合同在日常生活中常被称为中介合同。作为社会分工的产物，居间人即中介运用自身的业务技能及信息渠道，根据委托人的实际需求，为其订立目标合同、实现特定目的“把关”，促使其以更为合理的方式实现自身利益。需要注意的是，居间合同中委托人的给付义务是附延缓条件的，即只有当委托人所期待的合同因居间人的报告或媒介而成立时，该给付义务方得实现。

在实践中，对于居间合同的性质及效力的认定存在不少问题，主要发生于居间人主体资格的审查、居间过程中委托人“跳单”行为及其引发的责任、居间义务履行的适当性审查等方面。本书作者从中国裁判文书网共检索到相关裁判文书67，705篇，现在选取其中最贴切的8篇进行梳理。

二、居间合同性质与效力认定的理论及立法规定

（一）居间合同性质与效力认定的基本理论

1. 居间合同的概念

居间合同，又称中介合同或中介服务合同，是指居间人向委托人报告订立合同的机会或者提供订立合同的媒介服务，委托人支付报酬的合同。居间人负有如实报告的义务与保密的义务；委托人负有支付报酬与负担必要费用的义务。

2. 居间合同的特征

（1）居间合同为双务、有偿合同。居间人为委托人提供居间服务，委托人向居间人支付报酬（佣金），两者互为对价，故居间合同为双务、有偿合同。

（2）居间合同为诺成、不要式合同。居间合同的成立无须以居间人现实地提供

居间服务为要件,且其订立也无须遵循特别的形式,故居间合同为诺成、不要式合同。

(3)居间合同是一方促成另一方订立合同的合同。居间合同的居间人只是按照委托人的要求,向委托人报告订立合同的机会或者提供订立合同的媒介服务。居间人既不是订立合同的当事人,也不是任何一方的代理人,仅是介绍人。

(4)居间合同是一种委托人的给付义务附延缓条件的合同。当委托人所期待的合同因居间人的报告或媒介而成立时,委托人才负有给付约定报酬的义务,其给付义务附延缓条件。

3. 居间合同与委托合同、行纪合同

居间合同与委托合同、行纪合同都是一方受他方委托为他方办理一定事务的合同,都是提供服务的合同。但是,它们有以下主要区别:

(1)居间合同的居间人,只是向委托人报告订立合同的机会或者提供订立合同的媒介服务,本人并不参与委托人与第三人之间的合同委托合同的受托人办理委托事务时,原则上是以委托人的名义进行活动,代委托人与第三人订立合同,参与并可决定委托人与第三人之间合同的内容。不过,受托人只是属于代理人的地位,委托人才是合同的二方当事人,直接承受合同的权利义务。行纪合同的行纪人以自己的名义为委托人办理交易事务,与第三人发生直接的权利义务关系,为与第三人订立的合同的一方当事人,办理事务的后果是间接而不是直接归于委托人。

(2)居间合同的居间人所办理的报告订立合同的机会或提供订立合同的媒介服务,本身不具有法律意义,不发生法律后果;而委托合同的受托人是按委托人的要求,实施特定的有法律意义的行为;行纪合同的行纪人则是按照委托人的要求,从事购销、寄售等特定的法律行为。

(3)居间合同为有偿合同,但居间人只有在居间结束后才能请求支付报酬,并且在为订立合同的媒介时,可以从委托人和其相对人双方取得报酬而委托合同可为无偿合同。行纪合同宜为有偿合同,但行纪人仅能从委托人一方取得报酬。①

(二)法律或司法解释有关居间合同性质与效力的规定

《合同法》

第四百二十四条 居间合同是居间人向委托人报告订立合同的机会或者提供

① 马俊驹、余延满:《民法原论》(第 3 版),法律出版社 2007 年版,第 736 ~ 741 页。

订立合同的媒介服务,委托人支付报酬的合同。

第四百二十五条 居间人应当就有关订立合同的事项向委托人如实报告。

居间人故意隐瞒与订立合同有关的重要事实或者提供虚假情况,损害委托人利益的,不得要求支付报酬并应当承担损害赔偿责任。

第四百二十六条 居间人促成合同成立的,委托人应当按照约定支付报酬。对居间人的报酬没有约定或者约定不明确,依照本法第六十一条的规定仍不能确定的,根据居间人的劳务合理确定。因居间人提供订立合同的媒介服务而促成合同成立的,由该合同的当事人平均负担居间人的报酬。居间人促成合同成立的,居间活动的费用,由居间人负担。

第四百二十七条 居间人未促成合同成立的,不得要求支付报酬,但可以要求委托人支付从事居间活动支出的必要费用。

最高人民法院印发《〈关于进一步加强金融审判工作的若干意见〉的通知》

二、以服务实体经济作为出发点和落脚点,引导和规范金融交易

7. 依法审理互联网金融纠纷案件,规范发展互联网金融。依法认定互联网金融所涉具体法律关系,据此确定各方当事人的权利义务。准确界定网络借贷信息中介机构与网络借贷合同当事人 之间的居间合同关系。网络借贷信息中介机构与出借人以居间费用形式规避民间借贷利率司法保护上限规定的,应当认定无效。依法严厉打击涉互联网金融或者以互联网金融名义进行的违法犯罪行为,规范和保障互联网金融健康发展。

最高人民法院《关于审理期货纠纷案件若干问题的规定》

第十条 公民、法人受期货公司或者客户的委托,作为居间人为其提供订约的机会或者订立期货经纪合同的中介服务的,期货公司或者客户应当按照约定向居间人支付报酬。居间人应当独立承担基于居间经纪关系所产生的民事责任。

三、最高人民法院及下级各级人民法院关于居间合同性质与效力认定的裁判规则

实务要点一

"公众可以获知的"信息不能构成居间人信息的来源,委托人获取该类信息并不构成"跳单"。

最高人民法院指导性案例 1 号

上海中原物业顾问有限公司诉陶德华居间合同纠纷案

法院认为:

中原公司与陶某签订的《房地产求购确认书》属于居间合同性质,其中第 2.4 条的约定,属于房屋买卖居间合同中常有的禁止"跳单"格式条款,其本意是为防止买方利用中介公司提供的房源信息却"跳"过中介公司购买房屋,从而使中介公司无法得到应得的佣金,该约定并不存在免除一方责任、加重对方责任、排除对方主要权利的情形,应认定有效。根据该条约定,衡量买方是否"跳单"违约的关键,是看买方是否利用了该中介公司提供的房源信息、机会等条件。如果买方并未利用该中介公司提供的信息、机会等条件,而是通过其他公众可以获知的正当途径获得同一房源信息,则买方有权选择报价低、服务好的中介公司促成房屋买卖合同成立,而不构成"跳单"违约。本案中,原产权人通过多家中介公司挂牌出售同一房屋,陶德华及其家人分别通过不同的中介公司了解到同一房源信息,并通过其他中介公司促成了房屋买卖合同成立。因此,陶德华并没有利用中原公司的信息、机会,故不构成违约,对中原公司的诉讼请求不予支持。

实务要点二

在房屋买卖居间活动中,中介公司(居间人)对于受托事项及居间服务应承担符合专业主体要求的审查与注意义务。

《中华人民共和国最高人民法院公报》2015 年第 2 期(总第 219 期)

李彦东诉上海汉宇房地产顾问有限公司居间合同纠纷案二审民事判决书

法院认为:

被告汉宇地产作为专业的房屋中介机构,在进行居间服务时应尽到必要的、审慎的审查、核实义务,如核实房源信息、核实卖房人的身份信息、判断交易过程中的合理性等。买房人对于房屋交易也负有注意义务。汉宇地产作为专门从事居间活动的单位,开展经营业务理应尽职尽力维护好委托人的利益。根据查明的事实,汉宇地产经办本案居间业务的工作人员不具备经纪人资格,未认真核查系争房屋已被出卖情况,未严格按照合同约定履行定金保管义务,使案外人周某得以实施诈骗,继而造成原告损失。本案中,汉宇地产虽进行了一定的调查、核实等行为,但未就系争房屋是否存在一房二卖、公证书是否系伪造等事宜进行调查核实,导致原告的定金损失。而原告也未依约将定金交予汉宇地产保管,而是将定金直接支付于卖房人,也未对公证书的真实性尽到注意义务,导致定金无法追回。双方在此过程中均有过错,应各自承担相应的责任。

实务要点三

网络交易中,网站扮演着居间人的角色。但若当事人跳过网络私下通过电话联系方式订立了合同,则该合同与网站无关。

《中华人民共和国最高人民法院公报》2007 年第 3 期(总第 125 期)

应娟利诉亿贝易趣网络信息服务(上海)有限公司服务合同纠纷一审案

法院认为:

本案的争议焦点是:原告支付货款后未能按约收到所购商品,被告亿贝易趣公司对此应否承担责任。依法成立的合同受法律保护,对签订合同的各方当事人都具有约束力。被告与原告之间,以及被告与案外人之间均构成居间合同关系。其义务应当是《合同法》所规定的居间人的义务,如应当就有关订立合同的事项向原告如实报告,不得故意隐瞒与订立合同有关的重要事实或者提供虚假情况等。但在本案中,原告应娟利与案外人张旭发生的买卖合同,与被告亿贝易趣公司无关,系原告与案外人跳过网络中介私下取得的联系,对此网站不应承担赔偿责任。

实务要点四

居间合同具有概括承认的效力,对前期合同之后的合同一样具有相应效力。

中国中铁航空港建设集团有限公司、中国航空港建设总公司华东分公司与胡光明居间合同纠纷审判监督民事判决书

法院认为:

关于胡某与航空公司之间是否形成居间合同关系的问题。胡某早在 2004 年 5 月 14 日,即与航空公司签订了一份居间合同,约定胡某在安徽省境内为航空公司介绍工程,提供媒介服务;该合同同时约定在今后三至四年内在安徽省境内承接的其他所有工程,同意均按该合同执行。且胡某提供给法院的居间合同左下方有署名:项目工程只要我公司中标,同意不另签居间合同,仍按此合同之约定,付给居间报酬。因此,胡某与航空公司之间存在居间合同法律关系。航空公司上诉认为双方之间不存在居间合同关系的理由没有事实依据,二审法院未予采信。

实务要点五

数份居间合同的适用应按约定协议的内容与目的综合认定。

EV Capital Private Limited、Oh Choon Gan 与中宇建材集团有限公司居间合同纠纷案

法院认为:

由于大唐公司与中化公司签订施工合同及履约的行为不是专门指向高景公司与中化公司具体签订的哪份居间合同,即施工合同的履行并未与案涉三份居间合同一一对应,故按每个合同约定的内容计算居间费并不合适。高景公司与中化公司居间协议明确约定大唐公司向中化公司投资,当投资达到的约定金额比例时需支付相应的居间费。鉴于本案居间合同签订的目的已经达到,二审判决认定本案已经满足了双方约定支付居间费的条件,居间费按合同总价款的 4% 支付并无不妥。

实务要点六

居间合同约定的居间费及违约金是否过高、是否要求提供居间业务所涉合同或主张过居间费用等，均不影响居间合同关系的认定。

山西海姿焦化有限公司、山东兴耀化工有限公司居间合同纠纷再审审查与审判监督案

法院认为：

关于海姿公司与兴耀公司是否存在居间合同关系的问题。本案中，兴耀公司主张其与海姿公司存在居间合同关系的证据为2012年12月17日协议书，该协议书首部载明海姿公司为甲方、兴耀公司为乙方，甲方落款处有黄某签字并加盖公司的合同专用章。海姿公司没有证据证明在该协议上加盖其公司印章的行为不是其真实意思表示，原审判决认定海姿公司与兴耀公司存在居间合同关系并无不当。黄某的签字行为是否有海姿公司授权、居间合同约定的居间费及违约金是否过高、兴耀公司是否要求海姿公司提供居间业务所涉合同或主张过居间费用等，均不影响海姿公司与兴耀公司居间合同关系的认定。原审法院未追加黄某为被告、未对黄某调查核实，并不影响本案事实的查明和认定，亦不违反法律。该居间合同合法有效，双方当事人均应按照合同约定履行相应义务。

实务要点七

通过参与、实施串通投标违法活动行为促使交易达成的，不予认定为居间合同。

姜伟与浙江海天建设集团有限公司居间合同纠纷申诉、申请案

法院认为：

案涉建设工程依法属必须通过招标的方式确定承建方的项目，而《居间合同书》系姜某为海天公司与发包方订立合同提供撮合服务的媒介居间，其居间合同内容本身就违反了《招投标法》关于对依法必须招标项目的强制性规定。从之后的居间合同履行行为来看，姜某作为居间人，其促成案涉《工程承包合同》订立的主要方

式,系通过参与、实施串通投标违法活动行为得以实现,严重扰乱了建设市场秩序。因此,原审判决以违反法律的禁止性规定为由认定案涉《居间合同书》无效,适用法律正确。

实务要点八

对于居间合同成立与否的事实,"居间人"负有举证责任。

上海申正国际商务咨询有限公司与兖矿贵州能化有限公司、科林工业有限公司、贵州开阳化工有限公司技术中介合同纠纷再审案

法院认为:

不管申正公司主张其为兖矿公司、科林公司提供的是技术中介服务,还是居间服务,都离不开对其为支持该主张而提供的服务工作性质的认定。对于申正公司所主张的中介服务工作,兖矿公司、科林公司、开阳公司均不予认可,兖矿公司和开阳公司同时主张筹备处与申正公司进行联系是基于申正公司是科林公司代理商的原因,而不是因为双方间存在中介合同关系。按照"谁主张,谁举证"的原则,申正公司应承担举证不能的法律后果。在申正公司没有提交其他证据佐证其不是基于代理协议参与到兖矿贵州项目中来的情况下,可以认定申正公司是受科林公司的指定而参与该项目的,而不是以其主张的"居间(中介)人"身份。

四、小结

居间合同在日常生活中是常见的,小到房屋租赁,大到巨额买卖交易。居间人即中介在其间发挥的积极作用是毋庸置疑的——正是因为其"术业有专攻",所以才为委托人省去了时间以及精力,更好地实现了委托人的合同目的。但是,作为有偿合同的一类,以有效信息源为支撑,委托人与居间人都有可能因为利益因素做出不利于对方的行为——一方想要以最低成本获取有效信息,另一方想要以最高报酬使用手中信息。为此,双方应当在合同订立时,较为详尽地对彼此义务履行的内容及方式作出约定,作为未雨绸缪。另外,对于委托人而言,在存在高度竞争的中介行业中做选择时,不仅要"货比三家",还应当对居间人即中介有无相应资质作出审查(如商品房买卖中的居间合同),毕竟我国目前对各个行业的居间人多采取核准登记主义进行管理与监督。对于居间人而言，秉持诚实信用的民事活动原则，合理利用手中的“信息”，本着为委托人寻求最佳效益的目标开展居间活动，对于委托人“跳过”自身独特位置、不当利用自身信息资源的行为，应当作出及时的“止损”，并依法、依约地对自身损失开展救济手段。

第九节 夫妻共同债务裁判规则

一、导读

夫妻共同债务是指为满足夫妻共同生活需要所负的债务。夫妻共同债务主要是基于夫妻家庭共同生活的需要，以及对共有财产的管理、使用、收益和处分而产生的债务。

2018 年 1 月 17 日，最高人民法院发布《关于审理涉及夫妻债务纠纷案件适用法律有关问题的解释》，就当前司法实践中争议较大的夫妻共同债务认定问题作出明确规定。截至 2018 年 4 月，在中国裁判文书网中输入词条夫妻共同债务（民事案由）检索出共计 791,361 篇判决书，其中由最高人民法院作出的裁判共计 99 篇。本书此部分旨在通过归纳介绍夫妻共同债务的相关规定与理论，主要围绕最高人民法院裁判案例，归纳提炼夫妻共同债务的司法裁判规则。

二、夫妻共同债务的理论及立法规定

（一）夫妻共同债务的基本理论

1. 夫妻共同债务的概念

夫妻共同债务，是指夫妻为共同生活或为履行抚养、赡养义务以及夫妻一方或双方治疗疾病等需要所负的债务。个体工商户、农村承包经营户所负的债务，属于夫妻经营的，以夫妻共同财产承担的，除另有约定外，也属于夫妻共同债务。①

2. 夫妻共同债务的清偿

夫妻共同债务应当以夫妻共同财产清偿。如果离婚时没有积累共同财产或共同财产不足以清偿共同债务，或夫妻约定婚后财产分别所有的，应由双方协议确定

---

① 魏振瀛主编：《民法》，北京大学出版社、高等教育出版社 2017 年版，第 177 页。

清偿责任;协议不成,由人民法院根据双方的经济能力,判决由一方清偿或由双方分担清偿责任。①

(二)法律或司法解释有关夫妻共同债务的规定

《婚姻法》

第四十一条 离婚时,原为夫妻共同生活所负债务,应当共同偿还。共同财产不足清偿的,或财产归各自所有的,由双方协议清偿;协议不成时,由人民法院判决。

最高人民法院《关于适用〈中华人民共和国婚姻法〉若干问题的解释(二)的补充规定》

第二十三条 债权人就一方婚前所负个人债务向债务人的配偶主张权利的,人民法院不予支持。但债权人能够证明所负债务用于婚后家庭共同生活的除外。

第二十四条 债权人就婚姻关系存续期间夫妻一方以个人名义所负债务主张权利的,应当按夫妻共同债务处理。但夫妻一方能够证明债权人与债务人明确约定为个人债务,或者能够证明属于婚姻法第十九条第三款规定情形的除外。

第二十五条 当事人的离婚协议或者人民法院的判决书、裁定书、调解书已经对夫妻财产分割问题作出处理的,债权人仍有权就夫妻共同债务向男女双方主张权利。一方就共同债务承担连带清偿责任后,基于离婚协议或者人民法院的法律文书向另一方主张追偿的,人民法院应当支持。

第二十六条 夫或妻一方死亡的,生存一方应当对婚姻关系存续期间的共同债务承担连带清偿责任。

最高人民法院《关于审理涉及夫妻债务纠纷案件适用法律有关问题的解释》

第一条 夫妻双方共同签字或者夫妻一方事后追认等共同意思表示所负的债务,应当认定为夫妻共同债务。

第二条 夫妻一方在婚姻关系存续期间以个人名义为家庭日常生活需要所负的债务,债权人以属于夫妻共同债务为由主张权利的,人民法院应予支持。

第三条 夫妻一方在婚姻关系存续期间以个人名义超出家庭日常生活需要所负的债务,债权人以属于夫妻共同债务为由主张权利的,人民法院不予支持,但债权人能够证明该债务用于夫妻共同生活、共同生产经营或者基于夫妻双方共同意思表示的除外。

---

① 魏振瀛主编:《民法》,北京大学出版社、高等教育出版社2017年版,第177页。

三、最高人民法院及下级各级人民法院关于夫妻共同债务的裁判规则

实务要点一

在遗产继承案件中，意图以夫妻共同债务为由增加自身财产比重，但因无法举证证明“共同债务”的成立，导致败诉结果。

最高人民法院公报案例

单洪远、刘春林诉胡秀花、单良、单译贤法定继承纠纷案

江苏省高级人民法院认为：

最高人民法院《关于适用〈中华人民共和国婚姻法〉若干问题的解释（二）》第24条的规定，本意在于加强对债权人的保护，一般只适用于对夫妻外部债务关系的处理。人民法院在处理涉及夫妻内部财产关系的纠纷时，不能简单依据该规定将夫或妻一方的对外债务认定为夫妻共同债务，其他人民法院依据该规定作出的关于夫妻对外债务纠纷的生效裁判，也不能当然地作为处理夫妻内部财产纠纷的判决依据，主张夫或妻一方的对外债务属于夫妻共同债务的当事人仍负有证明该项债务确为夫妻共同债务的举证责任。

实务要点二

夫妻一方与第三人恶意串通虚构债务，其对该债务的认可不能产生自认的法律效果，人民法院不予支持。

最高人民法院公报案例

赵俊诉项会敏、何雪琴民间借贷纠纷案

上海市长宁区法院认为：

（1）夫妻一方具有和第三人恶意串通、通过虚假诉讼虚构婚内债务嫌疑的，该夫妻一方单方自认债务，并不必然免除“出借人”对借贷关系成立并生效的事实应承担的举证责任；（2）借款人配偶未参加诉讼且出借人及借款人均未明确表示放弃

该配偶可能承担的债务份额的，为查明案件事实，应依法追加与案件审理结果具有利害关系的借款人配偶作为第三人参加诉讼，以形成实质性的对抗；(3)出借人仅提供借据佐证借贷关系的，应深入调查辅助性事实以判断借贷合意的真实性，如举债的必要性、款项用途的合理性等。出借人无法提供证据证明借款交付事实的，应综合考虑出借人的经济状况、资金来源、交付方式、在场见证人等因素判断当事人陈述的可信度。对于大额借款仅有借据而无任何交付凭证、当事人陈述有重大疑点或矛盾之处的，应依据证据规则认定"出借人"未完成举证义务，判决驳回其诉讼请求。

实务要点三

夫妻一方所负债务属于婚姻关系存续期间债务的，且该负债是基于婚姻关系存续期间的生产经营活动，与夫妻共同生活存在密切联系，则该债务应当认定为夫妻共同债务。

1.华伟明与徐静娟、许洪标等民间借贷纠纷申诉、申请民事裁定书(2017)最高法民申字第1516号

最高人民法院认为：

根据最高人民法院《关于适用〈中华人民共和国婚姻法〉若干问题的解释(二)》第24条的规定："债权人就婚姻关系存续期间夫妻一方以个人名义所负债务主张权利的，应当按夫妻共同债务处理。但夫妻一方能够证明债权人与债务人明确约定为个人债务，或者能够证明属于婚姻法第十九条第三款规定情形的除外。夫妻一方与第三人串通，虚构债务，第三人主张权利的，人民法院不予支持。夫妻一方在从事赌博、吸毒等违法犯罪活动中所负债务，第三人主张权利的，人民法院不予支持。"《婚姻法》第19条第3款规定："夫妻对婚姻关系存续期间所得的财产约定归各自所有的，夫或妻一方对外所负的债务，第三人知道该约定的，以夫或妻一方所有的财产清偿。"夫妻一方所负债务属于婚姻关系存续期间债务的，且该负债是基于婚姻关系存续期间的生产经营活动，与夫妻共同生活存在密切联系，则该债务应当认定为夫妻共同债务。

2. 李大红与安英杰申诉、申请民事裁定书

（2016）最高法民申字第2908号

最高人民法院认为：

最高人民法院《关于适用〈中华人民共和国婚姻法〉若干问题的解释（二）》第24条规定，债权人就婚姻关系存续期间夫妻一方以个人名义所负债务主张权利的，应当按夫妻共同债务处理。但夫妻一方能够证明债权人与债务人明确约定为个人债务，或者能够证明属于《婚姻法》第19条第3款规定情形的除外。夫妻一方作为当事人主张二审判决违背法院民一庭答复和复函的认定，但相关答复和复函仅是针对个案相关情况作出的处理意见，不具有普遍约束力。对于夫妻共同债务，仍应依照最高人民法院《关于适用〈中华人民共和国婚姻法〉若干问题的解释（二）》第24条的规定，并结合案件具体情况予以认定。也即，就个案处理而言，并非夫妻一方对外担保之债一概不能认定为夫妻共同债务，重点还应考量该担保之债与夫妻共同生活是否密切相关。

《中华人民共和国最高人民法院公报》2006年第5期（总第115期）

3. 单洪远、刘春林诉胡秀花、单良、单译贤法定继承纠纷二审

江苏省高级人民法院认为：

最高人民法院《关于适用〈中华人民共和国婚姻法〉若干问题的解释（二）》第24条的规定："债权人就婚姻关系存续期间夫妻一方以个人名义所负债务主张权利的，应当按夫妻共同债务处理。但夫妻一方能够证明债权人与债务人明确约定为个人债务，或者能够证明属于婚姻法第十九条第三款规定情形的除外。"《婚姻法》第19条第3款规定："夫妻对婚姻关系存续期间所得的财产约定归各自所有的，夫或妻一方对外所负的债务，第三人知道该约定的，以夫或妻一方所有的财产清偿。"夫妻一方作为当事人举示的收款及还款的证据均不能形成完整的证据链条，不足以证明诉争借款直接用于公司的生产和经营，而未用于其家庭生活，故该不予承担本案共同还款责任的主张不能成立。

实务要点四

对外担保所负的债务并非因日常生活进行的财产处理,不应认定为夫妻共同债务。但夫妻双方签字确认的情形除外。

1. 闵庆岱与山东岱祺物资有限公司、冀金玉等民间借贷纠纷二审民事判决书(2016)鲁民终字第544号

山东省高级人民法院认为:

依据张文军给闵庆岱出具的保证函,张文军与闵庆岱之间依法就涉案借款形成保证合同关系。因闵庆岱与张文军未对保证方式作出约定,张文军依法应当按照连带责任保证方式承担保证责任。因闵庆岱与张文军未对保证期间作出约定,闵庆岱在向原审法院提起诉讼时一并要求张文军承担保证责任,并未超出保证期间的规定,张文军依法应当承担保证责任。张文军以借款合同未生效为由主张不应承担保证责任,没有事实依据,原审法院不予支持。张文军承担保证责任后,可依法向冀金玉和岱祺公司追偿。

虽然张文军向闵庆岱就涉案借款出具保证函时与赵淑华系夫妻关系,但因担保合同是从合同,一般具有无偿性,且在本案中,闵庆岱既未举证证明张文军的担保行为是为了夫妻、家庭共同生活或生产经营需要,或者夫妻、家庭从该担保行为中受益,亦未能举证证明赵淑华知道或应当知道张文军的担保行为,所以张文军的担保行为不属于家事代理,而是属于张文军的个人行为,张文军所担保的债务依法不属于其与赵淑华的夫妻共同债务。闵庆岱以赵淑华与张文军存在夫妻关系为由,将张文军担保债务作为夫妻共同债务要求赵淑华承担保证责任,无事实和法律依据,原审法院不予支持。

2. 河北华庭房地产开发有限公司、赵亚东民间借贷纠纷二审民事判决书(2017)最高法民终字第847号

最高人民法院认为:

关于东建公司主张赵亚东、李海燕以其夫妻共同财产承担借款的偿付责任的问题。东建公司与华庭公司签订《借款协议》时,赵亚东提供担保责任,以其信誉、

人格、财产为华庭公司提供担保。李海燕与赵亚东系合法夫妻,李海燕同时又系华庭公司的法定代表人,在东建公司与华庭公司签订的《借款协议》中,李海燕、赵亚东均在合同中签字确认,李海燕、赵亚东对担保行为以及由此带来的相关法律后果达成了合意,作为李海燕对赵亚东的担保行为是明知的,且属于在双方婚姻关系存续期间共同认可的担保责任,依据最高人民法院《关于适用〈中华人民共和国婚姻法〉若干问题的解释(二)》第24条关于"债权人就婚姻关系存续期间夫妻一方以个人名义所负债务主张权利的,应当按夫妻共同债务处理。但夫妻一方能够证明债权人与债务人明确约定为个人债务,或者能够证明属于婚姻法第十九条第三款规定情形的除外"的规定,东建公司诉求赵亚东、李海燕以其夫妻共同财产承担返还债务有事实依据和法律依据,应予支持。

实务要点五

夫妻关系存续期间,夫妻一方以个人名义向对方借款,不认定为夫妻共同债务。

潘汝佳、项洋民间借贷纠纷再审审查与审判监督民事裁定书(2017)最高法民申字第39号

最高人民法院认为:

关于案涉10万元借款是否应认定为夫妻共同债务并由夫妻共同承担的问题。该10万元借款发生在潘汝佳与项阳婚姻存续期间,潘汝佳在此期间向当时的配偶项洋出具欠条,该行为本身即表明,双方对于项洋以个人名义出借给潘汝佳个人的债务作出了明确约定,故该项债务不属于夫妻共同债务。一审、二审判决认定潘汝佳承担该10万元的还款责任并无不当。

实务要点六

夫妻一方在婚姻关系存续期间以个人名义为家庭日常生活需要所负的债务,债权人以属于夫妻共同债务为由主张权利的,人民法院应予支持。

王婷婷与重庆钢奥机械制造有限公司重庆光灿机械有限公司等借款合同纠纷申诉、申请再审民事裁定书(2018)渝民申字第70号

重庆市高级人民法院认为:

本案中,刘鑫对银丰小贷公司所负的借款债务系发生于刘鑫、王婷婷婚姻关系存续期间,王婷婷并未能够举证证明该借款债务系银丰小贷公司与刘鑫明确约定为刘鑫个人债务,亦未能够举证证明王婷婷、刘鑫存在有对双方婚姻存续期间所得的财产归各自所有的约定且被银丰小贷公司知晓。

实务要点七

夫妻一方在婚姻关系存续期间以个人名义超出家庭日常生活需要所负的债务,债权人以属于夫妻共同债务为由主张权利的,人民法院不予支持。

1.内蒙古天丽房地产开发有限责任公司、郭和平民间借贷纠纷再审审查与审判监督民事裁定书(2017)最高法民申字第4018号

最高人民法院认为:

本院经审查认为,本案的关键问题是案涉债务是否属于郭和平、王春梅二人的夫妻共同债务。首先,从现有证据来看,案涉债务虽发生于郭和平、王春梅夫妻关系存续期间,但该债务是以郭和平个人名义负担,王春梅并未在借款协议、投资协议中签字,事后也未追认,因此案涉债务不是郭和平、王春梅共同意思所负的债务。其次,从二审查明的债务用途来看,案涉借款4150万元实际用于金阳明苑项目的工程项目建设,未用于郭和平、王春梅的共同日常生活,不能认为是属于二人共同生活所负的债务。再次,从二审查明的事实看,案涉债务发生时,虽然王春梅持有或者通过博隆公司间接持有明和阳光置业公司的股份,但明和阳光置业公司在此之前已将案涉项目转让给内蒙古中鼎置业有限责任公司(以下简称中鼎置业公司),在此之后案涉项目以中鼎置业公司名义进行开发,而王春梅并未直接或者间接持有中鼎置业公司股份,因此,王春梅不能从中鼎置业公司经营案涉项目中受益。即使王春梅通过明和阳光置业公司转让案涉项目获益,但由于明和阳光置业公司转让案

涉项目的时间先于案涉债务的时间，因此，亦不能认定王春梅是与郭和平共同经营案涉项目获益。最后，郭和平、王春梅在本案诉讼期间离婚并对共同财产进行分割，是夫妻双方自由处分各自财产权利的行为，如果债权人认为上述行为对于债权人不利，可以依据合同法的相关规定主张无效或者予以撤销，并有权就夫妻共同债务向男女双方主张权利。由上所述，二审法院认定案涉债务属于郭和平个人债务并无不当。另外，在郭和平、王春梅之间的离婚协议未经确认无效或撤销的情况下，二审法院引用离婚协议的相关内容并就案涉债务是否属于夫妻共同债务进行审理，未剥夺天丽公司的诉讼权利，适用法律不存在错误。综上所述，二审判决在认定事实及适用法律方面均无不当。

2. 沈丽斌与徐建荣、孙云龙、温伟才、广东港中能达物流有限公司民间借贷纠纷再审民事裁定书(2017)沪民申字第1240号

上海市高级人民法院认为：

本院认为，本案主要争议焦点在于本案系争借款是否属于沈丽斌、温伟才的夫妻共同债务。沈丽斌主张，本案系争钱款与其无关，亦未用于当时的夫妻共同生活，故不属于夫妻共同债务。对此本院认为，当事人应就其诉讼主张承担相应的举证责任。本案系争借款发生于沈丽斌、温伟才夫妻关系存续期间，且沈丽斌、温伟才系能达公司股东，沈丽斌未提供证据证明系争借款是温伟才个人债务，故本院对沈丽斌的该项申请主张不予采纳。

四、小结

最高人民法院2018年1月17日发布《关于审理涉及夫妻债务纠纷案件适用法律有关问题的解释》，就当前司法实践中争议较大的夫妻共同债务认定问题作出明确规定，并合理分配举证证明责任，平衡保护各方当事人合法权益。在夫妻双方对婚姻关系存续期间所得财产未约定归各自所有，或者虽有约定但债权人不知道该约定的情况下，夫妻一方以个人名义为家庭日常生活需要所负的债务，都应认定为夫妻共同债务。如果未举债的夫妻另一方认为该债务不属于夫妻共同债务，应当承担相应的举证证明责任。当夫妻一方以个人名义对外所负的债务，尤其是数额较大的债务，超出了家庭日常生活所需的范畴时，认定该债务是否属于夫妻共同债务的标准，是债权人能否证明债务用于夫妻共同生活、共同生产经营或者基于夫妻

双方共同的意思表示。如果债权人不能证明的,则不能认定为夫妻共同债务。

夫妻共同债务的清偿须分议。离婚时,夫妻共同债务按下列步骤清偿:以夫妻共同财产清偿;夫妻共同财产不足以清偿,或者财产归各自所有的,由双方协议清偿;协议不成的,由夫妻双方承担连带清偿责任。夫或妻一方死亡的,生存一方应当对夫妻共同债务承担连带清偿责任。关于借贷纠纷案中的债务认定,首先应当将最高人民法院《关于适用〈中华人民共和国婚姻法〉若干问题的解释(二)》第 24 条的规定作为一个基本处理原则,即债权人就婚姻关系存续期间夫妻一方以个人名义所负债务主张权利的,按照夫妻共同债务处理。同时需考虑以下两个因素:一是夫妻有无共同举债的合意;二是该债务有无用于夫妻共同生活。这两个因素,属于基本原则的例外情形。如果一方有证据足以证明夫妻双方没有共同举债的合意或该债务未用于夫妻共同生活,则该债务可以认定为夫妻一方的个人债务。

第十节　子女抚养权裁判规则

一、导读

抚养权是指父母对其子女的一项人身权利,抚养有婚生的抚养与非婚生的抚养之分,在现实生活中由于各种原因的出现与发生,导致父母对子女的抚养权得不到很好的保障。拥有该权利的一方或双方,在子女成年之前,有权决定是否与子女共同生活,该权利在子女成年时即消灭。《婚姻法》和《收养法》对此均有所规定,但由于规定过于原则和概括,实际情况错综复杂,在实践中仍难以准确地把握和适用。截至 2018 年 4 月,在中国裁判文书网高级检索的案件名称中输入词条“抚养(民事案由)”检索出共计 124,189 篇判决书,其中由最高人民法院审判的共计 2 篇判决书;在中国裁判文书网中输入词条“抚养权(民事案由)”检索出共计 56,437 篇判决书,其中由最高人民法院审判的共计 2 篇判决书。本书此部分旨在通过归纳介绍子女抚养权的相关规定与理论,主要围绕最高人民法院裁判案例,归纳提炼子女抚养权的司法裁判规则。

二、子女抚养权的理论及立法规定

(一)子女抚养权的基本理论

1. 子女抚养权的概念

《婚姻法》第36条第1款、第2款规定:“父母与子女间的关系,不因父母离婚而消除。离婚后,子女无论由父或母直接抚养,仍是父母双方的子女。离婚后,父母对于子女仍有抚养和教育的权利义务。”夫妻关系因离婚而消除,但双方与所生子女之间的权利义务依然存在。①

2. 离婚后子女抚养关系的确定

《婚姻法》第36条第3款规定:“离婚后,哺乳期内的子女,以随哺乳的母亲抚养为原则。哺乳期后的子女,如双方因抚养问题发生争执不能达成协议时,由人民法院根据子女的权益和双方的具体情况判决。”具体情况如下:哺乳期内子女,原则上由哺乳的母亲抚养;对于哺乳期后的子女,即2周岁以上、18周岁以下的未成年子女随何方抚养的问题,首先应在父母在自愿的基础上达成协议。如果在有利于保护子女利益的前提下,父母双方协议轮流抚养子女的,可予准许。协议不成时,可由法院以判决的方式确定抚养关系。无论是判决还是协议,都应当考虑父母双方的思想品质、抚养能力、生活环境、与子女的感情联系等多方面因素;对于10周岁以上的未成年子女随父或母生活发生争执的,应考虑该子女的意见。②

(二)法律或司法解释有关子女抚养权的规定

1. 子女抚养权的构成要件

《婚姻法》

第二十一条　父母对子女有抚养教育的义务;子女对父母有赡养扶助的义务。

父母不履行抚养义务时,未成年的或不能独立生活的子女,有要求父母付给抚养费的权利。

子女不履行赡养义务时,无劳动能力的或生活困难的父母,有要求子女付给赡养费的权利。

禁止溺婴、弃婴和其他残害婴儿的行为。

第三十六条　父母与子女间的关系,不因父母离婚而消除。离婚后,子女无论

---

① 巫昌祯主编:《婚姻与继承法学》(第5版),中国政法大学出版社2011年版,第155页。

② 巫昌祯主编:《婚姻与继承法学》(第5版),中国政法大学出版社2011年版,第156、157页。

由父或母直接抚养,仍是父母双方的子女。

离婚后,父母对于子女仍有抚养和教育的权利和义务。

离婚后,哺乳期内的子女,以随哺乳的母亲抚养为原则。哺乳期后的子女,如双方因抚养问题发生争执不能达成协议时,由人民法院根据子女的权益和双方的具体情况判决。

行使探望权利的方式、时间由当事人协议;协议不成时,由人民法院判决。

父或母探望子女,不利于子女身心健康的,由人民法院依法中止探望的权利;中止的事由消失后,应当恢复探望的权利。

2. 子女抚养权的认定及效力

《婚姻法》

第三十七条 离婚后,一方抚养的子女,另一方应负担必要的生活费和教育费的一部或全部,负担费用的多少和期限的长短,由双方协议;协议不成时,由人民法院判决。

关于子女生活费和教育费的协议或判决,不妨碍子女在必要时向父母任何一方提出超过协议或判决原定数额的合理要求。

第三十九条 离婚时,夫妻的共同财产由双方协议处理;协议不成时,由人民法院根据财产的具体情况,照顾子女和女方权益的原则判决。

夫或妻在家庭土地承包经营中享有的权益等,应当依法予以保护。

《收养法》

第四条 下列不满十四周岁的未成年人可以被收养:

(一)丧失父母的孤儿;

(二)查找不到生父母的弃婴和儿童;

(三)生父母有特殊困难无力抚养的子女。

第五条 下列公民、组织可以作送养人:

(一)孤儿的监护人;

(二)社会福利机构;

(三)有特殊困难无力抚养子女的生父母。

第六条 收养人应当同时具备下列条件:

(一)无子女;

(二)有抚养教育被收养人的能力;

(三)未患有在医学上认为不应当收养子女的疾病;

(四)年满三十周岁。

第七条 收养三代以内同辈旁系血亲的子女,可以不受本法第四条第三项、第五条第三项、第九条和被收养人不满十四周岁的限制。

华侨收养三代以内同辈旁系血亲的子女,还可以不受收养人无子女的限制。

第八条 收养人只能收养一名子女。

收养孤儿、残疾儿童或者社会福利机构抚养的查找不到生父母的弃婴和儿童,可以不受收养人无子女和收养一名的限制。

无配偶的男性收养女性的,收养人与被收养人的年龄应当相差四十周岁以上。

第十条 生父母送养子女,须双方共同送养。生父母一方不明或者查找不到的可以单方送养。

有配偶者收养子女,须夫妻共同收养。

第十一条 收养人收养与送养人送养,须双方自愿。收养年满十周岁以上未成年人的,应当征得被收养人的同意。

最高人民法院《关于适用〈中华人民共和国婚姻法〉若干问题的解释(一)》

第二十条 婚姻法第二十一条规定的“不能独立生活的子女”,是指尚在校接受高中及其以下学历教育,或者丧失或未完全丧失劳动能力等非因主观原因而无法维持正常生活的成年子女。

第二十一条 婚姻法第二十一条所称“抚养费”,包括子女生活费、教育费、医疗费等费用。

第二十四条 人民法院作出的生效的离婚判决中未涉及探望权,当事人就探望权问题单独提起诉讼的,人民法院应予受理。

第二十六条 未成年子女、直接抚养子女的父或母及其他对未成年子女负担抚养、教育义务的法定监护人,有权向人民法院提出中止探望权的请求。

三、最高人民法院及下级各级人民法院关于子女抚养权问题的裁判规则

实务要点一

子女抚养费的数额,可根据子女的实际需要、父母负担能力和当地的实际水平确定。

李某1、李某2抚养费纠纷再审审查与审判监督民事裁定书(2017)最高法民申字第3980号

最高人民法院认为:

根据《婚姻法》第37条之规定,关于子女生活费和教育费的协议,不妨碍子女在必要时向父母任何一方提出超过协议原定数额的合理要求。由于李某1患病治疗,实际支出及需要较协议签订时确有增加,一审、二审法院综合考虑李某1母亲和李某2的实际收入水平与生活现状,酌定李某2承担李某1患病期间产生的医药费、交通费、住宿费、陪护费的50%,并无不当。尽管李某1提交有新的证据证明李某2017年4月的工资增加至2727元,但增加幅度并不大,且结合李某2再婚生育一子也需要抚养等情况,二审法院根据李某2的实际给付能力,未支持李某1增加每月抚养费至2300元的诉讼请求,亦无不当。李某1申请再审称,李某2在离婚时带走所有财产并购置房屋、购买车辆,上述事实及争议与本案抚养费纠纷无关。李某2作为父亲,应探望并关注孩子的健康成长。但其行为尚不足以构成增加其抚养费的基础。综上所述,李某1申请再审理由不能成立。

实务要点二

抚养费与父母赠与行为无关,需另行起诉。

田原抚养费纠纷申请再审民事裁定书(2014)民申字第1115号

最高人民法院认为:

本院审查认为,田龙未经妻子马树婷同意擅自将夫妻共同财产赠与曹围,侵犯了马树婷享有的夫妻共同财产权利,这种赠与行为应认定为无效,曹围应返还田龙赠与的相关款项。申请再审人田原认为生效判决侵犯了其合法权益,但没有提供证据证明发生法律效力的判决内容错误,田龙转入曹围账户的款项及为曹围购买商品房、车位的消费款项已有在案证据予以佐证。赠与行为与抚养费问题是两个不同的法律关系,田原如果认为自己需要生父田龙支付相关的抚养费,可以另案提起诉讼进行救济。

实务要点三

抚养费的给付期限，一般至子女十八周岁为止。尚未独立生活的成年子女尚在校接受高中及其以下学历教育的，父母又有给付能力，仍应负担必要的抚养费。

任国良与任浩瑞抚养费纠纷再审审查民事裁定书（2014）吉民申字第592号

吉林省高级人民法院认为：

任国良的婚生子任浩瑞现在大学学习阶段，尚无独立生活能力，父母在经济上应予适当帮助，这不仅符合法律的基本原则，也符合中华民族优良传统，也是社会主义道德所倡导。一审、二审法院根据任浩瑞学习期间的实际情况及任国良的工资收入，判令任国良每月给付子女抚养费1000元并无不当。

实务要点四

"抚养费"包括子女生活费、教育费、医疗费等费用。

再审申请人王焕森与被申请人王立富抚养费纠纷一案申请再审民事裁定书（2014）辽审三民申字第00830号

辽宁省高级人民法院认为：

2006年4月10日，经法院主持刘晋与王立富抚养关系纠纷一案达成调解协议，王焕森由王立富自行抚养。因该调解协议未实际履行，王焕森实际跟随母亲刘晋生活，原审法院判决王立富承担抚养费并无不当。原审法院判决中没有变更抚养关系，而是根据实际抚养情况确定抚养费由王立富承担，没有超过诉讼请求。抚养费包括子女生活费、教育费、医疗费等费用，王焕森所需的合理的生活费、必要的教育费用已经包含在抚养费数额中，原审法院已经作出判决。王焕森要求王立富给付手术费用50万元等诉讼主张因没有充分的证据佐证，原审法院未予支持亦无不当。

实务要点五

父母对子女的抚养义务,不因父母离婚而消除。

夏正伟与谢雨霏抚养费纠纷申请再审民事裁定书(2014)新民申字第513号

新疆维吾尔自治区高级人民法院认为:

二审中,法院通知婚生女谢艺灿(曾用名夏雪)到庭与夏正伟见面,并针对一审医疗票据向夏正伟质证。夏正伟认可谢艺灿是其女儿,但对医疗票据仍不予认可。原二审认为,父母离婚不影响对未成年子女抚养与教育的权利和义务。谢雨霏提供医疗部门的诊断证明及医疗票据,可以证实为治疗婚生女谢艺灿的疾病支付了医疗费用20,506.08元,该款属于未成年子女父母应共同承担的抚养子女费用。谢雨霏擅自更改婚生女的姓名行为明显不当,但不能因此免除夏正伟抚养女儿的义务。夏正伟否认女儿患病事实,无事实依据,不予采信。对其提出无经济能力给付的理由,于法无据,作为父母应当承担未成年子女的必要抚养费用。故对夏正伟上诉理由,不予支持。

实务要点六

非婚生子女与婚生子女享有相同的权利,包括抚养权。

徐某某、郭奇利与王月娥、徐红、徐超离婚财产分割纠纷申请再审民事裁定书(2013)民申字第2040号

最高人民法院认为:

徐铭成、郭奇利提出,徐忠诚与王月娥在离婚财产分割中,徐红、徐超均分得相应财产,而非婚生子徐铭成却完全被忽视,与本案事实不符。本案离婚财产分割中,只是排除了徐忠诚、王月娥在婚姻关系存续期间已赠与徐超、徐红的财产,并未将徐忠诚、王月娥的夫妻共同财产分给徐红、徐超,不存在忽视非婚生子徐铭成权益的问题。徐铭成、郭奇利提出,将徐忠诚立有遗嘱由徐铭成继承的黄白路143号

485.81平方米房屋判给徐红,侵害了徐铭成的居住权、抚养权、教育权。现徐铭成、郭奇利没有证据证明徐忠诚、王月娥于1998年6月20日向衡阳市雁峰区建设局出具的协议系伪造,徐红持有衡市郊所字第07－××－4019号房屋所有权证不合法,徐忠诚无权处分该房屋。现徐忠诚已去世,徐铭成系徐忠诚的法定继承人中的未成年人,依法有权获得多于其他继承人的份额,对此,徐铭成、郭奇利可另行主张继承权利。

四、小结

近年来,离婚在我国已逐渐成为高发现象,由离婚纠纷衍生的各类涉及未成年子女的亲权纠纷也日益增多,其中抚养权纠纷占较大的比重。对于此类案件中的未成年子女而言,父母离婚已为既成事实,如果抚养权纠纷处理不当很可能对其造成二次伤害。且抚养权纠纷与未成年子女的成长、生活、学习条件、环境营造等切身利益息息相关,因此抚养权纠纷案件日益引起社会各界的重视和热议。

夫妻离婚,一般也会导致夫妻其中一方失去抚养权。失去抚养权的一方将失去与子女共同生活的权利。不过,失去抚养权的一方仍然会享有探视权,可以在约定或裁判的时间内定期探视子女,与子女进行相对短暂的相处。离婚时抚养权的归属,可以双方协商,一旦协商不成,则需由法院判决。法院判决抚养权归属,一般根据有利于子女成长原则进行,主要考虑以下因素:夫妻双方的学历、工作、收入、年龄、家庭环境、子女的年龄等。另补充:继父母和继子女之间的关系和一般的父母子女关系不同,具有姻亲关系和教育抚养关系,但不具备血缘关系,这种权利和义务是可以解除的。由此推论:生父与继母或生母与继父离婚时,生父(母)和继母(父)都要求抚养该子女的,抚养权归生父母所有。生父与继母或生母与继父离婚时,对曾受其抚养教育的继子女,继父母不愿意继续抚养的,认为抚养关系已经解除,该子女仍由生父母抚养。

相关立法仍需完善,抚养执行仍需坚守,这也是为保护未成年子女的应有之道。

第十一节　遗产继承裁判规则

一、导读

继承制度是一项重要的民事法律制度,继承权为自然人享有的重要民事权利。遗产继承是关乎当事人切身财产利益的活动,在实务中出现的纠纷形式多种多样,须对相关裁判规则进行统一梳理。截至2018年4月,在中国裁判文书网中输入词条"继承纠纷(民事案由)"检索出共计112,547篇判决书,其中由最高人民法院审判的共计23篇判决书。本书此部分旨在通过归纳介绍遗产继承的相关规定与理论,主要围绕最高人民法院裁判案例,归纳提炼遗产继承的司法裁判规则。

二、遗产继承的理论及立法规定

(一)遗产继承的基本理论

1. 遗产继承的概念

在民法学中,继承是指将死者生前所有的于死亡时遗留的财产依法转移给他人所有的制度。在这一制度中,生前享有的财产因死亡而转移给他人的死者为被继承人;被继承人死亡时遗留的财产为遗产;依照法律规定或者被继承人的合法遗嘱承接被继承人遗产的人为继承人;继承人依照法律的直接规定或者被继承人所立的合法遗嘱享有的继承人被继承人遗产的权利就是继承权。依我国现行法律的规定,继承人只能是自然人,继承权也仅为自然人享有的权利。①

2. 遗产继承的特征

尽管继承权在不同的场合,有不同的含义。但总体来说,继承权具有以下特征:第一,继承权是自然人基于一定的身份关系享有的权利。第二,继承权是依照法律的直接规定或者合法有效的遗嘱而享有的权利。第三,继承权的标的是遗产。第四,继承权是继承人于被继承人死亡时才可行使的权利。②

---

① 魏振瀛主编:《民法》,北京大学出版社、高等教育出版社2017年版,第592页。

② 魏振瀛主编:《民法》,北京大学出版社、高等教育出版社2017年版,第593页。

3. 遗产继承的本质

对于继承的本质应从以下四个方面理解:第一,继承是历史的产物,它以个人财产的存在为存在前提。第二,继承是因人的死亡而发生的社会关系主体的更换。第三,继承制度决定于一定社会的经济基础,又对经济基础起反作用。第四,继承受一定社会的上层建筑的其他组成部分,尤其是婚姻家庭制度和宗教制度的影响。①

4. 我国继承法的基本原则

我国继承法主要有以下几个原则。第一,保护公民合法财产继承权的原则。第二,继承权平等原则。第三,养老育幼、互助互济原则。第四,互谅互让、团结和睦原则。②

(二)法律或司法解释有关遗产继承的规定

《继承法》

第二条　继承从被继承人死亡时开始。

第三条　遗产是公民死亡时遗留的个人合法财产,包括:

(一)公民的收入;

(二)公民的房屋、储蓄和生活用品;

(三)公民的林木、牲畜和家禽;

(四)公民的文物、图书资料;

(五)法律允许公民所有的生产资料;

(六)公民的著作权、专利权中的财产权利;

(七)公民的其他合法财产。

第四条　个人承包应得的个人收益,依照本法规定继承。个人承包,依照法律允许由继承人继续承包的,按照承包合同办理。

第五条　继承开始后,按照法定继承办理;有遗嘱的,按照遗嘱继承或者遗赠办理;有遗赠扶养协议的,按照协议办理。

第六条　无行为能力人的继承权、受遗赠权,由他的法定代理人代为行使。

限制行为能力人的继承权、受遗赠权,由他的法定代理人代为行使,或者征得法定代理人同意后行使。

第七条　继承人有下列行为之一的,丧失继承权:

---

① 魏振瀛主编:《民法》,北京大学出版社、高等教育出版社2017年版,第594、595页。

② 魏振瀛主编:《民法》,北京大学出版社、高等教育出版社2017年版,第596、597、598页。

(一)故意杀害被继承人的;

(二)为争夺遗产而杀害其他继承人的;

(三)遗弃被继承人的,或者虐待被继承人情节严重的;

(四)伪造、篡改或者销毁遗嘱,情节严重的。

第八条 继承权纠纷提起诉讼的期限为二年,自继承人知道或者应当知道其权利被侵犯之日起计算。但是,自继承开始之日起超过二十年的,不得再提起诉讼。

第九条 继承权男女平等。

第十条 遗产按照下列顺序继承:

第一顺序:配偶、子女、父母。

第二顺序:兄弟姐妹、祖父母、外祖父母。

继承开始后,由第一顺序继承人继承,第二顺序继承人不继承。没有第一顺序继承人继承的,由第二顺序继承人继承。

本法所说的子女,包括婚生子女、非婚生子女、养子女和有扶养关系的继子女。

本法所说的父母,包括生父母、养父母和有扶养关系的继父母。

本法所说的兄弟姐妹,包括同父母的兄弟姐妹、同父异母或者同母异父的兄弟姐妹、养兄弟姐妹、有扶养关系的继兄弟姐妹。

第十一条 被继承人的子女先于被继承人死亡的,由被继承人的子女的晚辈直系血亲代位继承。代位继承人一般只能继承他的父亲或者母亲有权继承的遗产份额。

第十二条 丧偶儿媳对公、婆,丧偶女婿对岳父、岳母,尽了主要赡养义务的,作为第一顺序继承人。

第十三条 同一顺序继承人继承遗产的份额,一般应当均等。

对生活有特殊困难的缺乏劳动能力的继承人,分配遗产时,应当予以照顾。

对被继承人尽了主要扶养义务或者与被继承人共同生活的继承人,分配遗产时,可以多分。

有扶养能力和有扶养条件的继承人,不尽扶养义务的,分配遗产时,应当不分或者少分。

继承人协商同意的,也可以不均等。

第十四条 对继承人以外的依靠被继承人扶养的缺乏劳动能力又没有生活来源的人,或者继承人以外的对被继承人扶养较多的人,可以分给他们适当的遗产。

第十五条 继承人应当本着互谅互让、和睦团结的精神,协商处理继承问题。

遗产分割的时间、办法和份额,由继承人协商确定。协商不成的,可以由人民调解委员会调解或者向人民法院提起诉讼。

第十六条 公民可以依照本法规定立遗嘱处分个人财产,并可以指定遗嘱执行人。

公民可以立遗嘱将个人财产指定由法定继承人的一人或者数人继承。

公民可以立遗嘱将个人财产赠给国家、集体或者法定继承人以外的人。

第十七条 公证遗嘱由遗嘱人经公证机关办理。

自书遗嘱由遗嘱人亲笔书写,签名,注明年、月、日。

代书遗嘱应当有两个以上见证人在场见证,由其中一人代书,注明年、月、日,并由代书人、其他见证人和遗嘱人签名。

以录音形式立的遗嘱,应当有两个以上见证人在场见证。

遗嘱人在危急情况下,可以立口头遗嘱。口头遗嘱应当有两个以上见证人在场见证。危急情况解除后,遗嘱人能够用书面或者录音形式立遗嘱的,所立的口头遗嘱无效。

第十八条 下列人员不能作为遗嘱见证人:

(一)无行为能力人、限制行为能力人;

(二)继承人、受遗赠人;

(三)与继承人、受遗赠人有利害关系的人。

第十九条 遗嘱应当对缺乏劳动能力又没有生活来源的继承人保留必要的遗产份额。

第二十条 遗嘱人可以撤销、变更自己所立的遗嘱。

立有数份遗嘱,内容相抵触的,以最后的遗嘱为准。

自书、代书、录音、口头遗嘱,不得撤销、变更公证遗嘱。

第二十一条 遗嘱继承或者遗赠附有义务的,继承人或者受遗赠人应当履行义务。没有正当理由不履行义务的,经有关单位或者个人请求,人民法院可以取消他接受遗产的权利。

第二十二条 无行为能力人或者限制行为能力人所立的遗嘱无效。

遗嘱必须表示遗嘱人的真实意思,受胁迫、欺骗所立的遗嘱无效。

伪造的遗嘱无效。

遗嘱被篡改的,篡改的内容无效。

第二十三条 继承开始后,知道被继承人死亡的继承人应当及时通知其他继承人和遗嘱执行人。继承人中无人知道被继承人死亡或者知道被继承人死亡而不能通知的,由被继承人生前所在单位或者住所地的居民委员会、村民委员会负责通知。

第二十四条 存有遗产的人,应当妥善保管遗产,任何人不得侵吞或者争抢。

第二十五条 继承开始后,继承人放弃继承的,应当在遗产处理前,作出放弃继承的表示。没有表示的,视为接受继承。

受遗赠人应当在知道受遗赠后两个月内,作出接受或者放弃受赠的表示。到期没有表示的,视为放弃受遗赠。

第二十六条 夫妻在婚姻关系存续期间所得的共同所有的财产,除有约定的以外,如果分割遗产,应当先将共同所有的财产的一半分出为配偶所有,其余的为被继承人的遗产。

遗产在家庭共有财产之中的,遗产分割时,应当先分出他人的财产。

第二十七条 有下列情形之一的,遗产中的有关部分按照法定继承办理:

(一)遗嘱继承人放弃继承或者受遗赠人放弃受遗赠的;

(二)遗嘱继承人丧失继承权的;

(三)遗嘱继承人、受遗赠人先于遗遗嘱人死亡的;

(四)遗嘱无效部分所涉及的遗产;

(五)遗嘱未处分的遗产。

第二十八条 遗产分割时,应当保留胎儿的继承份额。胎儿出生时是死体的,保留的份额按照法定继承办理。

第二十九条 遗产分割应当有利于生产和生活需要,不损害遗产的效用。

不宜分割的遗产,可以采取折价、适当补偿或者共有等方法处理。

第三十条 夫妻一方死亡后另一方再婚的,有权处分所继承的财产,任何人不得干涉。

第三十一条 公民可以与扶养人签订遗赠扶养协议。按照协议,扶养人承担该公民生养死葬的义务,享有受遗赠的权利。

公民可以与集体所有制组织签订遗赠扶养协议。按照协议,集体所有制组织承担该公民生养死葬的义务,享有受遗赠的权利。

第三十二条 无人继承又无人受遗赠的遗产,归国家所有;死者生前是集体所有制组织成员的,归所在集体所有制组织所有。

第三十三条 继承遗产应当清偿被继承人依法应当缴纳的税款和债务,缴纳税款和清偿债务以他的遗产实际价值为限。超过遗产实际价值部分,继承人自愿偿还的不在此限。

继承人放弃继承的,对被继承人依法应当缴纳的税款和债务可以不负偿还责任。

第三十四条　执行遗赠不得妨碍清偿遗赠人依法应当缴纳的税款和债务。

三、最高人民法院关于遗产继承的裁判规则

实务要点一

对被继承人尽了主要扶养义务或者与被继承人共同生活的继承人,分配遗产时,可以多分。

崔某1、崔某2与崔某3继承纠纷申诉、申请民事裁定书(2015)民申字第3085号

最高人民法院认为:

本案主要争议是被申请人崔某3是否尽了主要的赡养义务以及可以在何种程度上多分遗产。

证人尹某等7人证明是崔某3赡养了被继承人,被继承人住院时的医疗费是崔某3支付的。证人崔某4亦证明崔某3赡养了被继承人,房子也是崔某3盖的,崔某1、崔某2也无异议。居委会调解记录及其他协议书等,均证明崔某3与被继承人共同生活,尽了日常主要赡养义务。原判决还认定崔某3对被继承人新建的房屋等财产累计方面予以帮助和付出,否则60多岁的独居老人,用很少资金,无法完成新建房屋工程。因此,原判决认定崔某3尽了主要的赡养义务是有证据证明的。

法律规定,尽了主要赡养义务的继承人可以多分遗产。对于具体如何分割遗产,法律未作出详细规定,需要根据具体情况进行裁量。原判决考虑到崔某3无论从物质方面,还是其他日常生活方面,都对被继承人尽了主要的赡养义务,且上述遗产主要是因崔某3的付出而形成,将房产分给崔某3,并不违反法律规定,不存在适用法律错误。

实务要点二

夫妻在婚姻关系存续期间所得的财产,除有约定的以外,如果分割遗产,应当先将共同所有的财产的一半分出为配偶所有,其余的为被继承人的遗产。

杨某、刘某乙等与刘某甲继承纠纷申请再审民事裁定书(2014)民申字第 1666 号

最高人民法院认为:

根据《民办教育促进法》第 51 条的规定,民办学校在扣除办学成本,预留发展基金以及按照国家有关规定提取其他必需的费用后,出资人可以从办学结余中取得合理回报。该案的被继承人刘某丁用夫妻共同财产创办了涉案学校,并对涉案学校进行了投资、管理,为此被继承人刘某丁作为学校的出资人享有从办学结余中取得合理回报的权益。根据相关法律规定,夫妻在婚姻关系存续期间所得的财产,除有约定的以外,如果分割遗产,应当先将共同所有的财产的一半分出为配偶所有,其余的为被继承人的遗产。为此,刘某丁作为学校的出资人享有得从办学结余中取得合理回报的一半份额首先应当分给其配偶即本案的原告杨某享有权益,其余的一半属于其死亡时遗留的个人合法财产。因刘某丁生前并未留有其他形式的遗嘱、遗赠等处分其个人遗产的行为,故其个人遗产应当由其法定继承人按照法定继承的顺序予以继承。杨某、刘某乙、刘某丙、刘利岩作为第一顺序的继承人,对刘某丁的个人遗产各自享有 1/4 的份额。

实务要点三

遗产限于公民死亡时遗留的个人合法财产。

林某 1 继承纠纷再审审查与审判监督民事裁定书(2016)最高法民申字第 2405 号

最高人民法院认为:

我国《继承法》第 3 条规定遗产是公民死亡时遗留的个人合法财产。关于讼争

的名轩公寓A、B两栋房屋,该房产无土地使用权证,未办理规划报建手续,无房产证,无法依据权属登记确认林志明对该房屋享有所有权,且现有的证据尚不足以证明林志明已合法取得上述宅基地使用权及该地上建筑的确切出资情况,该房产权属不清,原审判决未将该房产列入林志明的遗产范围,并无不当。关于讼争海口市金银小区A栋三单元806号房及海口市秀英区小街市场的商铺,不动产物权的设立和变更应当依法登记才能发生法律效力,该两处房产尚未办理房产所有权登记,林某1、林星嘉在原审时提供的证据亦尚不足以证明该两房产是林志明的合法财产,原判决未将该两房产列入林志明的遗产范围,并无不当。关于林志明的银行存款,原判决已对林某1、林星嘉在一审诉状中明确列明的10个银行账号的存款余额及变化情况进行了调查,就已查明的存款数额作出了判决。林某1、林星嘉主张不能排除除已掌握的林志明银行账户外还有账户还有存款,可作为林志明的遗产,对此应承担相应的举证责任,且原判决并未认定上述存款即为林志明的全部存款,若有证据证明林志明尚有其他银行存款,可另行主张,原判决处理并无不当。

实务要点四

继承开始后,继承人放弃继承的,应当在遗产处理前,作出放弃继承的表示;没有表示的,视为接受继承。

赵德贤、赵德兰、赵德先等与赵宜康法定继承纠纷申请再审民事裁定书(2015)民申字第150号

最高人民法院认为:

关于其他法定继承人是否已放弃继承赵警忱其他遗产的问题。根据一审、二审查明的事实,1705号案件审理过程中,东城法院查封财产清单中不包括本案讼争的《平安帖》。1705号判决书亦认定,赵振经隐匿了较大数量的财产占为已有。且赵宜康与赵宜谦2011年5月30日签订的《庭外和解协议》约定,赵宜康自愿给赵宜谦100万元,赵宜谦就《平安帖》拍卖收益事宜不向法院提出诉求。这也进一步印证了赵宜康对其他法定继承人主张事实的认可。综上所述,因赵振经隐匿财产,导致其他法定继承人只能就当时现存的遗产进行分割,其在1705号案件中的相关陈述不能推定为自愿放弃其他部分遗产的继承。

实务要点五

在没有遗嘱的情况下,按照法定继承顺序进行遗产继承分配。

王某甲、王某乙等与张某、王某丁法定继承纠纷申请再审民事裁定书(2015)民申字第1759号

最高人民法院认为:

关于王某丙是否有继承权的问题。被继承人王天一生前未留有遗嘱,本案应依据法定继承的相关规定处理。《继承法》第10条规定:"遗产按照下列顺序继承:第一顺序:配偶、子女、父母。第二顺序:兄弟姐妹、祖父母、外祖父母。继承开始后,由第一顺序继承人继承,第二顺序继承人不继承。没有第一顺序继承人继承的,由第二顺序继承人继承。"本案中,王某丙系被继承人王天一及其配偶张某的孙女,属于第二顺序继承人。在王某丙父母健在的情况下,亦不符合代位继承的条件。虽然王某丙父母均为××人,王某丙由王天一和张某抚养长大,王某丙代替其父母照顾、孝敬老人,但这是中华民族的传统美德,也是人之常情,且王天一和张某在退休后生活并无特殊困难,王某丙主张其尽了主要赡养义务并无依据。王某丙并不符合最高人民法院《关于贯彻执行〈中华人民共和国继承法〉若干问题的意见》第22条规定的"养祖父母与养孙子女的关系,视为养父母与养子女关系的,可互为第一顺序继承人"的情形。此外,王某丙提出王天一生前曾表示去世后要将部分遗产分给她,并提交了余小红、耿庆东出具的证人证言,但在没有遗嘱的情况下,无法认定王天一有赠与的意思表示。因此,二审法院认为王某丙不应作为本案第一顺位继承人,并无不当。

实务要点六

自书遗嘱由遗嘱人亲笔书写,签名,注明年、月、日。对于遗嘱的具体内容,应结合已经查明的案件事实进行综合判断。

李某1、程某1继承纠纷再审审查与审判监督民事裁定书(2017)最高法民申字第3664号

最高人民法院认为:

本院经审查认为,本案争议的焦点问题是程兆麟于2015年5月12日所立的遗嘱是否有效。《继承法》第17条第2款规定,自书遗嘱由遗嘱人亲笔书写,签名,注明年、月、日。案涉遗嘱符合自书遗嘱的法定要件,应当视为程兆麟的真实意思表示。对于遗嘱的具体内容,应结合已经查明的案件事实进行综合判断。首先,程兆麟订立遗嘱时,案涉房屋已经拆迁,其在遗嘱中也对此进行了说明"因我县城改造……拆迁房屋坐落于雍阳镇××号……拆迁面积为住房面积109.898平方米,门面面积84.652平方米",同时,遗嘱记载"由于担心本人去世后家属子女因遗产继承问题发生争执,故本人于2015年5月12日立下本遗嘱……"可见,程兆麟在立遗嘱时对旧房已经拆迁是知悉的,其本意并非是对已经不存在的财产进行处分,否则,即与其"担心本人去世后家属子女因遗产继承问题发生争执"的遗嘱目的相悖。其次,遗嘱载明"房产证所有权人为程兆麟,共有人为李远周,李远周于1993年因病去世,李远周去世后,我与子女五人李某2、程某1、李某3、李某1、程某2应继承李远周遗产的壹半门面面积42.33平方米,住房面积54.99平方米,其余另壹半门面住房面积应由我所有。我所有的门面(我与丈夫李远周共有的门面84.652的一半)42.33平方米本人去世后,由我儿子李某1继承"。可见,程兆麟处分其自有财产的意思是明确的。2012年9月2日五子女共同签署的声明亦系对李远周和程兆麟共有的被拆迁前房屋共有份额的分配,可以看出程兆麟在遗嘱中对处分的财产范围也是明确的。考虑到拆迁回还后签订的四份《商品房买卖合同》中,五位子女均为共有人,共有份额未明确的事实,程兆麟在遗嘱中作此表述亦有其合理性,简单以遗嘱处分的遗产不存在为由否认案涉遗嘱效力,存有不当。

实务要点七

财产权益可以被继承。

杨某、刘某乙等与刘某甲继承纠纷申请再审民事裁定书(2014)民申字第 1666 号

最高人民法院认为:

本院认为,结合案件事实,本案应认定刘某丁作为某学院的出资人享有从学院办学结余中取得合理回报的权益。刘某丁于 2002 年 1 月 13 日病逝,此前调整民办教育的行政法规为自 1997 年 10 月 1 日起施行的《社会力量办学条例》,该条例第 6 条规定:“社会力量举办教育机构,不得以营利为目的。”第 37 条规定:“教育机构应当确定各类人员的工资福利开支占经常办学费用的比例,报审批机关备案。教育机构的积累只能用于增加教育投入和改善办学条件,不得用于分配,不得用于校外投资。”第 43 条规定:“教育机构解散,应当依法进行清算。教育进行清算时,应当首先支付所欠教职员工个人工资以及社会保险费用;教育机构清算后的剩余财产,返还或者折价返还举办者的投入后,其余部分由审批机关统筹安排,用于发展社会力量办学事业。”上述规定中并未涉及民办学校出资人从办学结余中取得合理回报的权益问题,因此,并不能根据上述规定而否定民办学校出资人享有从办学结余中取得合理回报的权益。另外,根据《民办教育促进法》第 51 条的规定,“民办学校在扣除办学成本,预留发展基金以及按照国家有关规定提取其他必需的费用后,出资人可以从办学结余中取得合理回报”。该条赋予了民办学校出资人从办学结余中取得合理回报的权利,属于实质性权利。另根据吉林农工党与吉林省中医药培训学院于 1993 年 1 月 5 日签订的合同书中“院长个人投入归个人所有”的约定,本案中刘某丁作为某学院的投资人可以从办学结余中取得合理回报。此外,1998 年该学院章程的第 24 条规定,“本院的收入和固定资产归学院所有,任何人不得侵占、挪用或转让”。该条并未禁止学校的出资人享有取得合理回报的权益,而本案中杨某、刘某乙、刘某丙三人诉求继承的并不是分割学校的实物,只是请求继承被继承人刘某丁生前投资某学院所形成的财产权益,因此不属于对学校资产的侵占、挪用或转让。同时,《民办教育促进法实施条例》第 38 条、第 49 条等虽对民办学校出资人取得合理回报的问题规定了具体的形式要件,但由于该条例于 2004 年起施行,在刘某丁 2002 年 1 月 13 日去世之时还未有此规定,因此 1998 年学校的章程中虽然并未提及投资人从办学结余中取得合理回报,并不能就此否定刘某丁作为学校投资人取得合理回报的权益,亦不能就此推知刘某丁不具有要求取得合理回报的意

思。且根据该条例的规定,不要求合理回报的学校可以享受相应的税收优惠政策,但就此认为由于学院自成立至今未有过关于投资人取得回报的行为以及所享受的税收优惠政策,因而投资人不可以取得合理回报,则属于对法条的错误理解,于法无据。故再审申请人刘某甲关于“某学院属于不要求合理回报的民办学校”的主张及其理由不应被采信。原一审、二审法院认定“刘某丁作为学校的出资人,享有从办学结余中取得合理回报的权益”并无不当。在认定刘某丁对某学院享有财产权益的基础上,根据《婚姻法》及《继承法》的相关规定,原审法院判决杨某、刘某乙、刘某丙、刘某甲作为刘某丁的法定继承人享有相应份额的继承权并无不当。

四、小结

在我国,遗产继承的方式分为如下四种:遗嘱继承,即被继承人在生前订立遗嘱,指定继承人继承自己的遗产;遗赠即被继承人生前订立遗嘱,将遗产赠与国家、集体,或者法定继承人以外的人;遗赠抚养协议即被继承人与扶养人订立协议,由扶养人负担被继承人生养死葬的义务,被继承人的全部或部分财产在其死后转归扶养人所有。该方式主要出现在老人无人赡养的情况下。法定继承,指依据法律直接规定的继承人范围、顺序和遗产分配原则,将遗产分配给合法的继承人的继承方式,即在上面三种情况都不存在的情况下,法律根据亲属关系的远近确定的顺序。第一顺序:配偶、子女、父。第二顺序:兄弟姐妹、祖父母、外祖父母。若同时出现2种以上的继承情况,在这4种继承方式中,遗赠扶养协议的效力最高,其次是遗赠,效力最低的是法定继承。

继承法作为民法典的重要组成部分,其内容的完善与否关系着我国民法典的科学制定。因此研究继承法中遗产继承制度有着重要的理论和实践意义。目前我国《继承法》尚无系统、完善的遗产管理制度,当事人争夺遗产控制权以及遗产债权人诉求利益保护等继承纠纷时有发生,面对我国的社会现实和国情,设置完善科学的遗产继承制度的必要性已日益凸显。本部分梳理的裁判规则也期望对实务处理有所裨益。

第十二节　个人隐私权裁判规则

一、导读

个人隐私(privacy of individual)是指公民个人生活中不愿为他人(一定范围以外的人)公开或知悉的秘密。隐私权是自然人享有的对其个人的、与公共利益无关的个人信息、私人活动和私有领域进行支配的一种人格权。

个人隐私实际上无处不在,但在实务中却错综复杂,牵扯甚多,很难清晰把握。截至 2018 年 4 月,在中国裁判文书网中输入词条“隐私(民事案由)”检索出共计 54,604 篇判决书,其中由最高人民法院审判的共计 28 篇判决书,与本题相关的有 6 篇判决书。本书此部分旨在通过归纳介绍个人隐私权的相关规定与理论,主要围绕最高人民法院裁判案例,归纳提炼个人隐私权的司法裁判规则。

二、个人隐私权的理论及立法规定

(一)个人隐私权的基本理论

1. 个人隐私权的概念

隐私权指自然人对属于自己私人生活范畴的事项依法自由支配并排斥他人非法干涉的权利。①

2. 个人隐私权的范围

在民法的历史上,隐私权是一个非常年轻的权利。隐私权的客体是自然人的隐私,隐私权的本质在于确保个人远离公众的目光。研究隐私权的概念,首先需要明确隐私权的范围。隐私的范围随人类进步而不断变化和扩展。泛泛而言,凡属于自然人自身私人生活范畴,即与公众利益无关的内容皆应属于隐私的范围。具体而言,隐私包括私人信息、私人生活、私人空间、身体隐私、生命信息(身体基因)、私人通信,等等。这些都属于隐私权保护的范围。②

---

① 魏振瀛主编:《民法》,北京大学出版社、高等教育出版社 2017 年版,第 651 页。

② 魏振瀛主编:《民法》,北京大学出版社、高等教育出版社 2017 年版,第 651 页。

3. 个人隐私权的内容

个人隐私权包括以下几项内容。第一,隐私控制权。自然人有权对自己的隐私加以控制。比如,采取一定措施保护隐私不为他人所知,将隐私告诉自己愿意告知的人,拒绝向他人透露属于隐私范围的有关内容,等等。第二,隐私利用权。自然人可以对自己的隐私加以利用。比如,将自己的私人生活创作为文学作品,利用自己的生理特征创作影像作品,等等。需要注意的是,自然人在行使自己对隐私的控制和利用权时,不应当违反法律及公序良俗。比如,自然人不得将自己的性生活制作成影像资料并公之于众。同时,根据最高人民法院的司法解释,在认定对隐私的侵犯时,要充分考虑对社会公共利益和社会公德的违反。①

(二)法律或司法解释有关个人隐私权的规定

1. 个人隐私权的认定及效力

《宪法》

第三十八条　中华人民共和国公民的人格尊严不受侵犯。禁止用任何方法对公民进行侮辱、诽谤和诬告陷害。

第三十九条　中华人民共和国公民的住宅不受侵犯。禁止非法搜查或者非法侵入公民的住宅。

第四十条　中华人民共和国公民的通信自由和通信秘密受法律保护。除因国家安全或者追查刑事犯罪的需要,由公安机关或者检察机关依照法律规定的程序对通信进行检查外,任何组织或者个人不得以任何理由侵犯公民的通信自由和通信秘密。

《民法通则》

第一百条　公民享有肖像权,未经本人同意,不得以营利为目的使用公民的肖像。

第一百零一条　公民、法人享有名誉权,公民的人格尊严受法律保护,禁止用侮辱、诽谤等方式损害公民、法人的名誉。

最高人民法院《关于贯彻执行〈民法通则〉若干问题的意见》

第一百五十八条　以营利为目的,未经公民同意利用其肖像做广告、商标、装饰橱窗等,应当认定为侵犯公民肖像权的行为。

---

① 魏振瀛主编:《民法》,北京大学出版社、高等教育出版社 2017 年版,第 651、652 页。

第一百五十九条 以侮辱或者恶意丑化的形式使用他人肖像的,可以认定为侵犯名誉权的行为。

第一百六十条 以书面、口头等形式宣扬他人的隐私,或者捏造事实公然丑化他人人格,以及用侮辱、诽谤等方式损害他人名誉,造成一定影响的,应当认定为侵害公民名誉权的行为。

以书面、口头等形式诋毁、诽谤法人名誉,给法人造成损害的,应当认定为侵害法人名誉权的行为。

第一百六十一条 公民死亡后,其名誉受到侵害,使其配偶、父母、子女或者其他有关人员受到损害的,受害人可以提起诉讼。

第一百六十二条 盗用、假冒他人姓名、名称造成损害的,应当认定侵犯姓名权、名称权的行为。

《未成年人保护法》

第三十九条 任何组织或者个人不得披露未成年人的个人隐私。

对未成年人的信件、日记、电子邮件,任何组织或者个人不得隐匿、毁弃;除因追查犯罪的需要,由公安机关或者人民检察院依法进行检查,或者对无行为能力的未成年人的信件、日记、电子邮件由其父母或者其他监护人代为开拆、查阅外,任何组织或者个人不得开拆、查阅。

2. 涉及个人隐私权的审理

《刑事诉讼法》

第一百五十二条第一款 人民法院审判第一审案件应当公开进行。但是有关国家秘密或者个人隐私的案件,不公开审理。

《民事诉讼法》

第一百二十条 人民法院审理民事案件,除涉及国家秘密、个人隐私或者法律另有规定的以外,应当公开进行;离婚案件当事人申请不公开审理的,可以不公开审理。

《行政诉讼法》

第四十五条 人民法院公开审理行政案件,但涉及国家秘密、个人隐私和法律另有规定的除外。

3. 侵犯个人隐私权的处罚

《刑法》

第二百四十五条 非法搜查他人身体、住宅,或者非法侵入他人住宅的,处三年以下有期徒刑或者拘役。

司法工作人员滥用职权，犯前款罪的，从重处罚。

第二百四十六条　以暴力或者其他方法公然侮辱他人或者捏造事实诽谤他人，情节严重的，处三年以下有期徒刑、拘役、管制或者剥夺政治权利。

前款罪，告诉的才处理，但是严重危害社会秩序和国家利益的除外。

第二百五十二条　隐匿、毁弃或者非法开拆他人信件，侵犯公民通信自由权利，情节严重的，处一年以下有期徒刑或者拘役。

第二百五十三条　邮政工作人员私自开拆或者隐匿、毁弃邮件、电报的，处二年以下有期徒刑或者拘役。

三、最高人民法院及下级各级人民法院关于个人隐私权问题的裁判规则

实务要点一

申请调查取证或自行取证或向法院提供的证据不能侵犯他人的个人隐私权。

1. 周锦霞、王凯旋建设工程施工合同纠纷再审审查与审判监督民事裁定书(2017)最高法民申字第2954号

最高人民法院认为：

关于湖南高级人民法院未准许周锦霞调查取证的申请是否合法的问题。周锦霞申请湖南高级人民法院调取银行的存款记录和监控录像，用以证明其并没有收到前述所称的39万元现金和全部47万元现金。由于周锦霞申请调取的证据涉及其他银行客户的内容，属于取证对象不特定且涉及其他银行存款人的个人隐私，湖南高级人民法院据此对其调查取证申请未予准许，并无不当。

2. 绵阳万家乐房地产开发有限公司、绵阳华美置业有限公司股权转让纠纷再审审查与审判监督民事裁定书(2017)最高法民申字第4097号

最高人民法院认为：

最高人民法院《关于适用〈中华人民共和国民事诉讼法〉的解释》第94条规定，

《民事诉讼法》第 64 条第 2 款规定的当事人及其诉讼代理人因客观原因不能自行收集的证据包括:(1)证据由国家有关部门保存,当事人及其诉讼代理人无权查阅调取的;(2)涉及国家秘密、商业秘密或者个人隐私的;(3)当事人及其诉讼代理人因客观原因不能自行收集的其他证据。本案中,万家乐公司申请调取的证据不符合上述规定情形,二审法院对其调查取证申请未予准许,并无不当。案涉闲置土地是否被收回不属于二审判决认定事实的主要证据,万家乐公司的该项再审主张不符合《民事诉讼法》第 200 条第 4 项规定的应当再审的情形。

3. 再审申请人蔡朗春与被申请人佛山石湾鹰牌陶瓷有限公司、江门市新力五金塑料制品厂有限公司、朱根良、徐玉富侵害发明专利权纠纷再审审查民事裁定书(2012)民申字第 629 号

最高人民法院认为:

本院认为,首先,按照民事诉讼法的相关规定,只有在证据可能灭失或者以后难以取得的情况下,诉讼参加人才可以向人民法院申请保全证据。蔡朗春未能证明鹰牌公司、新力公司制造、销售的水箱配件和陶瓷便器的账目资料、鹰牌公司采购水箱配件和盖板的账目材料等存在可能灭失或者以后难以取得的情况,一审法院未予支持,并无不当。其次,根据《民事诉讼法》及最高人民法院《关于民事诉讼证据的若干规定》的相关规定,如果申请调查收集的证据属于国家有关部门保存并须人民法院依职权调取的档案材料、涉及国家秘密、商业秘密、个人隐私的材料或者当事人及其诉讼代理人确因客观原因不能自行收集的其他材料,当事人及其诉讼代理人可以申请人民法院调查收集证据。蔡朗春未能证明鹰牌公司、新力公司在浙江省杭州市中级人民法院以及浙江省高级人民法院以往案件中的庭审笔录、物证、朱根良销售的被诉侵权产品以及上海市建筑五金门窗行业协会出具的推荐名单等证据属于上述情形,一审法院未予支持其调查收集证据的申请,并无不当。最后,根据《民事诉讼法》的相关规定,作为专利权人的原告应对侵权事实及遭受损失的金额承担举证责任。由于根据本案证据不能认定鹰牌公司和新力公司应承担相应的侵权责任,二审法院对蔡朗春相应的调查取证申请未予准许,并无不当。蔡朗春的相应申请再审理由不能成立,不予支持。

实务要点二

监控装置若影响他人的居住安宁，侵害他人的个人隐私的，应视为民事侵权。反之，基于维护自身财产安全的需要安装监控装置，且未影响他人的行为不视为侵害隐私权。

1. 李某、黄某某隐私权纠纷再审民事判决书（2016）粤民再字第464号

广东省高级人民法院认为：

根据《民法通则》第101条“公民的人格尊严受法律保护”的规定，公民的个人隐私和信息安全不得侵害。黄某某在自家住宅大门安装的摄像监控装置虽出于自我防护，但该装置可以完整监控相邻住户李某出入住宅全部情况，记录和存储李某不愿为他人知悉的个人信息，对李某的个人居住安宁造成了侵扰后果，应视为民事侵权。根据《民法通则》第5条“公民、法人的合法的民事权益受法律保护，任何组织和个人不得侵犯”的规定，以及《侵权责任法》第6条第1款“行为人因过错侵害他人民事权益，应当承担侵权责任”的规定，黄某某在采取保护住宅和财产安全措施时，未能善尽注意义务，导致行为超出了合理限度，具有过错，应承担民事侵权责任。李某主张黄某某安装摄像监控装置的行为侵犯了其隐私权，有事实和法律依据，应予支持。黄某某辩称“没有将拍摄视频提供给他人或外传而不构成侵权”的理由没有法律依据，不予采纳。原审法院认为监控摄像装置拍摄范围属于公共活动区域，公民在该区域的行为应具有公开性，以此判定黄某某的行为没有侵权错误，应予以纠正。对于李某要求黄某某补偿其诉讼成本的请求，缺乏法律依据，不予支持。双方相邻而居，应彼此尊重，互谅互让，妥善平息纷争，重归和睦相处。

2. 冯秀琼与冯良武隐私权纠纷再审复查与审判监督民事裁定书（2016）琼民申字第1163号

海南省高级人民法院认为：

本案二审判决没有查明新的事实，亦未否定一审判决中所查明的冯良武安装在与冯秀琼房屋相邻的西侧外墙的摄像头正对着冯秀琼房屋的事实，且已在二审“本院认为”部分说明了冯良武可通过调整摄像头的监控角度以避开冯秀琼窗户的方式排除冯秀琼对隐私泄露的担忧。冯秀琼与冯良武的房屋相邻，冯良武二审提

供证据证明了其所居住的区域存在治安不良的情况,安装摄像头系基于维护自身财产安全的需要,冯秀琼对冯良武所主张的治安不良的情况没有证据反驳,故二审判决认定冯良武所安装的摄像头系出于维护其自身财产安全的需要,并非专门监控冯秀琼,并无不当。

实务要点三

主叫用户的可接通状态信息属于隐私权保护的范围,未经允许探测收集信息等行为视为侵犯个人隐私权。

郑州盈讯通信技术有限公司、中国移动通信集团河南有限公司合同纠纷再审审查与审判监督民事裁定书(2017)最高法民申字第1974号

最高人民法院认为:

关于本案案涉合同是否有效问题。根据《开机提醒业务合作合同》的约定,主叫用户申请开机提醒业务功能后,当被叫用户由于关机、不可及、遇忙等情况无法连续呼叫时,呼叫被触发到SCP,SCP生成呼叫失败的记录发送到业务平台,业务平台根据记录实时探测被叫用户开机情况,当探测到被叫开机后,业务平台立即向主叫号码发送被叫用户开机通知的短信。可见,开机提醒业务向主叫用户发送可接通状态短信,即未经被叫用户同意向主叫用户透露了被叫用户从可能处于关机、不可及、遇忙等情况到被叫用户已经不处于上述情形之转变,呼叫用户可以根据上述转变对被叫用户可能身处的状态作出合理预见或推测,反映了被叫用户生活状态或工作状态的转变。同时被叫用户何时处于可接通状态其本身就属于被叫用户私人空间领域的个人信息,享有允许他人知道或不知道的权利,享有选择向社会和其他公众公开或不公开的权利,享有该信息不被他人所知悉的权利。因此,主叫用户的可接通状态信息属于隐私权保护的范围,开机提醒业务未经被叫用户同意的情况下,探测和收集被叫用户的可接通信息,并将该信息即时告知主叫用户,该行为侵犯被叫用户隐私权和个人信息安全。由于开机提醒业务的被叫用户是全国范围内的移动通信用户,数量庞大、范围广泛,任何一位移动通信用户都可以成为开机提醒业务中的被叫用户,其个人的信息安全和隐私权都将受到侵害。因此,开机提醒业务已经构成对社会公共利益的损害。盈讯公司与河南移动签订的《开机提醒

业务合作合同》，违反了《民法通则》第7条关于"民事活动应当尊重社会公德，不得损害社会公共利益，扰乱社会经济秩序"，以及《电信条例》第6条关于"电信网络和信息安全受法律保护。任何组织或者个人不得利用电信网络从事危害国家安全、社会公共利益或者他人合法权益的活动"等法律、行政法规的强制性规定，属无效合同。

实务要点四

服务行业人员按照公务人员要求提供顾客信息，不视为侵犯顾客的个人隐私权。

蒋亚绒隐私权纠纷申诉、申请民事裁定书(2016)京民申字第350号

北京市高级人民法院认为：

本案蒋亚绒未能提供充分证据证明业田宾馆为接访人员提供了钥匙，且根据已查明事实，陕西省咸阳市公安局渭城分局于2015年5月6日对蒋亚绒作出了行政处罚决定书，在相关办案人员向业田宾馆出示了工作证件后，业田宾馆有义务予以配合，故业田宾馆向相关办案人员指明蒋亚绒的房间的行为并未侵犯蒋亚绒的隐私权。据此，两审法院未予支持蒋亚绒要求业田宾馆赔偿其名誉损失、精神损失的请求并无不当，本院不持异议。蒋亚绒的再审理由缺乏依据，对其再审请求本院不予支持。

实务要点五

隐私权保护的诉讼时效及最长保护期限应遵从《民法通则》相关规定。

周科与安陆市棉纺医院隐私权纠纷再审复查与审判监督民事裁定书(2016)鄂民申字第590号

湖北省高级人民法院认为：

本案为隐私权纠纷案。从再审申请人周科在原审期间提交的证据来看，不能

证明被申请人安陆市棉纺医院侵害周科隐私权的事实,也不能证明周科主张的婚姻、失业及健康损失与其隐私权被侵害存在因果关系。同时,周科承认其于1985年下半年知道隐私权被侵害,根据最高人民法院《关于贯彻执行〈中华人民共和国民法通则〉若干问题的意见(试行)》第165条关于"在民法通则实施前,权利人知道或者应当知道其民事权利被侵害,民法通则实施后,向人民法院请求保护的诉讼时效期间,应当适用民法通则第一百三十五条和第一百三十六条的规定,从1987年1月1日起算"的规定,本案诉讼时效期间应自1987年1月1日起算。同时,《民法通则》第137条规定,"诉讼时效期间从知道或者应当知道权利被侵害时起计算。但是,从权利被侵害之日起超过二十年的,人民法院不予保护。有特殊情况的,人民法院可以延长诉讼时效期间",周科主张的隐私权被侵害至今已近三十年,超过民事权利二十年最长法律保护期限,故一审、二审判决据此驳回周科的诉讼请求正确。

关于周科提出的本案隐私权纠纷诉讼时效不适用《民法通则》相关诉讼时效规定的主张。本院认为,《民法通则》有关诉讼时效和最长保护期限的规定普遍适用于民事权利保护,隐私权属于民事权利范畴,在无特别规定情形下,隐私权保护的诉讼时效及最长保护期限应遵从《民法通则》相关规定,故对该主张本院不予支持。

实务要点六

录音录像若未侵犯他人的个人隐私,可作为证据使用;反之,则不可。

1. 再审申请人乾安东方能源化工有限公司与被申请人王龙、山东恒泰工程集团有限公司买卖合同纠纷申请再审民事裁定书(2013)民申字第529号

最高人民法院认为:

关于山东恒泰录音录像证据能否采信的问题。最高人民法院《关于民事诉讼证据的若干规定》第70条规定:"一方当事人提出的下列证据,对方当事人提出异议但没有足以反驳的相反证据的,人民法院应当确认其证明力:……(三)有其他证据佐证并以合法手段取得的、无疑点的视听资料或者与视听资料核对无误的复制件……"录音录像属于视听资料,山东恒泰提供的录音录像虽未经过被摄录人员许可,但该录音录像的方法未侵害他人合法权益,其内容未侵犯他人隐私、人身、人格

等权利,也未违反法律禁止性的规定,而且该份证据经过法院委托鉴定机构进行了鉴定,结论为未发现检材经过剪辑处理。根据上述规定,该份证据具有相应证明力,二审法院予以采信,并无不当。

2.张文武与陈志雄合同纠纷申请再审民事判决书(2015)民提字第212号

最高人民法院认为:

首先,张文武提交的该份录音证据虽然形成于原审庭审结束之前,但张文武在本案的一审诉讼及另案1500万元标的诉讼的一审、二审均为胜诉,该证据对于张文武在本案原审及另案1500万元标的案的一审、二审的诉讼过程中并无提交的必要性,亦即张文武在主观上并无逾期提交证据的故意。其次,该份录音证据是张文武与陈志雄就《合作协议》相关款项的支付产生争议后双方沟通谈话的真实记录,其取得并未侵害陈志雄或其他人的合法权益,也未有违反法律禁止性规定或违背公序良俗的情形。根据最高人民法院《关于民事诉讼证据的若干规定》第68条以侵害他人合法权益或者违反法律禁止性规定的方法取得的证据,不能作为认定案件事实的依据的规定,张文武提交的录音证据并非以侵害他人合法权益或者违反法律禁止性规定的方法取得,故该录音证据可以作为认定本案相关事实的依据。最后,该录音证据系张文武与陈志雄就《合作协议》产生争议后双方协商的谈话过程,能够客观反映双方合作的相关事宜,与本案的基本事实密切相关,应当采纳。广东省高级人民法院再审审查时认为,该录音证据是在未取得陈志雄同意的情况下单方录制,该院根据最高人民法院《关于未经对方当事人同意私自录音取得的资料能否作为证据使用问题的批复》(法复〔1995〕2号)关于证据的取得首先要合法,只有经过合法途径取得的证据才能作为定案的根据。未经对方当事人同意私自录制其谈话,系不合法行为,以这种手段取得的录音资料,不能作为证据使用的规定,认定该录音证据不具有证明力。本院认为,根据2002年4月1日实施的最高人民法院《关于民事诉讼证据的若干规定》第68条关于"以侵害他人合法权益或者违反法律禁止性规定的方法取得的证据,不能作为认定案件事实的依据"的规定,法复〔1995〕2号批复所指的"未经对方当事人同意私自录制其谈话,系不合法行为"应当理解为系对涉及对方当事人的隐私场所进行的偷录并侵犯对方当事人或其他人合法权益的行为。《民事诉讼法》相关司法解释第106条关于"对以严重侵害他人合法权益、违反法律禁止性规定或者严重违背公序良俗的方法形成或者获取的证据,不得作为认定案件事实的根据”的规定明确了该司法精神。本案中,张文武与陈志雄的谈话系在宾馆大厅的公共场所进行,录音系在该公共场所录制,除张文武的女儿外也未有其他人在场,并未侵犯任何人的合法权益,故对该录音证据应予采纳,并作为认定本案相关事实的依据。

四、小结

个人隐私无处不在,实践中侵害个人隐私权的情形多种多样,公民在参与法律事务如提交证据、申请调查取证等时要注重保护个人隐私,公、检、法机关执行公务或处理法律事务如调查取证、讯问询问、传唤证人等时也须注意不得侵犯公民的个人隐私。

在实务中,若当事人的个人隐私受到侵害,可以通过协商沟通解决问题,无法协商的,可以通过起诉途径依法维权。根据最高人民法院《关于确定民事侵权精神损害赔偿责任若干问题的解释》第 8 条第 1 款,我国侵害公民隐私权的责任方式主要有停止侵害、赔礼道歉、赔偿损失。其中须注意,隐私权的赔偿范围主要包括两个方面:一是对受害人受到的精神损害进行赔偿;二是对受害人因隐私权受到侵害而产生的其他损失进行赔偿,主要指财产损失。

另外,根据《侵权责任法》第 22 条、最高人民法院《关于确定民事侵权精神损害赔偿责任若干问题的解释》第 8 条第 2 款,当对隐私权人产生严重精神损害、造成严重后果,除应当承担上述法律责任外,还将赔偿精神损害抚慰金。

尊重个人隐私,树立隐私意识,完善相关法规,梳理法律实践是我们应做之举。未来我国个人信息保护法应当将“两头强化、三方平衡”理论作为其理论基础,并以此为指导构建个人信息保护与利用的相关制度。在大数据背景下,最大化实现国家对个人信息利用的方式便是建立国家中心数据库,解除数据库之间的“信息孤岛”状态,最大限度地提升政府行政管理效率,增强对个人隐私权的保护。

第十三节 产品缺陷致人损害裁判规则

一、导读

产品缺陷致人损害的侵权行为,是指产品的制造者和销售者,因制造、销售的产品存在缺陷造成他人人身或者财产损害而应承担民事责任的行为。《民法通则》第122条规定,因产品质量不合格造成他人财产、人身损害的,产品制造者、销售者应当依法承担民事责任。

在实践中,产品侵权责任案件的数量十分庞大,在实务中遇到的各种情况也不尽相同。矛盾主要在侵权行为的因果关系认定和免责事由判定和适用,以及产品的销售者和产品的生产者之间侵权责任的分配形式上。截至2018年4月15日,通过中国裁判文书网共检索出有关产品侵权责任的案例共计52,198件,笔者从中选取了5个较有代表性的案件进行分析。

二、产品缺陷致人损害的理论及立法规定

(一)产品缺陷致人损害的基本理论①

1.产品缺陷致人损害侵权行为的认定

(1)产品有缺陷。所谓产品,《产品质量法》第2条规定:本法所称产品是指经过加工、制作,用于销售的产品。所谓缺陷,《产品质量法》第46条规定;本法所称的缺陷是指产品存在危及人身、他人财产安全的不合理的危险;产品有保障人体健康和人身、财产安全的国家标准、行业标准的,是指不符合该标准。另外,根据该法第40条的规定,不具备产品应当具备的使用性能而事先未作说明的;不符合在产品或者其包装上注明采用的产品标准的;不符合以产品说明、实物样品等方式表明的质量状况的也属于缺陷的范围。

(2)人身、财产遭受损害。《产品质量法》第41条第1款规定,因产品存在缺陷造成人身、缺陷产品以外的其他财产(以下简称他人财产)损害的,生产者应当承担赔偿责任。

① 魏振瀛主编:《民法》,北京大学出版社、高等教育出版社2017年版,第724页。

(3)须有因果关系。产品的缺陷与受害人的损害之间存在引起与被引起的关系,亦即产品缺陷是损害的原因,损害是产品缺陷的后果。

2. 产品责任的归责原则

产品缺陷致人损害的归责原则我国流行的通说是采取无过错责任。

(二)法律或者司法解释有关产品缺陷致人损害的规定

《产品质量法》

第四十条 售出的产品有下列情形之一的,销售者应当负责修理、更换、退货;给购买产品的消费者造成损失的,销售者应当赔偿损失:

不具备产品应当具备的使用性能而事先未作说明的;

不符合在产品或者其包装上注明采用的产品标准的;

不符合以产品说明、实物样品等方式表明的质量状况的。

第四十一条 因产品存在缺陷造成他人损害的,生产者应当承担侵权责任。

第四十二条 因销售者的过错使产品存在缺陷,造成他人损害的,销售者应当承担侵权责任。

销售者不能指明缺陷产品的生产者也不能指明缺陷产品的供货者的,销售者应当承担侵权责任。

第四十三条 因产品存在缺陷造成损害的,被侵权人可以向产品的生产者请求赔偿,也可以向产品的销售者请求赔偿。

产品缺陷由生产者造成的,销售者赔偿后,有权向生产者追偿。

因销售者的过错使产品存在缺陷的,生产者赔偿后,有权向销售者追偿。

第四十四条 因运输者、仓储者等第三人的过错使产品存在缺陷,造成他人损害的,产品的生产者、销售者赔偿后,有权向第三人追偿。

第四十六条 产品投入流通后发现存在缺陷的,生产者、销售者应当及时采取警示、召回等补救措施。未及时采取补救措施或者补救措施不力造成损害的,应当承担侵权责任。

第四十七条 明知产品存在缺陷仍然生产、销售,造成他人死亡或者健康严重损害的,被侵权人有权请求相应的惩罚性赔偿。

三、最高人民法院及下级各级人民法院关于产品缺陷致人损害的裁判规则

实务要点一

产品责任的主体是产品的生产者或者销售者，产品的生产者不仅包括制造者，而且包括任何将自己的姓名、名称、商标或者可识别的其他标识体现在产品上，表示其为产品制造者的企业或者个人。对于产品责任的受害人而言，可以向产品的生产者要求赔偿，也可以向产品的销售者要求赔偿。产品的生产者或销售者在向受害人赔偿之后，可以向有责任的生产者或销售者追偿。但是，销售者不能指明缺陷产品的生产者也不能指明缺陷产品的供货者的，销售者应当承担赔偿责任。

周小勇、赵培男与周小勇、赵培男等产品责任纠纷申请再审民事裁定书(2015)最高人民法院民申字第1387号

最高人民法院认为：

本案中，根据《侵权责任法》第41条“因产品存在缺陷造成他人损害的，生产者应当承担侵权责任”以及第42条第2款“销售者不能指明缺陷产品的生产者也不能指明缺陷产品的供货者的，销售者应当承担侵权责任”的规定，周小勇作为案涉后轮轴头的销售者，应指明缺陷产品的生产者或者缺陷产品的供货者。周小勇申请再审主张案涉后轮轴头的供货者系胜瑞立中心，生产者系清文公司。但从查明的事实来看，第一，虽然周小勇提交了从2005年10月26日至2011年5月18日在胜瑞立中心购买汽车配件的销售清单，但上述清单对周小勇购进的后轮轴头特征未有记载，后轮轴头上亦无可以识别供货商的标识，仅能反映周小勇有从胜瑞立中心购进后轮轴头的事实；同时，周小勇未能提交证据证明其在2005年10月26日至2011年5月18日仅从胜瑞立中心一家销售单位购进汽车配件，故上述清单无法证明案涉后轮轴头系由胜瑞立中心出售给周小勇。第二，周小勇所销售的后轮轴头未标注生产编号和商标，亦无产品合格证或者其他可以明确辨识生产厂家的标识，案涉后轮轴头上所刻的“QW”铭文并不能证明生产者确系清文公司。因此，周小勇申请再审主张其销售的案涉后轮轴头系清文公司生产、胜瑞立中心供货，缺乏充分的证据证明。在周小勇不能指明缺陷产品的生产者也不能指明缺陷产品的供货者

的情况下,二审法院认定赵培男、周小勇要求胜瑞立中心和清文公司承担责任没有事实依据,并无不当。

实务要点二

产品责任的归责原则为无过错原则,在确认因果关系的存在上,一般应由受害人举证,一方面要证明缺陷产品被使用或消费,另一方面也要证明正是由于消费和使用的该缺陷产品造成的相应的人身、财产损害。

汉川市振兴日用玻璃有限公司与江苏长丰耐火材料有限公司财产损害赔偿纠纷申请再审民事裁定书 最高人民法院(2014)民申字第254号

最高人民法院认为:

《产品质量法》第41条规定:因产品存在缺陷造成人身、缺陷产品以外的其他财产损害的,生产者应当承担赔偿责任。生产者能够证明有下列情形之一的,不承担赔偿责任:(1)未将产品投入流通的;(2)产品投入流通时,引起损害的缺陷尚不存在的;(3)将产品投入流通时的科学技术水平尚不能发现缺陷的存在的。最高人民法院《关于民事证据的若干规定》第4条第6款规定:因缺陷产品致人损害的侵权诉讼,由产品的生产者就法律规定的免责事由承担举证责任。由此可见,产品质量侵权责任作为一种特殊侵权责任,从保护消费者权益等出发,将产品责任归责为无过错责任,即不以生产者存在主观过错为必备要件,但构成产品质量侵权仍应当具备以下三个必备要件:(1)产品存在缺陷;(2)因产品缺陷造成了消费者人身伤害或者财产损失;(3)产品缺陷与损害事实之间有因果关系。故产品质量侵权诉讼中受害人的举证责任表现为:首先,要对其受到的伤害承担主张和证明责任;其次,受害人应当对其受害事实与使用了有缺陷产品之间的因果关系进行证明。本案系振兴玻璃公司以长丰材料公司提供的耐火砖存在质量缺陷造成其财产受到损害而提起的产品质量赔偿之诉,即侵权之诉,证明涉案产品质量存在缺陷的责任应由提出主张的一方承担,即振兴玻璃公司承担。原审法院将举证责任分配给振兴玻璃公司,于法有据。振兴玻璃公司申请再审认为原审适用法律错误的理由,依据不足,本院不予支持。

实务要点三

由于产品责任实行无过错责任原则，因此，受害人要求生产者赔偿时，无须证明生产者是否有过错。而是由生产者依照《产品质量法》的有关规定，对其生产的产品是否具有产品质量法规定的免责事由、自己是否具备法定的免责条件，承担举证责任。即实行“举证责任倒置”的原则。

河北保定太行集团有限责任公司、华能伊敏煤电有限责任公司与河北保定太行集团有限责任公司产品责任纠纷申诉、申请民事裁定书 最高人民法院（2015）民申字第605号

最高人民法院认为：

本院经审查认为，华能伊敏公司与保定太行公司就涉诉四台热网加热器产生产品责任纠纷后，因作为生产者的保定太行公司经法院释明后明确表示不申请产品质量鉴定，故在该公司未提供证据证明涉诉四台热网加热器不存在产品缺陷的情形下，二审判决认定保定太行公司提供的涉诉设备存在产品缺陷，并无不妥。《侵权责任法》第43条第1款规定产品存在缺陷造成损害的，被侵权人可以向产品的生产者请求赔偿，也可以向产品的销售者请求赔偿。因该规定并未将产品自身受到的损害排除在受侵权人可以向生产者请求的赔偿范围之外，故华能伊敏公司在本案中向产品生产者保定太行公司提起诉讼，具有法律依据。而保定太行公司主张只有在产品缺陷具有危害人身、他人财产的危险性时受侵权人才可以向生产者请求赔偿，则缺乏法律依据，二审判决未支持其主张的认定并无不当。

实务要点四

生产者的免责事由仅有以下几种情形：(1)未将产品投入流通的；(2)产品投入流通时，引起损害的缺陷尚不存在的；(3)将产品投入流通时的科学技术水平尚不能发现缺陷存在的。

林美桂与广东韶钢松山股份有限公司海事海商纠纷申请再审民事裁定书 最高人民法院(2015)民申字第 775 号

最高人民法院认为:

最高人民法院《关于民事诉讼证据的若干规定》第 4 条第 1 款第 6 项规定:"因缺陷产品致人损害的侵权诉讼,由产品的生产者就法律规定的免责事由承担举证责任。"韶钢公司没有主张《产品质量法》第 41 条第 2 款所规定的免责事由,本案不涉及类似问题。林美桂认为一审、二审判决确定举证责任不符合法律和司法解释关于由产品生产者举证免责事由的规定,没有事实和法律依据。

一般而言,在标的物迟延完工或者交付的情况下,如果当事人将其原本拟转卖的标的物留作自己使用或者经营,可能会遭受迟延使用、经营而产生的利润损失,而不会遭受市场差价损失,故当事人请求迟延交付标的物的市场差价损失,通常应当以其转卖为前提。林美桂在没有转卖船舶的情况下主张船舶市场差价损失,缺乏事实依据,一审、二审判决不予支持并无不当。

实务要点五

在受损害人为购买者时,可以产生侵权责任与违约责任的竞合。这表示受损害者与另一方当事人之间存在合同关系,受损害者可以选择基于合同关系而主张违约责任;同时,因对方的违约行为造成的受损害人的人身、财产权益的损害,也可以基于侵权而主张侵权责任。

中国联合网络通信有限公司西平县分公司、无锡广畅光电股份有限公司买卖合同纠纷再审民事裁定书 最高人民法院(2016)最高法民再字第 365 号

最高人民法院认为:

违约责任与侵权责任竞合的,受损害人可以选择违约责任或者侵权责任请求对方承担。但是,行使侵权责任请求权要具备"依照其他法律"这一必备条件。本案讼争时,《侵权责任法》尚未颁布实施,因合同产品质量问题承担侵权责任的法律规范主要规定在《民法通则》和《产品质量法》中。《民法通则》第 122 条规定:"因

产品质量不合格造成他人财产、人身损害的，产品制造者、销售者应当依法承担民事责任。运输者、仓储者对此负有责任的，产品制造者、销售者有权要求赔偿损失。”《产品质量法》第41条规定：“因产品存在缺陷造成人身、缺陷产品以外的其他财产（以下简称他人财产）损害的生产者应当承担赔偿责任……”第43条规定：“因产品存在缺陷造成人身、他人财产损害的，受害人可以向产品的生产者要求赔偿，也可以向产品的销售者要求赔偿。属于产品的生产者的责任，产品的销售者赔偿的，产品的销售者有权向产品的生产者追偿，属于产品的销售者的责任，产品的生产者赔偿的，产品的生产者有权向产品的销售者追偿。”第46条规定：“本法所称缺陷，是指产品存在危及人身、他人财产安全的不合理的危险……”很明显，上述法律规定为选择行使侵权责任请求权设置了前提条件，即产品存在缺陷造成人身、缺陷产品以外的其他财产损害的。一是产品存在缺陷，即产品存在危及人身、他人财产安全的不合理的危险；二是造成人身、缺陷产品以外的其他财产损害。西平分公司在诉讼中所主张的合同对方生产并出售不合格光缆，西平分公司安装使用后造成通信网络时有中断、信号受干扰，不仅造成自己收益减少，而且也影响了网络用户的使用的情况，显然与法律规定的前提条件不相符合，也就是说，就本案而言，法律规定的选择侵权诉讼的前提条件并未成就。

本案一审法院将本案案由确定为“产品质量纠纷”后，二审法院并没有认可本案因产品责任构成侵权之诉。然而，其认为“本案也是一个一般侵权案件，即本案构成法律竞合”。于是，一起履行工矿产品购销合同过程中产生的争议，在供方提起追索合同货款诉讼之后，需方以货物质量存在问题给其造成损害为由向另一法院提起诉讼，该法院便顺理成章地取得了侵权案件的管辖权。如此置法定条件于不顾自定标准，法律依据何在？如此任性，国家的法度何在？

四、小结

我国《产品质量法》的正式颁布实施，初具规模地形成了我国特有的市场经济的产品责任法律制度，然而对比各国产品责任法律制度，我国的产品责任制度体系的构建和完善还任重而道远。在我国市场经济迅猛发展的今天，我国法律制度上存在某些不足，这就亟待我们去加以完善，加深对产品责任以及消费者权益保护的认识。随着市场经济的发展，越来越多的新型产品进入流通领域，有的生产厂家不重视产品质量，构成了对民事主体的人身、财产权利的威胁，缺陷产品对人身和财产伤害的案件逐年呈上升趋势。而我国的产品侵权责任又分别规定在不同的法律和司法解释中,对消费者的权利保护不够。综上所述,我国应制定专门的产品责任法,对产品责任予以明确的规定,以保护消费者的合法权益。

第十四节　饲养动物致人损害裁判规则

一、导读

动物致害责任使用无过错责任归责原则,动物天生具有致人损害的危险性,由于动物的饲养人或管理人对动物负有管束的义务,因而也就必须对动物所具有的危险性负责,保证使它不至于造成他人的损害。因而,除法定抗辩事由外,不能以证明自己没有过错而免责。

在法律实务中,饲养动物侵权案件的复杂点往往在于第三人或者受害人本身在侵权案件中发挥了多大的作用,其所发挥的作用是否足够影响到对动物管理者责任的认定。动物的天性就具有危险性与攻击性,这使动物的行为无法被完全预知和可控。如何区分意外事件与饲养动物致人损害案件也是实务中的一个要点。截至2018年4月15日,通过法信网搜索"饲养动物致人损害"关键词,共检索出相关案件446件。其中笔者选取了6个较为有代表性的案件结合本文进行论述。由于相关案例较少,因此没有全部从高级法院与最高法院的判决中选择,部分基层法院判决影响力较大且有代表性意义的案件也在其列。

二、饲养动物致人损害的理论与立法规定

(一)饲养动物致人损害的基本理论①

1. 饲养动物致人损害的基本概念

饲养动物致人损害的侵权行为,是指因饲养的动物造成他人人身或者财产损害而依法由动物饲养人或者管理人承担损害赔偿的行为。

2. 饲养动物致人损害侵权行为的认定

认定饲养动物损害侵权行为,需要注意以下几点:

(1)该损害是有饲养的动物造成的,饲养的动物所对应的概念是野生的动物。

---

① 魏振瀛主编:《民法》,北京大学出版社、高等教育出版社2017年版,第735页。

饲养的动物是指为人们管束喂养的动物。

(2)该损害是由动物独立动作造成的。所谓动物独立的动作,是指动物自身的动作而非受外人所驱使。如果动物是在受人驱赶、命令的情况下造成的伤害,则属于一般侵权行为,由驱赶、命令者承担责任。

3. 饲养动物损害责任的类型

(1)饲养动物损害的一般责任。饲养的动物造成他人损害的,动物饲养人或者管理人应当承担侵权责任,但能够证明损害是因被侵权人故意或者重大过失造成的,可以不承担或者减轻责任。饲养动物致人损害责任采取无过错归责原则,即只要饲养的动物造成他人损害,动物饲养人或者管理人就应当承担责任。

(2)违反管理规定时的动物损害责任。违反管理规定,未对动物采取安全措施造成他人损害的,动物饲养人或者管理人应当承担侵权责任。在违反管理规定、未对动物采取安全措施造成他人损害时,即使被侵权人存在过失,也不能免除或者减轻动物饲养人的责任。

(3)禁止饲养的危险动物损害责任。禁止饲养的烈性犬等危险动物造成他人损害的,动物饲养人或者管理人应当承担侵权责任。

因禁止饲养的危险动物造成他人损害的,动物饲养人承担无过错责任,不能免责。禁止饲养的危险动物存在本身即可极大增加某地某时的危险,因此,动物饲养人或者管理人承担无过错责任具有正当性。

(4)动物园动物损害责任。动物园的动物造成他人损害的,动物园应当承担侵权责任,但能够证明尽到管理职责的,不承担责任。

(5)遗弃、逃逸的动物损害责任。遗弃、逃逸的动物在遗弃、逃逸期间造成他人损害的,由原动物饲养人或者管理人承担侵权责任。

(二)法律或者司法解释有关饲养动物致人损害侵权的规定

《侵权责任法》

第七十八条　饲养的动物造成他人损害的,动物饲养人或者管理人应当承担侵权责任,但能够证明损害是因被侵权人故意或者重大过失造成的,可以不承担或者减轻责任。

第七十九条　违反管理规定,未对动物采取安全措施造成他人损害的,动物饲养人或者管理人应当承担侵权责任。

第八十条　禁止饲养的烈性犬等危险动物造成他人损害的,动物饲养人或者管理人应当承担侵权责任。

第八十一条 动物园的动物造成他人损害的,动物园应当承担侵权责任,但能够证明尽到管理职责的,不承担责任。

第八十二条 遗弃、逃逸的动物在遗弃、逃逸期间造成他人损害的,由原动物饲养人或者管理人承担侵权责任。

第八十三条 因第三人的过错致使动物造成他人损害的,被侵权人可以向动物饲养人或者管理人请求赔偿,也可以向第三人请求赔偿。动物饲养人或者管理人赔偿后,有权向第三人追偿。

《民法通则》

第一百二十七条 饲养的动物造成他人损害的,动物饲养人或者管理人应当承担民事责任;由于受害人的过错造成损害的,动物饲养人或者管理人不承担民事责任;由于第三人的过错造成损害的,第三人应当承担民事责任。

三、最高人民法院及下级各级人民法院关于饲养动物致人损害侵权的裁判规则

实务要点一

受害人挑逗动物,对损害的发生具有故意或者重大过失的,可以减轻或者免除饲养人或者管理人的责任。

1. 肖贵涛与朱宏海饲养动物损害责任纠纷再审审查民事裁定书
吉林省高级人民法院(2016)吉民申字第192号

吉林省高级人民法院认为:

(1)关于原判决认定的基本事实是否缺乏证据证明的问题。①一审、二审庭审笔录及双方当事人的举证均已证明朱宏海在食杂店中购买并饮用了两瓶啤酒,因此无论朱宏海是否在进入食杂店前已大量饮酒,原判决认定"被上诉人(朱宏海)2015年2月6日到食杂店买两瓶啤酒并在食杂店喝完走后,被犬咬伤,当时食杂店有多人在场"均无不当,肖贵涛的该项主张并不能证明原判决对前述事实的认定缺乏证据证明,本院对此不予支持。②二审判决已认定"肖贵涛亦不存在'饲养禁止饲养的烈性犬等危险动物'的行为",肖贵涛无须就此项事实重复主张。③朱宏海酒后携带折叠铁锯进入肖贵涛家中被狗咬伤,事发后已由警方现场处置,故朱宏海

酒后携带折叠铁锯二次进入肖贵涛家中的行为性质应由公安机关认定。由于公安机关并未对该行为的性质作出认定,故不能据此情形推定朱宏海另有目的。至于肖贵涛主张朱宏海面向东方且位于犬只南侧就应左手受伤的问题亦属主观推断,抵抗、躲闪、转身等肢体反应均能造成目前的伤害情形,故肖贵涛的该项主张本院不予支持。④最高人民法院《关于民事诉讼证据的若干规定》第9条中规定的"根据法律规定或者已知事实和日常经验法则,能推出的另一事实"逻辑上要求根据日常经验法则所推定出的另一事实具有唯一性,即根据日常经验法则能且只能推定出唯一的结论。肖贵涛在再审申请中提出的各项推断均受到时间、空间及个体反应差异等的影响,不能推定出唯一结论,不属于无须举证证明的事实,肖贵涛的该项主张本院不予支持。(2)关于原判决适用法律是否错误的问题。新法优于旧法,特别法优于一般法是民法适用的一般原则。《侵权责任法》于2010年7月1日实施,其相较于《民法通则》既是新法又是特别法,故本案应适用《侵权责任法》。《侵权责任法》第27条规定:"损害是因受害人故意造成的,行为人不承担责任。"第78条规定:"饲养的动物造成他人损害的,动物饲养人或者管理人应当承担侵权责任,但能够证明损害是因被侵权人故意或者重大过失造成的,可以不承担或者减轻责任。"因此动物饲养人不承担责任的前提是损害是由被侵权人的故意造成的。而故意是指明知危害结果却放任或期望危害结果发生,本案中朱宏海虽酒后进入肖贵涛家狗窝旁,但并无证据证明其存在期望或放任危害结果发生的心理状态,故二审认定朱宏海有重大过失,并据此减轻肖贵涛的赔偿责任并无当。肖贵涛关于原判决适用法律确有错误的主张本院不予支持。

2. 李耀峰与叶尔包拉提·赛得力汗饲养动物损害责任纠纷二审民事判决书　新疆维吾尔自治区高级人民法院伊犁哈萨克自治州分院(2014)塔民一终字第402号

新疆维吾尔自治区高级人民法院认为:

根据双方当事人争议的法律关系的性质,本案案由应确定为饲养动物损害责任纠纷,原审确定为财产损害赔偿纠纷不当,应予纠正。

关于被上诉人叶尔包拉提·赛得力汗在本案中是否存有较大过失的问题。原审中通过吉也克边防派出所的调查证明可知,涉案的两条狗咬死上诉人李耀峰家中的鸡,并跑入被上诉人叶尔包拉提·赛得力汗家中。通过被上诉人叶尔包拉提·赛得力汗自述及两名证人证言,即使两条狗不是被上诉人叶尔包拉提·赛得力汗饲养,也在其住处生活了两个月,作为管理人的叶尔包拉提·赛得力汗理应对其行为进行有效的约束,其对两条狗已构成了无因管理的事实。由此侵犯他人合法权益的,管理人应承担相应的赔偿责任。事发地点在上诉人李耀峰的家禽圈舍内,故上诉人李耀峰尽了一定的看管义务。两条狗前后共咬死 49 只火鸡和 28 只土鸡,数量较多,历时较长。上诉人李耀峰有义务及时发现,避免更大损失的发生。故本院认定上诉人李耀峰自身存在过失,原审划分责任比例正确,本院予以确认。

关于本案财产损失的认定是否正确的问题。上诉人李耀峰在二审中提供塔城地区价格认定局于 2014 年 1 月 2 日作出的《塔地价认复字(2013)26 号鉴定结论书》,而原审判决已于 2013 年 12 月 19 日作出。通过原审庭审笔录未反映出上诉人李耀峰要求重新鉴定的请求,加之《塔地价认复字(2013)26 号鉴定结论书》未在规定的时间内经双方质证认证,故本院仍采纳首次作出的《裕价定字(2013)49 号价格鉴定结论书》,依其确定的总数额 8890 元作为定案依据。

实务要点二

违反管理规定,未对动物采取安全措施造成他人损害的,动物饲养人或者管理人应当承担侵权责任。禁止饲养的烈性犬等危险动物造成他人损害的,动物饲养人或者管理人应当承担侵权责任。

刘世龙、熊燕与张杰、肖雪琴饲养动物损害责任纠纷申请再审民事裁定书(2016)川民申字第 1309 号

四川省高级人民法院认为:

本案争议焦点为被申请人之女刘某怡死亡与被申请人圈养烈性犬之间是否存在因果关系问题。根据《民事诉讼法》第 64 条第 1 款规定,当事人对自己的主张有责任提供证据。最高人民法院《关于民事诉讼证据若干问题的规定》第 2 条规定,当事人对自己提出的诉讼请求所依据的事实或者反驳对方诉讼请求所依据的事实有责任提供证据加以证明。没有证据或者证据不足以证明当事人的事实主张的,

由负有举证责任的当事人承担不利后果。本案为动物侵权,依照《侵权责任法》第78条“饲养的动物造成他人损害的,动物饲养人或者管理人应当承担侵权责任,但能够证明损害是因被侵权人故意或者重大过失造成的,可以不承担或者减轻责任”、第80条“禁止饲养的烈性犬等危险动物造成他人损害的,动物饲养人或者管理人应当承担侵权责任”的规定,饲养动物损害责任采用的是更为严格的过错推定责任和无过错责任,当事人要进行相应的权利主张也需要证明动物饲养人或管理人饲养或管理的动物存在攻击行为,且动物的攻击行为与当事人的受损后果存在因果关系。在本案中,申请人未举证证明被申请人饲养的犬只属于禁止饲养的烈性犬只,也未证明被申请人饲养犬只缺乏相应的许可手续;从公安机关对本案事故的现场勘验笔录来看,死者刘欣怡的身上未发现有犬只攻击或接触的痕迹,且申请人也未能举证证明被申请人存在饲养动物致人损害或禁止饲养的烈性犬致人损害的事实;申请人主张事发时被申请人饲养的犬只未被采取合理的控制措施,导致犬只离开犬舍对申请人之女进行吼叫从而导致受害人受到惊吓翻墙坠落而亡。本案在一审、二审及申请再审过程中,申请人均未能提供确切证明事发时被申请人饲养的犬只未被采取控制措施且对申请人之女进行吼叫从而导致申请人之女受到惊吓坠楼身亡的证据。故申请人之女刘某怡死亡与被申请人圈养烈性犬之间不存在法律上的直接、必然因果关系,请求被申请人承担相应赔偿责任的诉讼请求不予支持。原判认定事实清楚,适用法律正确,刘世龙、熊燕的再审申请不符合《民事诉讼法》第28条第2项、第6项规定的情形。

实务要点三

公平原则在动物致人损害案件中的应用。

哈尔滨金河湾湿地旅游风景区有限公司与隋馥名饲养动物损害责任纠纷一案的民事裁定书

黑龙江省高级人民法院认为:

根据一审、二审法院查明的事实,2012年9月25日,金河湾公司散养的一只梅花鹿出现在哈尔滨市松北区江湾路靠西四环桥附近的堤坝上,被在此处施工的隋馥名发现,隋馥名在与另五、六名案外人驱逐、围堵该鹿时被该鹿顶伤,隋馥名随即被送往哈尔滨医科大学附属第一医院治疗,次日,隋馥名入哈尔滨医科大学附属第二医院治疗,入院诊断为左侧胫骨平台骨折。上述事实有证人徐立人及哈尔滨医科大学附属第二医院住院病案予以证实。金河湾公司关于隋馥名在做X光片检查与MRI检查期间由于出现其他情况造成伤情的再审主张,因其未提供充分有效的证据予以证实,金河湾公司该项主张无事实和法律依据,其再审事由不能成立,原判决认定隋馥名系被金河湾公司所饲养梅花鹿顶伤的事实成立。金河湾公司作为梅花鹿的饲养人及管理人,疏于管理,未对梅花鹿采取安全措施造成对隋馥名的损害,金河湾公司应承担侵权责任。《侵权责任法》第78条规定:"饲养动物造成他人损害的,动物饲养人或者管理人应当承担侵权责任,但能够证明损害是由被侵权人故意或重大过失造成的,可以不承担或减轻责任。"综合考虑隋馥名存在重大过失及主观善意的情形,原判决基于公平原则,将金河湾公司的责任比例减轻20%,于法有据,原判决并无不当。

实务要点四

多个动物嬉戏致人受损由动物管理人承担连带责任;动物管理人对动物疏于管理,动物嬉戏致人受到损害,而无法判断具体的加害者,则认定为共同危险行为,由动物管理人对此承担连带责任。

曾松龄诉李丽娜等饲养动物损害责任纠纷案
(2010)海民初字第2542号

福建省厦门市海沧区人民法院认为:

本案系生命权、健康权、身体权纠纷。本案争议焦点之一是本案的责任承担问题。

原告认为因被告李丽娜、杜文会带到现场的两只狗嬉戏而撞到原告,导致摔倒,故其摔伤与二被告的狗有因果关系,三被告应承担侵权责任。

被告李丽娜认为其是看到原告倒地后求助的样子才过去帮助扶起,所带去的狗并未撞到原告,不应承担责任。

被告杜文会认为,其所带的狗未撞到原告,原告作为一个身体不好的老人,没有狗撞到也会摔伤,其摔伤系因自身原因导致,与其所带到现场的狗无因果关系,不应承担责任。

被告杜婷婷认为，其家饲养的狗未撞到原告，不应承担赔偿责任。

对原、被告的主张，本院结合原、被告双方的证据及本院依法调取的证据分析认证如下：

现原告主张被两条狗嬉戏撞到而摔倒，后由原告家人送往医院治疗，原告之女曾清美于2010年10月4日向派出所报警，寻找狗主人，派出所对证人陈金狮、证人刘加华进行调查，两位证人均证实案发当天虽未看到狗撞到原告，但听到原告诉说被狗撞到，两位证人的证言系由公安机关所制作，其证据来源合法，且两位证人与本案当事人均无利害关系，可以采信；而且原告在当时摔伤的特定情形下对案外人的陈述，其真实可信度较高，本院予以采信。而被告杜文会、杜婷婷所提交的录音证据，因该录音资料均不是与当事人即原告的对话，其真实性不予采信。故原告主张2010年10月2日当天被狗撞到，其证据已达到证据优势程度，可以认定。现本院认定系狗撞到原告，而被告杜文会、李丽娜的狗当天均在现场出现，根据《侵权责任法》第10条的规定，被告杜文会、李丽娜二人所带到现场的狗均足以导致原告摔伤的结果，现有证据仅能认定原告被狗撞倒，故二被告均应对各自带到现场的狗撞到原告承担连带责任；被告杜婷婷虽与被告杜文会系一家人，但当天未到现场，其行为与原告摔伤无因果关系，对原告的摔伤不应承担责任。原告自身因原患有脑梗死后遗症及高血压病（3级，极高危），原告的左侧下肢肌力为Ⅲ级、左侧上肢肌力为0级、左肘关节及各指被动活动屈伸活动受限、左膝腱跟腱反射未引出，身体左右平衡性差，当时外出未有家人陪护。综合考虑本案各方的原因力比例，原告在此摔倒过程中自身健康为次要因素，应自行承担40%的责任。被告杜文会、李丽娜应对其带到现场的狗撞到原告承担主要责任，各承担30%的责任，且互负连带责任。

四、小结

饲养动物致人损害是我们日常生活中经常发生的现象。但往往因为受损害人与加害人对法律条文理解的歧义而无法自己和解，最后不得不诉诸法院进行裁决。法院根据我国《民法通则》的简单条文难以作出令当事人足够信服的裁决理由。只是饲养动物致人损害纠纷的当事人无法息讼止争。造成这种现象的主要原因在于我国对于此类侵权案件的相关法律规定的处理规则实在过于简单。学理上对于此类侵权案件的研究也不够丰富和深入。无论是《民法通则》还是《民法典（草案）》，如此简单的条文无法回复司法实践中出现的以下问题：第一，饲养人或者管理人承担责任的理论基础是什么;第二,作为饲养动物致人损害的义务主体,饲养人或者管理人的范围究竟能有多大。这些问题都是我们在司法实践中经常碰到但在法律中没有明确规定的问题。期待立法或者执法能够提供更多合理的依据。

第十五节　污染环境致人损害裁判规则

一、导读

在《侵权责任法》出台以前,只有污染生活环境造成损害的,才构成环境侵权。《侵权责任法》扩大了其范围,污染生活环境与破坏生态环境,造成损害的,均构成环境侵权。因此,最高人民法院《关于审理环境侵权责任纠纷案件适用法律若干问题的解释》第 18 条规定:"本解释适用于审理因污染环境、破坏生态造成损害的民事案件,但法律和司法解释对环境民事公益诉讼案件另有规定的除外。相邻污染侵害纠纷、劳动者在职业活动中因受污染损害发生的纠纷,不适用本解释。"

近年来,随着国家越来越重视在发展经济的同时也要注意当地环境的保护,相关政策的发布,以及以环境侵权诉讼为主的公益诉讼也逐渐进入人们的视野。污染环境致人损害也越来越受到人们的重视。截至 2018 年 4 月 15 日,通过中国裁判文书网检索关键字"环境污染"共得到 17,989 件案例,笔者从其中选取了 4 个案例结合本书内容进行论述。

二、污染环境致人损害的理论及立法规定

(一)污染环境致人损害的基本理论①

1. 污染环境致人损害侵权行为的概念

污染环境是指由于人为原因而使人类赖以生存发展的空间和资源发生化学、物理、生物特征上的不良变化,以致影响人类健康的生产活动或者生物生存的现象。污染环境致人损害的侵权行为,是指污染环境和破坏生态造成他人财产或者人身损害而应承担民事责任的行为。

---

① 魏振瀛主编:《民法》,北京大学出版社、高等教育出版社 2017 年版,第 731 页。

2. 环境污染致人损害侵权行为的认定

认定环境污染致人损害侵权行为，需要注意以下几点；

(1)行为人污染环境与损害之间存在因果关系。《侵权责任法》第66条规定，因污染环境发生纠纷，污染者应当就其行为与损害之间不存在因果关系承担举证责任。据此，因果关系的证明实施倒置方式，由加害人举证证明因果关系的不存在；如果不能证明因果关系不存在，则推定因果关系的存在。另外，如果法律规定了环境污染责任的免责事由，也由行为人承担证明责任。

(2)行为人污染环境的行为违反了国家保护环境防止污染的规定。

(3)环境污染责任采无过错责任原则。

3. 环境污染责任的承担

(1)存在数个行为主体时，污染者承担责任的大小，根据污染物的种类、排放量等因素确定。

(2)因第三人的过错污染环境造成损害的，被侵权人可以向污染者请求赔偿，也可以向第三人请求赔偿。污染者赔偿后，有权向第三人追偿。

(3)环境影响评价机构、环境监测机构以及从事环境监测设备和防止污染设施维护、运营机构，在有关环境服务活动中弄虚作假，对造成的环境污染和生态破坏负有责任的，除依照有关法律法规规定予以处罚外，还应当与造成环境污染和生态破坏的其他责任者承担连带责任。

(二)法律或者司法解释有关环境污染责任侵权的规定

《侵权责任法》

第六十五条　因污染环境造成损害的，污染者应当承担侵权责任。

第六十六条　因污染环境发生纠纷，污染者应当就法律规定的不承担责任或者减轻责任的情形及其行为与损害之间不存在因果关系承担举证责任。

第六十七条　两个以上污染者污染环境，污染者承担责任的大小，根据污染物的种类、排放量等因素确定。

第六十八条　因第三人的过错污染环境造成损害的，被侵权人可以向污染者请求赔偿，也可以向第三人请求赔偿。污染者赔偿后，有权向第三人追偿。

《环境保护法》

第六十三条　企业事业单位和其他生产经营者有下列行为之一，尚不构成犯罪的，除依照有关法律法规规定予以处罚外，由县级以上人民政府环境保护主管部门或者其他有关部门将案件移送公安机关，对其直接负责的主管人员和其他直接

责任人员,处十日以上十五日以下拘留;情节较轻的,处五日以上十日以下拘留:

建设项目未依法进行环境影响评价,被责令停止建设,拒不执行的;

违反法律规定,未取得排污许可证排放污染物,被责令停止排污,拒不执行的;

通过暗管、渗井、渗坑、灌注或者篡改、伪造监测数据,或者不正常运行防治污染设施等逃避监管的方式违法排放污染物的;

生产、使用国家明令禁止生产、使用的农药,被责令改正,拒不改正的。

第六十四条 因污染环境和破坏生态造成损害的,应当依照《中华人民共和国侵权责任法》的有关规定承担侵权责任。

三、最高人民法院及下级各级人民法院关于污染环境致人损害的相关裁判规则

实务要点一

污染者承担无过错责任,污染者除承担损害赔偿责任外,因环境侵权的特别之处,污染者尚需承担其他责任。

再审申请人何顺英、江隆圣、何江玫与被申请人福州开发区天信贸易有限公司、福州港台江港务公司环境污染责任纠纷民事裁定书(2014)最高法民申字第120号

最高人民法院认为:

何顺英、江隆圣、何江玫在一审中以天信公司租用台江公司经营的魁岐码头装卸散装水泥产生噪声、粉尘污染为由,请求台江公司与天信公司承担连带赔偿责任。一审、二审法院查明,台江公司从2005年起将魁岐码头散装水泥装卸场地租赁给天信公司使用,天信公司在该场地内从事散装水泥装卸作业,涉案噪声、粉尘污染与魁岐码头散装水泥装卸作业有关。该水泥装卸的作业人系天信公司,而不是台江公司,即涉案污染行为系天信公司实施的。本案没有证据证明台江公司共同参与了上述水泥装卸作业,与天信公司共同实施了污染行为。何顺英、江隆圣、何江玫提出天信公司受台江公司的委托进行水泥装卸作业且台江公司对天信公司的装卸作业负有管理责任的主张,缺乏事实和法律依据。一审、二审法院判决涉案污染由天信公司承担责任,而不支持何顺英、江隆圣、何江玫要求台江公司承担责任的请求,并无不当。

关于污染侵权责任分担的问题。何顺英、江隆圣、何江玫居住的魁岐航标站，系工作场所，位于福州市江滨主干道高架桥下，又紧邻码头作业区、闽江航道及魁岐货运铁路站。根据福州市政府《福州市〈城市区域环境噪声标准适用区〉域划分》的规定，魁岐航标站属于4类城市环境噪声标准适用区域，不属于环境噪声标准值较低的1类区域（以居住、文教机关为主的区域）或者2类区域（居住、商业、工业混杂区）。何顺英对魁岐航标站周围环境状况应当是明知的，而仍选择在该区域长期居住，意味其要忍受比一般居民区较高的噪声，何顺英对其自身及其子女江隆圣、何江玫所受损害也具有一定过失。《侵权责任法》第26条规定："被侵权人对损害的发生也有过错的，可以减轻侵权人的责任。"该法并没有特别规定该法第26条关于过失相抵原则的规定不适用于环境污染责任，过失相抵原则作为侵权责任法的一般规定可以适用于环境污染责任。何顺英、江隆圣、何江玫认为环境污染责任不应适用过失相抵原则，与法律规定不符。综合本案案情，二审法院酌定天信公司对何顺英、江隆圣、何江玫所受污染损害承担80%的责任，并无不当。

实务要点二

两个以上污染者分别实施污染行为造成同一损害被侵权人根据《侵权责任法》第8条规定请求污染者承担连带责任的，人民法院应予以支持。

江苏丰源铝业有限公司、江苏华丰铝业有限公司等与江苏丰源铝业有限公司、江苏华丰铝业有限公司等环境污染责任纠纷申请再审民事裁定书(2015)最高法民申字第1365号

最高人民法院认为：

关于张成均是否有权主张环境污染损害赔偿的问题。水污染事件发生时张成均已在涉案顺堤河河段养鱼多年，其是否办理养殖证系相关渔业行政主管部门实施行政管理范畴，不影响张成均因养殖行为形成的合法财产权益。张成均作为其养殖鱼的所有权人，在其权利遭受侵害时，依据《侵权责任法》第65条"因污染环境造成损害的，污染者应当承担侵权责任"的规定，享有依法向污染者提起诉讼，请求损害赔偿的权利。故丰源公司、华丰公司以及大屯公司的上述申请再审理由不成立，本院不予采信。

关于是否能够排除丰源公司、华丰公司、大屯公司等排放污染物可能,以及上述当事人各自承担的损害赔偿比例是否符合法律规定的问题。本案查明,大屯公司排放水污染物许可证审批表载明其有排污口(编号WS－01251901),排放去向为徐沛河,可排放污染物有化学需氧量、氨氮等物质成分。微山县环保局出具的相关水质监测报告中四处采样点位的取样水中均含有化学需氧量、氨氮等物质成分。而丰源公司、华丰公司系相关铝类材料或铝制品的加工、销售企业,与大屯公司经营范围相近似,均临近徐沛河,有"雨水排污口"。三环公司排污去向亦系徐沛河。同时,二审判决根据一审法院勘验情况并结合录像资料及当事人陈述等证据认定,大屯公司、丰源公司、华丰公司以及三环公司附近的徐沛河上有三个排污口。另外,二审判决根据《沛县水利志》记载的涉案相关河流及涵洞等情况、《微山县环保局关于对省厅[鲁环坊201108290040]号信访件调查处理情况的回复》所载"沛县回函称沛县提闸放水符合主汛期防洪调度原则"等事实与张成均提供的视听资料、沛县水利局提供的沛县水系图、证人张某、姜某证人证言,并结合一审法院勘验情况及当事人陈述等证据,认定涉案河流(徐沛河、沿河、京杭运河以及顺堤河)通过提闸放水、涵洞导通、泵站翻水等方式相通。综合上述情况,二审判决关于不能排除大屯公司、丰源公司、华丰公司、三环公司向徐沛河排放污水,并通过沿河、京杭运河等相关河流污染至涉案顺堤河张成均养鱼河段可能的认定,依据充分,并无不当。关于丰源公司、华丰公司提供的《关于江苏丰源铝业有限公司监察报告》《对江苏丰源、华丰铝业工业水使用的说明》,大屯公司提供的《关于江苏大屯铝业有限公司2011年度排污许可证落实情况的监察报告》《江苏大屯铝业有限公司电解铝及阳极生产线项目回顾性评价》《污水处理运行记录》《中水回用运行记录》《情况说明》等,并非损害发生时丰源公司、华丰公司、大屯公司生产排污情况的监测记载,不足以推翻本案判决上述认定。本案系环境污染发生的纠纷,大屯公司、丰源公司、华丰公司、三环公司应就其行为与损害之间不存在因果关系承担举证责任,因其均未提供充分证据证明该因果关系不存在,故本案判决认定其应当承担举证不能的不利后果,并考虑到该水污染损害的发生不能完全排除还有其他污染者等因素,酌定大屯公司、丰源公司、华丰公司、三环公司四家公司平均承担赔偿张成均200,548元(总损失的20%)的责任,符合《侵权责任法》的相关规定及本案查明的基本事实,并无不当。

实务要点三

污染者举证证明存在下列情形之一的，人民法院应当认定其污染行为与损害之间不存在因果关系：(1)排放的污染物没有造成损害的可能；(2)排放的可造成该损害的污染物未达到该损害发生地的；(3)该损害于排放污染物之前已发生的；(4)其他可以认定污染行为与损害之间不存在因果关系的情形。“推定因果关系成立”，仅仅意味着受害人不对因果关系的成立承担证明责任，但并不意味着受损害人无须承担其他证明责任。受损害人举证不能的，仍需承担败诉风险。

葛洲坝荆门水泥有限公司与武汉金桥水产养殖有限公司、胡四权、中国葛洲坝集团股份有限公司环境污染责任纠纷申请再审民事裁定书 (2015)最高法民申字第1560号

最高人民法院认为：

本案争议焦点是荆门水泥公司应否对金桥公司的损失承担赔偿责任以及金桥公司的损失如何认定。

关于荆门水泥公司应否对金桥公司的损失承担赔偿责任的问题。荆门水泥公司对存在粉尘、噪声等污染的客观事实并不否认，其申请再审的主要理由是认为湖北省水产局组织的专家鉴定与评估意见、武汉市科学技术咨询服务中心作出的司法鉴定、农业部渔业环境及水产品质量检测测试中心（武汉）出具的《对荆门金桥大鲵良种泉水繁育基地5尾大鲵种鱼死亡原因的认定》以及宜宾研究所出具的《对荆门金桥大鲵良种泉水繁育基地5尾大鲵（种鱼）死亡原因的认定说明》没有证明效力，不应采信。申请人意在通过否定以上证据，证明自己的污染行为与金桥公司的损害结果之间不存在因果关系，因此无须承担赔偿责任。本院认为，大鲵是一种喜荫、喜静、喜洁的两栖动物，其对生存环境要求很高。而水泥厂在生产水泥的过程中必然会产生粉尘、噪声、震动等，本案金桥公司的大鲵养殖基地距荆门水泥公司仅300米，长期在粉尘、噪声、震动的环境中生活，势必对大鲵的生长、发育、繁殖等产生一定影响，金桥公司提供上述证明，可以证实荆门水泥公司污染事实成立，金桥公司损害事实存在，且初步证明了二者之间存在因果关系。根据最高人民法院《关于适用〈中华人民共和国民事诉讼法〉若干问题的意见》第74条第3项“因环境污染引起的损害赔偿诉讼，对原告提出的侵权事实，被告否认的，由被告负责举证”和

最高人民法院《关于民事诉讼证据的若干规定》第4条第3款“因环境污染引起的损害赔偿诉讼,由加害人就法律规定的免责事由及其行为与损害结果之间不存在因果关系承担举证责任”的规定,申请人应对其排污行为与大鲵养殖的损害结果是否存在因果关系承担证明责任,但本案一审、二审、再审中,申请人均未提交相应证据,仅否定上述对损失成因作出的鉴定意见的合法性、有效性,并未完成其法定的证明责任。因此,原审认定荆门水泥公司存在污染侵权行为,应当承担大鲵养殖损害的赔偿责任,并无不当。

四、小结

环境是人类赖以生存的各种自然因素的总体,切实保护和改善环境关系人民群众生命健康、社会和谐安定和中华民族的永续发展。当前,我国面临环境污染严重、生态系统退化的严峻形势。对此,人民群众反映强烈,党中央高度关注。党的十八大把生态文明建设纳入中国特色社会主义事业“五位一体”的总体布局,并提出了“建设美丽中国”的美好愿景。党的十八届三中全会、四中全会分别通过的《决定》,均强调“用严格的法律制度保护生态环境”“环境污染责任”。但是,有关环境污染责任的规定与《民法通则》、《环境保护法》以及各环境保护单行法衔接适用问题不明确,审判实践中常常出现对环境污染责任归责原则、责任构成以及数人侵权责任划分等法律适用不统一的问题,亟须出台司法解释进行指导。同时,新修改的《民事诉讼法》以及《环境保护法》增加了环境公益诉讼,有必要在司法解释中对公益诉讼的举证责任、责任划分等问题予以明确。

第十六节　道路交通事故责任裁判规则

一、导读

道路交通事故责任是指车辆驾驶人员、行人、乘车人以及其他在道路上进行与交通有关活动的人员,因违反《道路交通安全法》和其他道路交通管理法规、规章或存在过错行为,造成人身伤亡或财产损失所应承担的责任。

随着全面推进依法治国进程的不断深入,人民群众法律意识、维权意识日渐觉醒,自觉学法、守法、用法的热情空前高涨,各类诉讼案件呈井喷式增长。从全国范围来看,道路交通事故纠纷案件数量多、增幅大,矛盾较尖锐,冲突较激烈,社会关注度也较高。实践中,不少案件当事人对道路交通事故相关法律法规知其一不知其二,断章取义、张冠李戴的现象屡见不鲜,既不利于自身权益的维护,更会对他人权益造成侵害,甚或引发深层次的社会性矛盾。截至 2018 年 4 月 15 日,通过中国裁判文书网搜索关键词“交通事故责任”共检索出 2,637,005 个案件,笔者从中选取了 3 件较有代表意义的案例,结合本书此部分进行讨论。

二、道路交通事故责任的理论及法律规定

(一)道路交通事故责任的基本理论①

1. 道路交通事故责任的概念

道路交通事故侵权行为是指道路交通参与人因违反道路交通安全法律法规发生交通事故,导致他人人身或者财产损失、应当承担侵权责任的行为。

2. 道路交通事故侵权行为的类型

根据我国《道路交通安全法》的规定,因道路交通事故主体的不同,道路交通事故侵权行为可以分为机动车之间发生的道路交通事故侵权行为以及机动车与非机动车驾驶人、行人之间发生的道路交通事故侵权行为。关于非机动车驾驶人之间以及非机动车驾驶人和行人之间因事故发生的侵权行为,《道路交通安全法》没有规定。《北京市实施〈中华人民共和国道路交通安全法〉办法》第 71 条规定,非机动车之间、非机动车与行人之间发横交通事故造成人身伤亡、财产损失的,由有过错的乙方承担赔偿责任;双方都有过错的,按照各自过错的比例承担赔偿责任;无法确定双方当事人过错的,平均分担赔偿责任。

3. 道路交通事故侵权行为的归责原则

(1)机动车之间发生的道路交通事故侵权行为,适用过错责任原则;双方都有过错的,按照各自过错的比例分担责任。

(2)机动车与非机动车驾驶人、行人之间发生的道路交通事故侵权行为,非机动车驾驶人、行人没有过错的,由机动车一方承担赔偿责任;有证据证明非机动车驾驶人、行人有过错的,根据过错程度适当减轻机动车一方的赔偿责任;机动车一方没有过错的,承担不超过 10% 的赔偿责任。

---

① 魏振瀛主编:《民法》,北京大学出版社、高等教育出版社 2017 年版,第 741 页。

(3)道路交通事故参与人过失的认定采用客观化标准,以违反《道路交通安全法》来判断。在道路交通事故侵权行为中,很多情况是当事人双方都有过错,因此,过错相抵原则在道路交通事故侵权中会经常适用。

4.交通事故的认定

道路交通事故发生后,首先应当由公安机关交通关部门对事故进行处理,及时制作交通事故认定书。交通事故认定书是确定道路交通事故侵权责任非常重要的依据,因为一方面,道路交通事故的现场处理具有专业性;另一方面,如果发生诉讼,法官不可能回到过去到现场进行勘验,实施的认定只能够依赖公安机关交通管理部门出具的事故认定书。《道路交通事故解释》第 27 条规定,公安机关交通管理部门制作的交通事故认定书,人民法院应依法审查并确认其相应的证明力,但有相反证据推翻的除外。事故认定书不仅是认定事实的依据,也是认定双方过错及过错程度的依据。

5.机动车交通事故责任的类型

(1)租赁、借用机动车发生交通事故后的责任承担。因租赁、借用机动车等情形机动车所有人与使用人不是同一人时,发生交通事故后属于机动车一方责任的,由保险公司在机动车强制保险责任限额范围内予以赔偿;不足部分,由机动车使用人承担赔偿责任。机动车所有人对损害的发生有过错的,承担相应的赔偿责任。机动车所有人的过错包括:①知道或者应当知道机动车存在缺陷,且该缺陷是交通事故发生原因之一的;②知道或者应当知道驾驶人无驾驶资格或者未取得相应驾驶资格的;③知道或者应当知道驾驶人因饮酒、服用国家管制的精神药品或者麻醉药品,或者患有妨碍安全驾驶机动车的疾病等依法不能驾驶机动车的;④其他应当认定机动车所有人或者管理人过错的。

(2)转让机动车但未办理所有权转移手续期间发生交通事故后的责任承担。当事人之间已经以买卖等凡是转让并交付机动车但未办理所有权转移登记,发生交通事故后属于机动车一方责任的,由保险公司在机动车强制保险责任限额范围内予以赔偿。不足部分,由受让人承担赔偿责任。

(3)转让拼装或者报废机动车发生交通事故后的责任承担。以买卖等方式转让拼装或者已达到报废标准的机动车,发生交通事故后造成损害的,由转让人和受让人承担连带责任。

拼装机动车或者驾驶已达报废标准的机动车,是违法行为;买卖拼装机动车或者已达报废标准的机动车,也是违法行为。因违法行为发生交通事故的,所有的转让人和受让人承担连带责任。

(4)未经允许驾驶他人机动车发生交通事故后的责任承担。未经他人允许驾驶他人机动车发生交通事故造成损害,当事人依照《侵权责任法》第49条的规定请求由机动车驾驶人承担赔偿责任的,人民法院应予支持。机动车所有人或者管理人有过错的,承担相应的赔偿责任,但具有《侵权责任法》第52条规定情形的除外。

(5)盗窃、抢劫或者抢夺的机动车发生交通事故后的责任承担。盗窃、抢夺或者抢劫的机动车发生的交通事故造成损害的,由盗窃人、抢劫人或者抢夺人承担赔偿责任。保险公司在机动车强制保险责任限额范围内垫付抢救费用的,有权向交通事故责任人追偿。

(6)发生交通事故后机动车驾驶人逃逸的责任承担。机动车驾驶人发生交通事故后逃逸,该机动车参加强制保险的,由保险公司在机动车强制保险责任限额范围内予以赔偿;机动车不明或者该机动车未参加强制保险,需要支付被侵权人人身伤亡的抢救、丧葬等费用的,由道路交通事故社会救助基金垫付。道路交通事故社会救助基金垫付后,其管理机构有权向交通事故责任人追偿。

(二)法律或者司法解释有关交通事故损害责任的规定

《道路交通安全法》

第七十六条　机动车发生交通事故造成人身伤亡、财产损失的,由保险公司在机动车第三者责任强制保险责任限额范围内予以赔偿;不足的部分,按照下列规定承担赔偿责任:

机动车之间发生交通事故的,由有过错的一方承担赔偿责任;双方都有过错的,按照各自过错的比例分担责任。

机动车与非机动车驾驶人、行人之间发生交通事故,非机动车驾驶人、行人没有过错的,由机动车一方承担赔偿责任;有证据证明非机动车驾驶人、行人有过错的,根据过错程度适当减轻机动车一方的赔偿责任;机动车一方没有过错的,承担不超过百分之十的赔偿责任。

交通事故的损失是由非机动车驾驶人、行人故意碰撞机动车造成的,机动车一方不承担赔偿责任。

第七十七条　车辆在道路以外通行时发生的事故,公安机关交通管理部门接到报案的,参照本法有关规定办理。

最高人民法院《关于审理道路交通事故损害赔偿案件适用法律若干问题的解释》

第一条　机动车发生交通事故造成损害,机动车所有人或者管理人有下列情

形之一,人民法院应当认定其对损害的发生有过错,并适用侵权责任法第四十九条的规定确定其相应的赔偿责任:

知道或者应当知道机动车存在缺陷,且该缺陷是交通事故发生原因之一的;

知道或者应当知道驾驶人无驾驶资格或者未取得相应驾驶资格的;

知道或者应当知道驾驶人因饮酒、服用国家管制的精神药品或者麻醉药品,或者患有妨碍安全驾驶机动车的疾病等依法不能驾驶机动车的;

其他应当认定机动车所有人或者管理人有过错的。

第二条 未经允许驾驶他人机动车发生交通事故造成损害,当事人依照侵权责任法第四十九条的规定请求由机动车驾驶人承担赔偿责任的,人民法院应予支持。机动车所有人或者管理人有过错的,承担相应的赔偿责任,但具有侵权责任法第五十二条规定情形的除外。

第三条 以挂靠形式从事道路运输经营活动的机动车发生交通事故造成损害,属于该机动车一方责任,当事人请求由挂靠人和被挂靠人承担连带责任的,人民法院应予支持。

……

第五条 套牌机动车发生交通事故造成损害,属于该机动车一方责任,当事人请求由套牌机动车的所有人或者管理人承担赔偿责任的,人民法院应予支持;被套牌机动车所有人或者管理人同意套牌的,应当与套牌机动车的所有人或者管理人承担连带责任。

……

第七条 接受机动车驾驶培训的人员,在培训活动中驾驶机动车发生交通事故造成损害,属于该机动车一方责任,当事人请求驾驶培训单位承担赔偿责任的,人民法院应予支持。

第八条 机动车试乘过程中发生交通事故造成试乘人损害,当事人请求提供试乘服务者承担赔偿责任的,人民法院应予支持。试乘人有过错的,应当减轻提供试乘服务者的赔偿责任。

……

第十六条 同时投保机动车第三者责任强制保险(以下简称“交强险”)和第三者责任商业保险(以下简称“商业三者险”)的机动车发生交通事故造成损害,当事人同时起诉侵权人和保险公司的,人民法院应当按照下列规则确定赔偿责任:

先由承保交强险的保险公司在责任限额范围内予以赔偿;

不足部分，由承保商业三者险的保险公司根据保险合同予以赔偿；

仍有不足的，依照道路交通安全法和侵权责任法的相关规定由侵权人予以赔偿。

被侵权人或者其近亲属请求承保交强险的保险公司优先赔偿精神损害的，人民法院应予支持。

第十七条　投保人允许的驾驶人驾驶机动车致使投保人遭受损害，当事人请求承保交强险的保险公司在责任限额范围内予以赔偿的，人民法院应予支持，但投保人为本车上人员的除外。

第十八条　有下列情形之一导致第三人人身损害，当事人请求保险公司在交强险责任限额范围内予以赔偿，人民法院应予支持：

驾驶人未取得驾驶资格或者未取得相应驾驶资格的；

醉酒、服用国家管制的精神药品或者麻醉药品后驾驶机动车发生交通事故的；

驾驶人故意制造交通事故的。

保险公司在赔偿范围内向侵权人主张追偿权的，人民法院应予支持。追偿权的诉讼时效期间自保险公司实际赔偿之日起计算。

第十九条　未依法投保交强险的机动车发生交通事故造成损害，当事人请求投保义务人在交强险责任限额范围内予以赔偿的，人民法院应予支持。

投保义务人和侵权人不是同一人，当事人请求投保义务人和侵权人在交强险责任限额范围内承担连带责任的，人民法院应予支持。

《侵权责任法》

第四十八条　机动车发生交通事故造成损害的，依照道路交通安全法的有关规定承担赔偿责任。

第四十九条　因租赁、借用等情形机动车所有人与使用人不是同一人时，发生交通事故后属于该机动车一方责任的，由保险公司在机动车强制保险责任限额范围内予以赔偿。不足部分，由机动车使用人承担赔偿责任；机动车所有人对损害的发生有过错的，承担相应的赔偿责任。

第五十条　当事人之间已经以买卖等方式转让并交付机动车但未办理所有权转移登记，发生交通事故后属于该机动车一方责任的，由保险公司在机动车强制保险责任限额范围内予以赔偿，不足部分，由受让人承担赔偿责任。

第五十一条　以买卖等方式转让拼装或者已达到报废标准的机动车，发生交通事故造成损害的，由转让人和受让人承担连带责任。

第五十二条 盗窃、抢劫或者抢夺的机动车发生交通事故造成损害的,由盗窃人、抢劫人或者抢夺人承担赔偿责任。保险公司在机动车强制保险责任限额范围内垫付抢救费用的,有权向交通事故责任人追偿。

第五十三条 机动车驾驶人发生交通事故后逃逸,该机动车参加强制保险的,由保险公司在机动车强制保险责任限额范围内予以赔偿;机动车不明或者该机动车未参加强制保险,需要支付被侵权人人身伤亡的抢救、丧葬等费用的,由道路交通事故社会救助基金垫付。道路交通事故社会救助基金垫付后,其管理机构有权向交通事故责任人追偿。

三、最高人民法院关于交通损害责任的裁判规则

实务要点一

道路上存在大量遗撒物致使交通事故发生的,市政管理部门也要承担相应的民事责任。

杨慧与长春市朝阳市政工程建设股份有限公司等道路交通事故人身损害赔偿纠纷申请再审案

最高人民法院认为:

本案争议焦点为燃气公司、市政公司、刘铁军是否应承担连带赔偿责任。本案起因系刘铁军酒后违规驾驶摩托车撞上道路障碍物,造成乘车人杨慧身体受到伤害。虽然交通事故认定书认定刘铁军对交通事故负全部责任,但该认定是对交通事故当事人行政违法性的责任认定。杨慧作为交通事故的受害者,有权利依照法律规定请求侵权行为人承担相应的民事赔偿责任。市政公司作为事故发生地点道路的管理者,有义务对道路安全进行管理与维护,而市政公司未能依法履行相应的管理与维护义务,未能及时清理管理路段上的碎石堆以保障道路交通安全,以致刘铁军驾驶摩托车撞上碎石堆造成交通事故,对此市政公司与刘铁军均存在过错,均应承担赔偿责任。由于市政公司的侵权行为与刘铁军的侵权行为系属间接结合,市政公司未及时清理管理路段碎石堆与刘铁军酒后驾驶摩托车的违法行为对事故发生具有相同原因力,市政公司与刘铁军各应承担50%赔偿责任。该事故发生并非市政公司与刘铁军共同实施造成。市政公司与刘铁军各自的过错形成该事故,

对此，市政公司与刘铁军应对各自的过错分别承担相应的责任。杨慧认为市政公司、刘铁军应承担连带赔偿责任的再审申请理由不能成立。杨慧虽主张燃气公司亦应承担赔偿责任，但根据燃气公司提供证据可以证明地下燃气管道工程已于2005年6月3日竣工，而交通事故发生时间为2005年7月4日，且道路路面复原工程并非燃气公司负责，事发地点的碎石堆系由市政公司施工所形成，杨慧要求燃气公司承担赔偿责任的主张无事实依据。

实务要点二

机动车道路交通事故致人损害的，首先由承保交强险的保险公司在限额范围内支付保险金。

刘艳峰与马会、高岩、黄小舰、西安福华出租汽车有限公司、周桂勇、中国大地财产保险股份有限公司秦都支公司、中国大地财产保险股份有限公司咸阳中心支公司，华泰财产保险股份有限公司陕西省分公司机动车交通事故责任 (2014)最高法未民初字第03404号

最高人民法院认为：

机动车发生交通事故造成人身伤亡、财产损失的，由保险公司在机动车第三者责任强制保险责任限额内赔偿，不足的部分，由承保第三者责任商业保险的保险公司根据保险合同予以赔偿，仍有不足的由侵权人进行赔偿。同一起交通事故的多个被侵权人同时起诉的，人民法院应当按照各被侵权人的损失比例确定交强险的赔偿数额。承包他人的机动车发生道路交通该事故致人损害的，由承包人和发包人承担连带赔偿责任。本案中，原告请求医疗费，依其提交的急救费及住院费票据核算为3491.76元。原告住院7天，其请求的住院伙食补助费、营养费分别按照每天30元、20元的标准计算。原告请求后续治疗费，但未提交任何证据，本院不予支持。

本次交通事故陕DEF189车上伤者白春春、宋会平、刘艳峰三人均提起诉讼，被告大地财险秦都支公司、华泰财险陕西省分公司应在交强险分项责任限额内，对白

春春、宋会平、刘艳峰的损失按比例承担赔偿责任,因被告大地保险秦都支公司承保的交强险医疗费用赔偿限额须在林松、林鹤案件中全额支付,故应先由被告华泰财险陕西省分公司在交强险医疗费用赔偿限额内对白春春、宋会平、刘艳峰的医疗费用按比例承担赔偿义务,剩余部分在被告大地保险秦都支公司商业第三者责任险剩余93,062.695元保险金额,和被告华泰财险陕西省分公司承保的商业第三者责任保险金额30万元(免赔率5%)、被告大地财险咸阳中心支公司承保的乘客车上人员责任险中按照事故责任比例赔偿。

实务要点三

将自己所有的机动车出租、出借给他人使用,驾驶该机动车发生道路交通事故,由驾驶该车辆的驾驶员承担责任。

种发河与高利、董建锋、西安市迅达出租汽车有限公司、华泰财产保险有限公司陕西省分公司机动车交通事故责任纠纷一审民事判决书
(2014)最高法未民初字第01534号

最高人民法院认为:

公民的生命健康权受法律保护。机动车发生交通事故造成人身伤亡、财产损失的,由保险公司在机动车第三者责任强制保险责任限额范围内予以赔偿,不足部分由当事人按照过错承担相应的责任。本案中,被告迅达出租公司作为陕AU6826号车的登记车主,将该车承包给被告董建锋,被告董建锋又与被告高利合伙经营,高利在合伙经营过程中驾驶该车发生交通事故,致原告种发河受伤,并负事故同等责任,被告迅达出租公司、董建锋和高利应依法赔偿因此次事故给原告造成的损失。因肇事车辆在被告华泰保险公司投保有交强险和责任限额为20万元的商业第三者责任险,可先由华泰保险公司在交强险限额内依法予以赔付,超出交强险的部分,按照事故同等责任,再根据保险合同依法予以赔偿。具体赔偿数额可按照法律规定及当事人提供证据予以确定。原告主张的医疗费,属于因治疗实际产生的费用,根据医疗费票据,结合诊断证明和病历,予以支持。原告请求的住院伙食补助费,依法予以支持。原告请求的营养费,可按每天20元标准参照医嘱计算45天。

原告请求的护理费，结合医嘱及当地护工工资标准，予以支持。

四、小结

近年来，机动车交通事故呈高发态势，严重危害人们的生命、财产安全，扰乱交通秩序，影响社会和谐稳定。交通事故是指车辆在道路上因过错或意外造成的人身伤亡或者财产损失的事件。根据车辆的性质，可将交通事故分为机动车交通事故与非机动车交通事故，与非机动车交通事故相比，机动车交通事故更为多发、更为复杂、后果更为严重。机动车交通事故一旦发生，损害结果非常严重，轻则车辆毁损，重则车毁人亡；机动车交通事故损害赔偿为民事侵权赔偿，是侵权责任的承担。在各种复杂的机动车交通事故情形中，侵权责任往往存在争议，难以把握。准确适用《侵权责任法》处理机动车交通事故赔偿案件，保护受害者的合法权益，预防并制裁机动车交通事故侵权行为，深入研究探讨机动车交通事故侵权责任，希望能为解决该类纠纷做出帮助。

第十七节　医疗损害责任裁判规则

一、导读

医疗损害指在诊疗护理过程中，医疗过失行为对病人所产生的不利的事实。一般医疗损害直接表现为患者的死亡、残疾、组织器官的损伤及健康状况相对于诊疗前有所恶化等情形，是对患者生命健康权及身体权的侵害。此外还可表现为对患者隐私权、名誉权的损害，甚至给患者带来财产上和精神上的损害。其后果的表现形式主要分为死亡、残疾或功能障碍、丧失生存机会、丧失康复机会等。我国的相关法律和法规还没有将“丧失康复机会”作为一个独立的损害后果，但在审判实践中已经予以承认并得到运用。

《侵权责任法》实施之前，关于医疗纠纷案件，我国采用二元化，即构成医疗事故的适用《医疗事故处理条例》，并按照条例规定的进行赔偿；不构成医疗事故的一般医疗损害赔偿，适用《民法通则》及最高人民法院《关于审理人身损害赔偿案件适用法律若干问题的解释》（以下简称《人身损害赔偿解释》），两者相比较，前者赔偿数额要低于后者，最明显的就是没有死亡赔偿金。《侵权责任法》实施之后，二元化机制统一成一元化,即不再区分医疗事故案件和一般医疗损害赔偿案件,克服了二元化机制造成的混乱现象,且赔偿计算方法采用《人身损害赔偿解释》规定的标准,依据新法优于旧法、上位法优于下位法的原则,更有利于患者。《医疗事故处理条例》因一元化的统一已经淡出医疗诉讼领域,其现在一般在医疗行政管理方面发生作用。所以医疗损害案件不再按照《医疗事故处理条例》计算赔偿数额,而是按照《人身损害赔偿解释》计算。截至2018年4月15日,通过中国裁判文书网搜索关键词"医疗损害"检索出共计54,772件相关案件,笔者从中选取了较有代表性的案例4个,结合本文相关内容进行讨论。

二、医疗损害责任的理论及立法规定

(一)医疗损害责任的基本理论①

1. 医疗侵权行为的概念

医疗侵权行为,是指因医疗机构及其医务人员的过错,致使患者在诊疗活动中受到损害,由医疗机构承担赔偿责任的行为。

医疗行为具有高度的专业性,医疗侵权责任属于专家责任的范畴。

2. 医疗侵权行为的认定

认定医疗侵权行为,需要注意以下几点:

(1)医疗机构及其服务人员实施了医疗行为。医疗侵权行为发生在医务人员以医疗机构名义从事的医疗活动中。因此,医务人员是行为主体,医疗机构是责任主体。

(2)患者遭受非正常的损失。大多数医疗行为都具有侵袭性。因此,在医疗活动中遭受一定程度的侵袭,是医疗行为不可避免的。患者同意医疗机构为其实施医疗行为,视为患者同意接受这种侵袭行为及其后果。但是,这种侵袭必须是正常的医疗行为导致的正常损失,如果超出了合理范围,则构成非正常的损失。

(3)医疗机构存在过错。医疗机构在诊疗活动中负担一定的义务,没有尽到这些义务,则构成过错。医疗机构存在违反法律、行政法规、规章以及其他诊疗规范的规定;隐匿或者拒绝提供与纠纷有关的病历资料;伪造、篡改或者销毁病历资料的,推定其存在过错。

---

① 魏振瀛主编:《民法》,北京大学出版社、高等教育出版社2017年版,第738页。

(4)医疗过失行为与患者遭受的非正常损失之间具有因果关系。医疗侵权行为中因果关系的认定也是异常复杂的。一方面,医疗损害的造成,往往多因一果。到目前为止,人类对自身身体结构和肌理的认识还非常有限,因此,一个损害后果的发生,很可能是多种因素的结果。另一方面,医疗活动的高度专业性,使不具有专业知识的患者和法官,一般无法对此加以判断。

3. 医疗机构及其医务人员的义务

义务是认定过错的前提。根据《侵权责任法》第 7 章的规定,医疗机构及其医务人员有以下义务:

(1)遵守诊疗规范的义务。诊疗规范是医疗机构及其医务人员从事诊疗活动的行为准则。一方面,医疗机构及其医务人员应当根据诊疗规范,适当履行减产、治疗等与当时医疗水平相应的各项诊疗义务。另一方面,医疗机构及其医务人员也不能违反诊疗规范进行过度医疗。

(2)如实说明的义务。医务人员在诊疗活动中应当向患者说明病情和医疗措施。需要实施手术、特殊检查、特殊治疗的,医务人员应当及时向患者说明医疗风险、替代治疗方案等情况。不宜向患者说明的,应当向患者的近亲属说明。

(3)征得同意的义务。需要实施手术、特殊检查、特殊治疗的,应当取得患者的书面同意;不宜向患者说明的,应当取得其近亲属书面同意。因抢救生命垂危的患者等紧急情况,不能取得患者或者其近亲属意见的,经医疗机构负责人或者授权的负责人批准,可以立即实施相应的医疗措施。

(4)如实记录、保管及提供病例资料的义务。医疗机构及其医务人员应当按照规定填写并妥善保管住院志、医嘱单、检验报告、手术及麻醉记录、病理资料、护理记录、医疗费用等病历资料。患者要求查阅、复制上述病例资料的,医疗机构应当提供。

(5)对患者隐私保密的义务。医疗机构及其医务人员应当对患者的隐私保密。泄露患者隐私或者未经患者同意公开其病历资料,造成患者损害的,应当承担侵权责任。

(二)法律或者司法解释有关医疗损害责任的规定

《侵权责任法》

第五十四条 患者在诊疗活动中受到损害,医疗机构及其医务人员有过错的,由医疗机构承担赔偿责任。

第五十五条 医务人员在诊疗活动中应当向患者说明病情和医疗措施。需要实施手术、特殊检查、特殊治疗的,医务人员应当及时向患者说明医疗风险、替代医疗方案等情况,并取得其书面同意;不宜向患者说明的,应当向患者的近亲属说明,并取得其书面同意。

医务人员未尽到前款义务,造成患者损害的,医疗机构应当承担赔偿责任。

第五十六条 因抢救生命垂危的患者等紧急情况,不能取得患者或者其近亲属意见的,经医疗机构负责人或者授权的负责人批准,可以立即实施相应的医疗措施。

第五十七条 医务人员在诊疗活动中未尽到与当时的医疗水平相应的诊疗义务,造成患者损害的,医疗机构应当承担赔偿责任。

第五十八条 患者有损害,因下列情形之一的,推定医疗机构有过错:

违反法律、行政法规、规章以及其他有关诊疗规范的规定。

隐匿或者拒绝提供与纠纷有关的病历资料。

伪造、篡改或者销毁病历资料。

第五十九条 因药品、消毒药剂、医疗器械的缺陷,或者输入不合格的血液造成患者损害的,患者可以向生产者或者血液提供机构请求赔偿,也可以向医疗机构请求赔偿。患者向医疗机构请求赔偿的,医疗机构赔偿后,有权向负有责任的生产者或者血液提供机构追偿。

第六十条 患者有损害,因下列情形之一的,医疗机构不承担赔偿责任:

患者或者其近亲属不配合医疗机构进行符合诊疗规范的诊疗。

医务人员在抢救生命垂危的患者等紧急情况下已经尽到合理诊疗义务。

限于当时的医疗水平难以诊疗。

前款第一项情形中,医疗机构及其医务人员也有过错的,应当承担相应的赔偿责任。

第六十一条 医疗机构及其医务人员应当按照规定填写并妥善保管住院志、医嘱单、检验报告、手术及麻醉记录、病理资料、护理记录、医疗费用等病历资料。

患者要求查阅、复制前款规定的病历资料的,医疗机构应当提供。

第六十二条 医疗机构及其医务人员应当对患者的隐私保密。泄露患者隐私或者未经患者同意公开其病历资料,造成患者损害的,应当承担侵权责任。

第六十三条 医疗机构及其医务人员不得违反诊疗规范实施不必要的检查。

第六十四条 医疗机构及其医务人员的合法权益受法律保护。干扰医疗秩序,妨害医务人员工作、生活的,应当依法承担法律责任。

三、最高人民法院及下级各级人民法院关于医疗损害责任的裁判规则

实务要点一

医疗机构的医务人员在诊断、治疗的过程中因过失给患者造成人身(生命权、健康权、身体权)的损害,由医疗机构承担替代责任。

房秀花与塔城市人民医院医疗损害责任纠纷二审民事判决书
新疆维吾尔自治区高级人民法院（2014)塔民一终字第357号

新疆维吾尔自治区高级人民法院认为:

患者在诊疗活动中受到损害,医疗机构及其医务人员有过错的,由医疗机构承担赔偿责任,同时应考虑医疗机构的过错程度和诊疗行为在损害结果发生中的原因力大小确定损害后果的承担比例。

本案中,从市医院住院病历及手术记录反映出,上诉人房秀花于2012年4月23日10时54分因自感右下腹疼痛到被告市医院就诊,术前诊断为急性阑尾炎,并于当日13时行剖腹探查术,在右下腹位切开腹腔后查看发现阑尾正常、无水肿后,考虑妇科疾病遂请妇科会诊,诊断为右侧卵巢黄体囊肿,并于13时20分行右侧卵巢黄体囊肿剥除术。从以上记录可以看出上诉人房秀花在入住市医院前后均无任何过错,术前的错误诊断及术中改变医疗措施均系被上诉人院方医务人员的诊疗行为,上诉人房秀花作为正处于发病期的患者,无法作出自我判断甚至病理诊断,故上诉人房秀花对此次诊疗过错行为即被上诉人市医院的侵权行为不应承担责任。原审判决确认上诉人房秀花自行承担50%的责任无事实和法律依据,责任划分比例不当,二审予以纠正,即被上诉人市医院在本案中应承担全部赔偿责任,对上诉人房秀花的第一项上诉请求及理由予以支持。

上诉人房秀花自行委托新疆科正司法鉴定所进行司法鉴定,被上诉人市医院对此鉴定意见有异议,但并无充分的反驳证据证实该鉴定意见存在程序违法等问题。原审法院委托新疆中信司法鉴定中心进行司法鉴定后,对重新鉴定意见又予以否定,并采用折中的办法酌定双方当事人各承担50%的责任不当。故对上诉人房秀花此项上诉理由部分予以支持。

实务要点二

医疗机构在诊断、治疗的过程中使用的药品、消毒药剂、医疗器械或者血液制品具有缺陷给患者造成损害的，由医疗机构与医疗产品的提供者承担不真正的连带责任。

邓中奎与新疆生产建设兵团第一师医院医疗产品责任纠纷案一审民事判决书　新疆维吾尔自治区高级人民法院生产建设兵团分院（2015）阿克苏垦民初字第00254号

新疆维吾尔自治区高级人民法院认为：

本案的争议焦点是被告医院为原告置入的钢板、钢板螺钉断裂是否因医疗器械产品缺陷引起、原告骨折延迟愈合所造成的损失责任应如何承担。医学是专业性极强的自然科学中的分科之一，医疗行为突出的特点在于它的专业性和技术性。结合我国国情，在临床实践中，对执业医师而言，当地医院的医疗水平受医院等级、地域环境、经验法则、学历、专科现时技术标准和设备条件等主客观因素的局限。医学和其他自然科学不同，是一门复杂的、发展的和试验性的科学，还有许多无法探究的生命禁区，医学科学在很大程度上还处在经验科学的阶段。有许多疑难疾病，医学尚不能攻克。现代医学对人的认知是有限的，对疾病的认知也是有限的，这在临床实践治疗过程中必然会出现“获益”和“致害”的双重性，有时候医疗技术由于技术的难度可能并没产生期望的效果，却产生危害性的结果，即平时所称的医疗风险。对于患者来说，为了追求自身治疗的切身利益需要而去承担医疗风险，这都需要医患双方能够相互理解、相互配合，有效的管控医疗风险。本案发生的基本事实是原告因重物砸伤多处粉碎性骨折受伤入住被告医院治疗，被告医院及时为原告手术置入钢板一枚，术后约7个月钢板断裂，骨折未愈合；被告医院再次为原告手术更换置入钢板一枚，手术1年后钢板螺钉断裂，骨折未愈合。骨折内固定后钢板断裂是一个极其复杂的问题，原因主要有以下几个方面：(1)安装不当，如钢板过短、螺钉安装不当等；(2)过早负重；(3)钢板疲劳断裂；(4)钢板质量问题。因此，涉及骨折内固定后钢板断裂的原因除产品质量外，还有许多医疗机构和患者自身的原因，如安装不当导致钢板承受的应力过大、超出金属疲劳期未拆除钢板、过早负重等。由于本案未作鉴定，难以形成有效的结论。故对案件发生的基本事实和责任只能按照医患双方在诊疗过程中的行为予以客观公正的认定。《侵权责任法》第59条规定,因医疗器械的缺陷造成患者损害的,患者可以向医疗机构请求赔偿。本案原告的损失系因钢板、螺钉断裂引起,钢板、螺钉断裂是钢板的产品缺陷造成还是原告个人原因造成是被告医院是否应承担责任及责任大小的关键。一方面,金属接骨板作为植入人体用于支持、连接受损肢体并辅助肢体恢复的医疗器械,因其对人体具有潜在危险,对其安全性、有效性必须严格控制,使其不存在危及人身安全的不合理的危险。另一方面,骨折内固定手术本身即存在内固定物断裂的可能性,这是该类诊疗方式本身固有的风险。对于钢板、螺钉断裂的原因,原告认为是医疗器械钢板本身的质量存在缺陷所致,被告医院认为是因原告未遵照医嘱提前负重导致钢板断裂。钢板是有着特定批号、特定生产日期的特定产品,考察该特定产品是否存在质量缺陷,除需审查生产代理企业的资质和该类产品的审批准入情况外,还应对该特定产品本身进行质量评价。医疗机构选择的此类医疗器械,必须拥有在有效期内的两证,即经省、自治区、直辖市人民政府产品监督管理部门(国家医药监督管理局)审查发给的产品生产注册证书,而且在包装上应依据《产品质量法》的规定标示:(1)产品质量检验合格证明;(2)有中文标志的产品名称、生产厂名称和地址;(3)根据产品的特点及使用要求,需要标明产品的规格等级,所含主要成分的名称和含量;(4)限期使用的产品,标明生产日期和安全使用期。只有两证齐全、标示无缺陷,在安全使用期内的产品才是合格的医疗器械产品。根据《医疗器械监督管理条例》第32条"医疗器械经营企业、使用单位购进医疗器械,应当查验供货者的资质和医疗器械的合格证明文件,建立进货查验记录制度"及第40条"医疗器械经营企业、使用单位不得经营、使用未依法注册、无合格证明文件以及过期、失效、淘汰的医疗器械"的规定,本案中被告举证时仅提供了钢板合格证,日期尚有重大瑕疵,原告对此提出质疑,认为合格证上生产日期为2014年10月11日,与原告手术时间不符,被告对此未能予以合理解释。根据《产品质量法》第46条"本法所称缺陷,是指产品存在危及人身、他人财产安全的不合理的危险"的规定,产品生产者、销售者承担的是无过错责任,产品销售者主张免责的,应由其对免责事由承担证明责任。本案被告提供的钢板在原告体内使用过程中发生钢板、螺钉断裂,即存在危及人身安全的不合理的危险,因被告未能提供钢板有效的质检合格证明,可推定该产品存在缺陷。根据《产品质量法》第40条"销售者售出的产品给购买产品的消费者造成损失的,销售者应当赔偿损失"及第43条"因产品存在缺陷造成人身、他人财产损害的,受害人可以向产品的生产者要求赔偿,也可以向产品的销售者要求赔偿”的规定,也就是说,产品销售者在无过错的情况下,仍有义务替代生产者先行承担责任。被告医院主张免责,因其承担的是代偿义务,故其应当提供证据证明产品使用与损害后果不存在因果关系。由于钢板分别在术后7个月、1年后发生断裂,不能排除系其他原因造成。且存在多因一果的情况,原告的伤情确实较重而骨折延迟愈合,钢板置入手术本身确实存在钢板断裂的风险。被告医院主张钢板、钢钉断裂的原因为提前负重导致断裂并不能完全排除,被告医院作为医疗机构,在手术过程中医疗器械发生意外极有可能存在医患纠纷时,本应对断裂钢板这类医疗器械进行妥善处理,而被告医院未尽到妥善处理义务导致无法确定钢板断裂的原因,对产品缺陷造成原告损失具有过错,应当承担赔偿责任。综合考虑上述因素,原告请求被告赔偿因使用被告提供的钢板、钢钉断裂再次手术治疗产生的各项合理经济损失的诉讼请求,本院予以支持。原告要求被告承担其第一次入住被告医院产生各项费用的诉讼请求,因该次住院是为了治疗原告因自身受到外力伤害产生的必然发生的费用,应由原告自行承担,故对原告的该项诉讼请求,本院不予支持。被告作为公益的医疗机构,其诊疗行为本身体现的是社会福利性质,保护原告利益的同时需与全体患者利益相平衡,患者自身所患疾病等原因也决定了医疗赔偿案件的特殊性,由于本案中无证据证明被告的诊疗行为具有过错,被告并不存在侵害原告健康权的故意,亦无证据证明原告构成伤残,故原告要求被告支付精神抚慰金的诉讼请求,本院不予支持。

实务要点三

当事人对人民法院委托的鉴定部门作出的鉴定结论有异议申请重新鉴定,提出证据证明存在下列情形之一的,人民法院应予准许:(1)鉴定机构或者鉴定人员不具备相关的鉴定资格;(2)鉴定程序严重违法的;(3)鉴定结论明显依据不足的;(4)经过质证认定不能作为证据使用的其他情形的。

南宁市第一人民医院与邹平等医疗损害赔偿纠纷申请再审案

广东省高级人民法院认为:

根据南宁市第一人民医院申请再审的请求及理由,本案主要审查南宁市第一人民医院对患儿邹思剑死亡应否承担赔偿责任以及如何承担损害赔偿责任等问题。

关于南宁市第一人民医院承担赔偿责任的比例问题。广州市医学会出具的广州医鉴〔2011〕079号《医疗事故技术鉴定书》认为：患儿邹思剑于2009年10月12日在广东省人民医院进行手术后，病情好转，生命体征平稳，于2009年10月25日出院，于2009年12月4日回该院复诊并无明显异常，南宁市第一人民医院于2010年2月4日对患儿入院体查及2月6日对患儿心肺复抢救前，一直没有出现相应脑部损伤的临床表现。

广州市医学会作出的广州医鉴〔2011〕080号《医疗事故技术鉴定书》分析认为：患儿邹思剑于2010年2月4日入住南宁市第一人民医院，入院体查时已发现哭剧时颜面、口周微绀，医方未行生化、血气分析、心脏彩超和心电图等相关检查；患儿次日"哭闹、持续尖叫，嘴唇及颜面紫绀"，经给予低流量吸氧后颜面紫绀仍未改善，医方未予重视，未予提升护理级别，也未进行血氧饱和度、心电、血压监测及采取必要的防治措施；2月5日10:30至2月6日10:28无护理记录；2月6日15:15患儿出现心跳呼吸减慢，15:20呼吸、心跳停止，虽予以持续抢救，但抢救人员技术经验不足，措施不得力，无效通气（期间血氧饱和度无法测出）长达70多分钟，未对病情作重新评估、查找心肺复苏失败的原因、及时改进方法或邀请ICU专业医师会诊指导抢救，以致患儿在呼吸心跳停止后无效通气时间过长，最终引起严重脑缺氧、脑坏死和液化，导致呼吸、循环及多器官功能衰竭而死亡。上述技术鉴定分析意见表明：南宁市第一人民医院对患儿邹思剑进行诊治过程中，发现患儿颜面紫绀未及时进行相应的检查和监测，未及时提升护理级别，关键时段（抢救前一天）甚至没有护理记录；患儿出现心跳呼吸减慢后，抢救人员技术经验不足，措施不得力，未及时改进方法或邀请ICU专业医师会诊指导抢救，以致患儿在呼吸心跳停止后无效通气时间过长，最终引起严重脑缺氧、脑坏死而死亡。

结合上述两份鉴定分析意见，可以认定患儿原有先天性心脏病术后的自身情况，对其因"反复咳嗽1个月，加重3天"在南宁市第一人民医院住院三天后出现"呼吸、心跳停止"及最终死亡没有决定性的影响；可以认定南宁市第--人民医院对患儿邹思剑的诊疗行为存在重大过错。综合医方的过错程度、医方过错行为与患儿死亡后果的原因力大小等因素，原审判决认为南宁市第一人民医院如能避免上述过失行为，患儿最终获得成功救治的机会大于不治身亡的可能性，符合本案实际情况。原审判决据此未采信广州市医学会认为患儿邹思剑原有先天性心脏病术后自身情况较差故南宁市第一人民医院承担次要责任的鉴定意见，酌定南宁市第一人民医院对患儿死亡后果承担70%的赔偿责任,并无明显不当。南宁市第一人民医院申请再审认为即使采信广州市医学会医疗事故技术鉴定报告其仅应承担次要责任的主张,理据不足,本院不予支持。

实务要点四

医疗机构的医务人员在履行职务的过程中因过失给患者造成人身损害的,由医疗机构承担替代责任。医务人员存在重大过错的,不承担连带责任。

辽阳县中医正骨医院与詹德胜及一审被告、二审被上诉人吕久东医疗损害责任纠纷申请再审民事裁定书 (2014)辽审三民申字第470号

辽宁省高级人民法院认为:

辽阳县中医正骨医院的骨科主任陈国余医生对詹德胜进行手术治疗,是在工作单位以该医院名义进行的,属职务行为,即与该医院之间建立了医疗关系。因此,在医疗中给詹德胜造成的损害结果应当由该医院负责,并对手术所造成的损害后果承担赔偿责任。陈国余是否私自手术,是该医院管理问题,故原审判决正确。辽阳县中医正骨医院的再审申请因无事实和法律依据,本院不予支持。

四、小结

近年来,随着人们法治意识的不断提高,基于医患关系产生的医疗损害责任纠纷案件一直是社会各界关注的热点之一。由于医疗损害责任纠纷案件是由具有高风险特点的医疗行为所引起,同时,当前有关医疗损害赔偿方面的法律也不完善,导致该类案件一直是人身损害赔偿案件中的难点。因此,我们有必要对目前医疗损害责任纠纷案件的立法、司法状况进行深入的思考,找出在审理医疗损害责任纠纷案件的过程中存在的问题,并为解决这些问题找到正确的方法。《侵权责任法》实行统一的医疗损害责任制度,不仅保护了受害患者的合法权益,也使医疗机构的合法权益也得到了有效保障。从整体上看该制度平衡了两者之间的利益,不同程度地保护了双方利益,但关于医疗损害责任之规定仍然比较笼统,有些规定尚存不足之处,这给实际操作带来不便。

第十八节　网络消费者权益保护裁判规则

一、导读

“国际消费者权益日”（World Consumer Rights Day）是每年的3月15日，由国际消费者联盟组织于1983年确定，目的在于扩大消费者权益保护的宣传，使之在世界范围内得到重视，以促进各国和地区消费者组织之间的合作与交往，在国际范围内更好地保护消费者权益。中国消费者协会提出的2018年主题是“品质消费 美好生活”。

近年来，随着我国网络购物规模和网购用户规模迅速扩大，网络消费已经成为一种不可忽视的消费形式。网络交易在我国蓬勃发展，给网络消费者带来了方便、快捷的生活，使我们的交易方式由传统的纸质交易开始向数字化交易转变。正是由于网络交易具有虚拟性、无地域性、开放性等特点，与传统交易相比，在网络环境下消费者权益更容易遭受侵害，消费者处于明显的弱势地位，实践中消费者权益很难得到有效保障，如网络消费者的知情权、隐私权问题、求偿权维护困难等。截至2018年4月，在中国裁判文书网中输入词条“网络购物（民事案由）”检索出共计20,009篇判决书，其中由最高人民法院审判的仅有1篇判决书。本书此部分旨在通过归纳介绍网络消费者权益保护的相关规定与理论，主要围绕最高人民法院裁判案例，归纳提炼网络消费者权益保护的司法裁判规则。

二、网络消费者权益保护的理论及立法规定

（一）网络消费者权益保护的基本理论

1. 消费者的概念

所谓消费者，就是为了满足个人生活消费的需要而购买、使用商品或者接受服务的居民。这里的居民指自然人或称个体社会成员。在我国，消费者是经营者的对称，而经营者就是向消费者出售商品或提供服务的市场主体。①

① 杨紫烜主编：《经济法》（第5版），北京大学出版社、高等教育出版社2015年版，第180页。

2. 消费者权益的概念

所谓消费者权益,是指消费者依法享有的权利以及该权利受到保护时给消费者带来的应得的利益。①

3. 消费者权益保护法的概念

消费者权益保护法,指调整在保护消费者权益的过程中发生的经济关系的法律规范的总称。②

4. 我国消费者权益保护法的四项原则

我国消费者权益保护法有4项原则。一是经营者应当依法提供商品或者服务的原则;二是经营者与消费者进行交易应当遵循自愿、平等、公平、诚实信用的原则;三是国家保护消费者的合法权益不受侵犯的原则;四是一切组织和个人对损害消费者合法权益的行为进行社会监督的原则。③

(二)法律或司法解释有关网络消费者权益保护的规定

《消费者权益保护法》

第八条 消费者享有知悉其购买、使用的商品或者接受的服务的真实情况的权利。

消费者有权根据商品或者服务的不同情况,要求经营者提供商品的价格、产地、生产者、用途、性能、规格、等级、主要成分、生产日期、有效期限、检验合格证明、使用方法说明书、售后服务,或者服务的内容、规格、费用等有关情况。

第十条 消费者享有公平交易的权利。

消费者在购买商品或者接受服务时,有权获得质量保障、价格合理、计量正确等公平交易条件,有权拒绝经营者的强制交易行为。

第十四条 消费者在购买、使用商品和接受服务时,享有人格尊严、民族风俗习惯得到尊重的权利,享有个人信息依法得到保护的权利。

第二十四条 经营者提供的商品或者服务不符合质量要求的,消费者可以依照国家规定、当事人约定退货,或者要求经营者履行更换、修理等义务。没有国家规定和当事人约定的,消费者可以自收到商品之日起七日内退货;七日后符合法定解除合同条件的,消费者可以及时退货,不符合法定解除合同条件的,可以要求经营

---

① 杨紫烜主编:《经济法》(第5版),北京大学出版社、高等教育出版社2015年版,第180页。

② 杨紫烜主编:《经济法》(第5版),北京大学出版社、高等教育出版社2015年版,第181页。

③ 杨紫烜主编:《经济法》(第5版),北京大学出版社、高等教育出版社2015年版,第181页。

者履行更换、修理等义务。

依照前款规定进行退货、更换、修理的，经营者应当承担运输等必要费用。

第二十五条　经营者采用网络、电视、电话、邮购等方式销售商品，消费者有权自收到商品之日起七日内退货，且无需说明理由，但下列商品除外：

（一）消费者定作的；

（二）鲜活易腐的；

（三）在线下载或者消费者拆封的音像制品、计算机软件等数字化商品；

（四）交付的报纸、期刊。

除前款所列商品外，其他根据商品性质并经消费者在购买时确认不宜退货的商品，不适用无理由退货。

消费者退货的商品应当完好。经营者应当自收到退回商品之日起七日内返还消费者支付的商品价款。退回商品的运费由消费者承担；经营者和消费者另有约定的，按照约定。

第四十四条　消费者通过网络交易平台购买商品或者接受服务，其合法权益受到损害的，可以向销售者或者服务者要求赔偿。网络交易平台提供者不能提供销售者或者服务者的真实名称、地址和有效联系方式的，消费者也可以向网络交易平台提供者要求赔偿；网络交易平台提供者作出更有利于消费者的承诺的，应当履行承诺。网络交易平台提供者赔偿后，有权向销售者或者服务者追偿。

网络交易平台提供者明知或者应知销售者或者服务者利用其平台侵害消费者合法权益，未采取必要措施的，依法与该销售者或者服务者承担连带责任。

《网络交易管理办法》

第十六条　网络商品经营者销售商品，消费者有权自收到商品之日起七日内退货，且无需说明理由，但下列商品除外：

（一）消费者定作的；

（二）鲜活易腐的；

（三）在线下载或者消费者拆封的音像制品、计算机软件等数字化商品；

（四）交付的报纸、期刊。

除前款所列商品外，消费者退货的商品应当完好。网络商品经营者应当自收到退回商品之日起七日内返还消费者支付的商品价款。退回商品的运费由消费者承担；网络商品经营者和消费者另有约定的，按照约定。

第十七条　网络商品经营者、有关服务经营者在经营活动中使用合同格式条款的,应当符合法律、法规、规章的规定,按照公平原则确定交易双方的权利与义务,采用显著的方式提请消费者注意与消费者有重大利害关系的条款,并按照消费者的要求予以说明。

网络商品经营者、有关服务经营者不得以合同格式条款等方式作出排除或者限制消费者权利、减轻或者免除经营者责任、加重消费者责任等对消费者不公平、不合理的规定,不得利用合同格式条款并借助技术手段强制交易。

第十九条 网络商品经营者、有关服务经营者销售商品或者服务,应当遵守《反不正当竞争法》等法律的规定,不得以不正当竞争方式损害其他经营者的合法权益、扰乱社会经济秩序。同时,不得利用网络技术手段或者载体等方式,从事下列不正当竞争行为:

(一)擅自使用知名网站特有的域名、名称、标识或者使用与知名网站近似的域名、名称、标识,与他人知名网站相混淆,造成消费者误认;

(二)擅自使用、伪造政府部门或者社会团体电子标识,进行引人误解的虚假宣传;

(三)以虚拟物品为奖品进行抽奖式的有奖销售,虚拟物品在网络市场约定金额超过法律法规允许的限额;

(四)以虚构交易、删除不利评价等形式,为自己或他人提升商业信誉;

(五)以交易达成后违背事实的恶意评价损害竞争对手的商业信誉;

(六)法律、法规规定的其他不正当竞争行为。

第二十三条 经营者应当保证在正常使用商品或者接受服务的情况下其提供的商品或者服务应当具有的质量、性能、用途和有效期限;但消费者在购买该商品或者接受该服务前已经知道其存在瑕疵,且存在该瑕疵不违反法律强制性规定的除外。

经营者以广告、产品说明、实物样品或者其他方式表明商品或者服务的质量状况的,应当保证其提供的商品或者服务的实际质量与表明的质量状况相符。

经营者提供的机动车、计算机、电视机、电冰箱、空调器、洗衣机等耐用商品或者装饰装修等服务,消费者自接受商品或者服务之日起六个月内发现瑕疵,发生争议的,由经营者承担有关瑕疵的举证责任。

第二十六条 经营者在经营活动中使用格式条款的,应当以显著方式提请消费者注意商品或者服务的数量和质量、价款或者费用、履行期限和方式、安全注意事项和风险警示、售后服务、民事责任等与消费者有重大利害关系的内容,并按照消费者的要求予以说明。

经营者不得以格式条款、通知、声明、店堂告示等方式，作出排除或者限制消费者权利、减轻或者免除经营者责任、加重消费者责任等对消费者不公平、不合理的规定，不得利用格式条款并借助技术手段强制交易。

格式条款、通知、声明、店堂告示等含有前款所列内容的，其内容无效。

第二十八条　采用网络、电视、电话、邮购等方式提供商品或者服务的经营者，以及提供证券、保险、银行等金融服务的经营者，应当向消费者提供经营地址、联系方式、商品或者服务的数量和质量、价款或者费用、履行期限和方式、安全注意事项和风险警示、售后服务、民事责任等信息。

三、最高人民法院及下级各级人民法院关于网络消费者权益保护问题的裁判规则

实务要点一

网络销售者以价格欺诈方式诱使消费者购买商品的，消费者有权请求“退一赔三”和保底赔偿。

王辛与小米科技有限责任公司网络购物合同纠纷二审民事判决书（2014）一中民（商）终字第8587号；小米科技有限责任公司网络购物合同纠纷申诉、申请民事裁定书（2015）高民（商）申字第2901号

北京市高级人民法院认为：

经营者与消费者进行交易，应当遵循自愿、平等、公平、诚实信用的原则。本案就10,400mAh移动电源，小米公司在米粉节抢购前专门制作了宣传页面进行广告宣传，即原价69元的10,400mAh移动电源米粉节特价49元，在米粉节当日该广告仍然存在。由于小米公司网络抢购此种销售方式的特殊性，该广告与商品的抢购界面直接链接且消费者需在短时间内作出购买的意思表示。王辛由于认同小米公司广告价格49元，故在米粉节当日作出抢购的意思表示，其真实意思表示的价格应为49元，但从小米网站订单详情可以看出，王辛4月8日14时30分下单，订单中10,400mAh移动电源的价格却为69元，并非49元。小米公司现认可小米商城活动

界面显示错误,存在广告价格与实际结算价格不一致之情形,但其解释为电脑后台系统出现错误。由于小米公司事后就其后台出现错误问题并未在网络上向消费者作出声明,且其无证据证明米粉节当天其电脑后台出现故障,导致其广告价格与实际结算价格不一致,故本院认定小米公司对此存在欺诈消费者的故意,王辛关于10,400mAh移动电源存在欺诈请求撤销合同的请求合理,本院予以支持。根据《消费者权益保护法》第55条的规定,小米公司应当赔偿王辛500元。合同撤销后,王辛应退还其购买的小米公司10,400mAh移动电源一个。

实务要点二

网络购物中,消费者收货超过7天后要求解除买卖合同应承担举证责任,如举证不能应承担不利后果。

搜藏(北京)文化发展有限公司与袁震东等产品责任纠纷二审民事判决书(2015)三中民终字第10707号;袁震东产品责任纠纷申诉、申请民事裁定书(2016)京民申字第824号

北京市高级人民法院认为:

涉案邮票不适用无期限退货的规定。我国《消费者权益保护法》第25条中规定"经营者采用网络、电视、电话、邮购等方式销售商品,消费者有权自收到商品之日起七日内退货,且无须说明理由";第54条规定"依法经有关行政部门认定为不合格的商品,消费者要求退货的,经营者应当负责退货"。袁震东未于收到涉案邮票之日起七日内退货,而涉案邮票并非经有关行政部门认定为不合格的商品,不适用无期限退货的规定。

本案的举证责任分配错误。袁震东是京东网上商城的会员,熟悉该网站退货流程。尤其是袁震东曾经购买搜藏公司经营的与涉案邮票同款的邮票,后于收货后七日内申请退货成功,其再次购买搜藏公司经营的涉案邮票,理应有高度的注意义务。袁震东于2013年6月22日购买涉案邮票,未在七天之内查验涉案邮票的真伪并作出相应处理,不符合常理。袁震东于2014年5月提出退货,其保管、控制涉案邮票11个月,其间搜藏公司丧失占有,故本案的举证责任在于袁震东,即由其举

证证明其提交的邮票是搜藏公司出售。现其不能举证证明现其提交的邮票是搜藏公司出售,应承担不利后果。

实务要点三

网络购物合同交付标的物发生错误的,构成根本违约。

张扬、中国移动通信集团湖北有限公司鄂州分公司网络购物合同纠纷再审审查与审判监督民事裁定书

(2015)鄂民申字第02298号

湖北省高级人民法院认为:

本院认为,本案是网络购物合同纠纷。张扬通过网络销售平台自中国移动鄂州公司购买15部VIVOX5L手机,双方形成买卖合同关系。中国移动鄂州公司未按双方约定,向张扬交付的是VIVOX5SL手机,已构成根本违约。张扬作为守约方,享有合同解除权。《合同法》第97条规定,“合同解除后,尚未履行的,终止履行;已经履行的,根据履行情况和合同性质,当事人可以要求恢复原状、采取其他补救措施,并有权要求赔偿损失”。二审法院判决中国移动鄂州公司退还张扬购机款并赔偿损失、张扬退还中国移动鄂州公司15部VIVOX5SL手机,并无不当。张扬关于二审法院判决张扬“完好”退还15部手机错误的再审申请理由,没有事实和法律依据,本院不予支持。张扬申请再审称,中国移动鄂州公司在网络宣传时描述手机屏幕尺寸为5寸而非5英寸,构成欺诈,二审法院未支持其三倍赔偿的诉讼请求,适用法律错误。本院认为,关于中国移动鄂州公司广告宣传手机屏幕是5寸是否属构成对消费者欺诈的问题,应当以普通消费者一般的认知水平来进行判断。在手机行业中对屏幕尺寸的描述一般均是英寸制,即使商家将手机屏幕的尺寸表述为5寸,一般消费者也会理解为5英寸,中国移动鄂州公司的宣传并不足以对具有一般认知能力的消费者造成误导,中国移动鄂州公司不构成欺诈。张扬的该项再审申请理由,没有事实和法律依据,本院不予支持。张扬关于二审法院徇私舞弊、枉法裁判的再审申请理由,没有事实依据,本院不予支持。

实务要点四

以信息网络方式订立的买卖合同通过信息网络交付标的的,以买受人住所地为合同履行地,买受人住所地法院享有管辖权。

1. 周兵与厦门佰翔手礼电子商务有限公司管辖裁定书(2016)苏民辖终字第192号

江苏省高级人民法院认为:

佰翔公司上诉认为根据《民事诉讼法》第21条、第23条的规定,本案应由被告住所地法院管辖,本案合同的履行地点并不能当然认定为合同标的物的“交付地点”。对此,本院认为,最高人民法院《关于适用〈中华人民共和国民事诉讼法〉的解释》第20条规定:“以信息网络方式订立的买卖合同通过信息网络交付标的的,以买受人住所地为合同履行地;通过其他方式交付标的的,收货地为合同履行地。合同对履行地由约定的从其约定。”最高人民法院《关于审理侵害信息网络传播权民事纠纷案件适用法律若干问题的规定》第2条规定:“本规定所称信息网络,包括以计算机、电视机、固定电话机、移动电话机等电子设备为终端的计算机互联网、广播电视网、固定通信网、移动通信网等信息网络,以及向公众开放的局域网络。”本案中,无论是通过电话还是互联网方式订购涉案茶叶,均应认定是以信息网络方式订立的买卖合同。因佰翔公司通过顺丰快递将涉案茶叶送达江苏省淮安市的新新家园,故根据上述规定,收货地淮安市应为合同履行地。根据《民事诉讼法》第23条关于“因合同纠纷提起的诉讼,由被告住所地或者合同履行地人民法院管辖”的规定,一审法院作为合同履行地法院对本案具有管辖权。

2. 贺军与周伟明管辖裁定书(2017)苏民辖字第71号

江苏省高级人民法院认为:

本院认为,《民事诉讼法》第23条规定,因合同提起的诉讼,由被告住所地或者合同履行地人民法院管辖。最高人民法院《关于适用〈中华人民共和国民事诉讼法〉的解释》第20条规定,以信息网络方式订立的买卖合同,通过信息网络交付标的的,以买受人住所地为合同履行地;通过其他方式交付标的的,收货地为合同履行地。合同对履行地有约定的,从其约定。本案系网络购物合同纠纷,南通理工学院作为收货地即为本案的合同履行地，故南通市港闸区人民法院对本案享有管辖权。射阳县人民法院作为被告住所地法院对本案亦有管辖权。最高人民法院《关于适用〈中华人民共和国民事诉讼法〉的解释》第36条规定，两个以上人民法院都有管辖权的诉讼，先立案的人民法院不得将案件移送给另一个有管辖权的人民法院。根据上述规定，本案应由江苏省南通市港闸区人民法院管辖。

实务要点五

侵犯知识产权和不正当竞争案件中，如果原告通过网络购物方式购买被诉侵权产品，不宜适用最高人民法院《关于适用〈中华人民共和国民事诉讼法〉的解释》第20条的规定来确定案件的地域管辖。

广东马内尔服饰有限公司、周乐伦商业贿赂不正当竞争纠纷二审民事裁定书(2016)最高法民辖终字第107号

最高人民法院认为：

关于第一个焦点问题。侵犯知识产权案件和不正当竞争案件均属于侵权类案件，《民事诉讼法》第28条规定，因侵权行为提起的诉讼，由侵权行为地或者被告住所地人民法院管辖。最高人民法院《关于适用〈中华人民共和国民事诉讼法〉的解释》(法释〔2015〕5号)(以下简称《民事诉讼法司法解释》)第24条规定，《民事诉讼法》第28条规定的侵权行为地，包括侵权行为实施地、侵权结果发生地。侵犯知识产权案件中，由于附着了商标或者其他权利的商品具有大范围的可流通性，如何确定侵权行为地有不同于一般民事纠纷案件的特殊性。《关于审理商标民事纠纷案件适用法律若干问题的解释》(法释〔2002〕32号)第6条规定，因侵犯注册商标专用权行为提起的民事诉讼，由《商标法》(指2001年修正的《商标法》)第13条、第52条所规定侵权行为的实施地、侵权商品的储藏地或者查封扣押地、被告住所地人民法院管辖。根据该条规定，在侵犯商标权案件中，除了大量侵权商品的储藏地以及海关、工商等行政机关依法查封、扣押侵权商品的所在地外，仅侵权行为的实施地或者被告住所地可以作为管辖依据，而不再依据侵权结果发生地确定管辖。本案中，新百伦公司认为马内尔公司的侵权行为是基于周乐伦的授权，通过“百伦BOLUNE”微信公众账号销售被诉侵权产品，参照前述司法解释规定，新百伦公司

可以在马内尔公司被诉侵权行为的实施地以及该公司住所地的人民法院提起诉讼。马内尔公司住所地位于广东省广州市天河区,新百伦公司亦无其他证据证明其在公司住所地之外的其他地区实施了侵权行为,故应以该住所地作为对马内尔公司相应行为确定管辖的依据。《民事诉讼法司法解释》第 20 条规定:“以信息网络方式订立的买卖合同,通过信息网络交付标的的,以买受人住所地为合同履行地;通过其他方式交付标的的,收货地为合同履行地。合同对履行地有约定的,从其约定。”该条规定是对《民事诉讼法》第 23 条、第 34 条关于合同履行地的补充规定。对于以信息网络方式订立的买卖合同,确定被告住所地或者合同履行地存在一定的困难,故司法解释该条进行了明确。由于合同案件与侵犯知识产权及不正当竞争案件存在较大的不同,合同案件一般发生在合同当事人之间,且其影响基本仅限于特定的行为和特定的当事人,而在侵犯知识产权和不正当竞争案件中,当事人通过网络购物方式取得被诉侵权产品,虽然形式上与“以信息网络方式订立买卖合同”并无区别,但其所提出的侵权主张并非仅针对这一特定的产品,而是包含了特定权利的所有产品;其主张也并非仅针对合同的另一方主体,而可能是与此产品相关的、根据法律规定可能构成侵权的其他各方主体。考虑到上述区别,并考虑到侵犯知识产权案件和不正当竞争案件中对侵权行为地的确定有专门的规定,在此类案件中,如果原告通过网络购物方式购买被诉侵权产品,不宜适用《民事诉讼法司法解释》第 20 条的规定来确定案件的地域管辖。一审法院援引《民事诉讼法司法解释》第 20 条的规定,认定南京市既是马内尔公司的侵权行为实施地,也是侵权结果发生地,适用法律不当,本院予以纠正。

四、小结

网络消费发展迅速,但消费者的弱势地位没有改变,在当前的网络环境中,消费者往往是单独分散的个体,缺少发言权。网络环境下商家凭借技术手段对消费者拥有无可争议的优势,使消费者只能被动地服从其霸王条款,“在信息时代,技术本身已构成了对社会的支配力量,而法律出于公平理念,应对技术弱者给予适当的保护,网络交易中的技术弱者通常是消费者。”

我国没有对网络消费者权益保护进行专门立法。网络消费者权益保护在诉讼方面面临着诸如责任主体确认难、消费者举证困难、纠纷管辖法院确认难以及诉讼成本等问题,对此,首先,可以从完善“新消法”和网络消费者权益保护条款入手,如保护知情权、个人信息、完善收货退换货制度等。其次,在诉讼中宜实行举证责任倒置、建立有利于消费者的诉讼管辖原则等。并且,网络购物有着互联网的特殊性,建立网络争端解决机制亦可辅助解决诉讼问题。

互联网改变着人们的消费观和消费方式,也间接改变着立法规定和立法角度。如何建立起完善统一的网络消费者权益保护机制是我们法律人为之努力的方向和目标。

第十九节　公司股东滥用股东权利裁判规则

一、导读

在公司股东与公司的关系上,股东作为出资者按其出资数额(股东另有约定的除外),享有所有者的分享收益、重大决策和选择管理者等权利。在股东之间,股东地位一律平等,原则上同股同权、同股同利,但公司章程可作出其他规定。

但一些公司股东,尤其是居于控股地位的大股东,往往利用其在公司经营管理、股东会表决权等方面的优势地位,滥用股东权利,利用自己的股东地位(一般为大股东)为了追求私利或是追求的利益不利于公司、其他股东权利,违反法律、行政法规或章程的规定,不正当地行使股东权利,这种行为不仅损害了公司利益,实际上也损害了其他股东的利益,同时还会损害公司债权人的利益。这种行为应当受到法律的制裁,滥用股东权利的股东应当承担相应的法律责任。

截至2018年4月,在中国裁判文书网中键入"滥用股东权利(民事案件)",共检索出6356篇裁判文书,其中由最高人民法院作出的有50篇,但其中能够整理出较为有意义的裁判规则的裁判文书数量有限,故笔者对上述问题进行理论探讨并引用案例予以进行梳理说明(其中有部分高级人民法院作出的裁判文书)。

二、公司股东滥用股东权利的理论与立法规定

(一)公司股东滥用股东权利的基本理论

1. 公司股东滥用股东权利的概念

股东滥用股东权利是指公司股东故意违反法律或者章程的规定,不正当地行使股东权利。①《公司法》赋予股东广泛的权利,本着权利义务对等的原则,公司股

① 唐青阳主编:《公司法精要与依据指引》,北京大学出版社2011年版,第59页。

东在享有各项权利的同时,负有正当行使权利的义务。其正当行使权利受法律保护,滥用权利将受到法律制裁。股东在行使权利时法律有关的规定,不得损害公司和其他股东的利益。①

2. 公司股东滥用股东权利的权利常见表现形态

公司股东滥用股东权利有以下几个方面。第一,滥用查阅权。如美国法上股东对公司资料和信息的查阅应当有正当的或合适的目的,瑞士法上对查阅权的限制等。第二,滥用表决权。如股东拒不出席股东(大)会导致法定人数无法达到,这种情形下常常需要对法定人数有例外规定。又如,英国公司法规定,股东会一般只要三名股东出席即可生效。若首次会议未达到法定人数,可休会一周后,在相同地点和时间在再次行会议,在指定时间半小时后若还未达到法定人数,则出席股东会的人数应认为已满法定人数。再如,以不正当股份买卖取得表决权,后者以不正当方式(如不符合法律或章程规定的投票权召集)行使表决权。第三,滥用自益权。这种情况常发生在有限责任公司,如不当分配利润(这常常是指过度分红),或者不当转让股份,或者拒不转让股份等。不当转让股份,如将股份转让给公司的竞争对手,或者忽视公司或者其他股东的优先购买权;拒不转让股份,如有限公司准备转换成股份公司,不同意的股东既反对转换,也不行使平股权,导致其股份无法处置。但这也可以通过设定类似提存或者由董事会决定主动收购的方式解决。第四,滥用诉权。如各国对诉权的限制,或者设置前置程序防止公司受到股东的恶意诉讼,或者采用集团诉讼防止无休止的诉讼等。②

滥用股东权利不仅以上案例这种形式,股东滥用公司财产管理权,还会有很多的情形,如股东不依法履行出资义务,擅自违反出资协议;还有股东会滥用表决权,强迫公司对外进行民事行为等。这些都是股东滥用股东权利的行为,都会对公司以及其他股东带来利益损害。

(二)法律或司法解释有关公司股东滥用股东权利的规定

《公司法》

第二十条 公司股东应当遵守法律、行政法规和公司章程,依法行使股东权利,不得滥用股东权利损害公司或者其他股东的利益;不得滥用公司法人独立地位和股东有限责任损害公司债权人的利益。

---

① 雷振虎主编:《公司法学》,北京大学出版社 2012 年版,第 181 页。

② 邓峰:《普通公司法》,中国人民法大学出版社 2009 年版,第 414 页。

公司股东滥用股东权利给公司或者其他股东造成损失的，应当依法承担赔偿责任。

公司股东滥用公司法人独立地位和股东有限责任，逃避债务，严重损害公司债权人利益的，应当对公司债务承担连带责任。

第二十一条　公司的控股股东、实际控制人、董事、监事、高级管理人员不得利用其关联关系损害公司利益。

违反前款规定，给公司造成损失的，应当承担赔偿责任。

第一百五十一条第一、二款　董事、高级管理人员有本法第一百四十九条规定的情形的，有限责任公司的股东、股份有限公司连续一百八十日以上单独或者合计持有公司百分之一以上股份的股东，可以书面请求监事会或者不设监事会的有限责任公司的监事向人民法院提起诉讼；监事有本法第一百四十九条规定的情形的，前述股东可以书面请求董事会或者不设董事会的有限责任公司的执行董事向人民法院提起诉讼。

监事会、不设监事会的有限责任公司的监事，或者董事会、执行董事收到前款规定的股东书面请求后拒绝提起诉讼，或者自收到请求之日起三十日内未提起诉讼，或者情况紧急、不立即提起诉讼将会使公司利益受到难以弥补的损害的，前款规定的股东有权为了公司的利益以自己的名义直接向人民法院提起诉讼。

最高人民法院《关于适用〈中华人民共和国公司法〉若干问题的规定（四）》

第十一条　股东行使知情权后泄露公司商业秘密导致公司合法利益受到损害，公司请求该股东赔偿相关损失的，人民法院应当予以支持。

根据本规定第十条辅助股东查阅公司文件材料的会计师、律师等泄露公司商业秘密导致公司合法利益受到损害，公司请求其赔偿相关损失的，人民法院应当予以支持。

最高人民法院《关于适用〈中华人民共和国企业破产法〉若干问题的规定（二）》

第四十六条　债务人的股东主张以下列债务与债务人对其负有的债务抵销，债务人管理人提出异议的，人民法院应予支持：

（一）债务人股东因欠缴债务人的出资或者抽逃出资对债务人所负的债务；

（二）债务人股东滥用股东权利或者关联关系损害公司利益对债务人所负的债务。

最高人民法院《关于适用〈中华人民共和国公司法〉若干问题的规定(四)》

第十五条 股东未提交载明具体分配方案的股东会或者股东大会决议,请求公司分配利润的,人民法院应当驳回其诉讼请求,但违反法律规定滥用股东权利导致公司不分配利润,给其他股东造成损失的除外。

《中国银监会关于印发商业银行并表管理与监管指引的通知》

第二十六条第二款 商业银行不得滥用股东权利或以其他不正当方式对附属机构施加影响,迫使附属机构偏离正常的公司治理和决策机制。

《上市公司收购管理办法》

第七条 被收购公司的控股股东或者实际控制人不得滥用股东权利损害被收购公司或者其他股东的合法权益。

被收购公司的控股股东、实际控制人及其关联方有损害被收购公司及其他股东合法权益的,上述控股股东、实际控制人在转让被收购公司控制权之前,应当主动消除损害;未能消除损害的,应当就其出让相关股份所得收入用于消除全部损害做出安排,对不足以消除损害的部分应当提供充分有效的履约担保或安排,并依照公司章程取得被收购公司股东大会的批准。

《住房和城乡建设部关于印发〈物业承接查验办法〉的通知》

第三十七条 建设单位不得凭借关联关系滥用股东权利,在物业承接查验中免除自身责任,加重物业服务企业的责任,损害物业买受人的权益。

三、最高人民法院及下级各级人民法院关于公司股东滥用股东权利的裁判规则

实务要点一

公司股东利用自己的优势地位转移公司财产导致公司不能进行盈余分配的,其他股东可以直接向人民法院起诉要求公司进行盈余分配,无须以股东会决议为前提。

庆阳市太一热力有限公司、李昕军公司盈余分配纠纷二审民事判决书(2016)最高法民终字第528号

最高人民法院认为:

公司在经营中存在可分配的税后利润时,有的股东希望将盈余留作公司经营

以期待获取更多收益，有的股东则希望及时分配利润实现投资利益，一般而言，即使股东会或股东大会未形成盈余分配的决议，对希望分配利润股东的利益不会发生根本损害，因此，原则上这种冲突的解决属于公司自治范畴，是否进行公司盈余分配及分配多少，应当由股东会作出公司盈余分配的具体方案。但是，当部分股东变相分配利润、隐瞒或转移公司利润时，则会损害其他股东的实体利益，已非公司自治所能解决，此时若司法不加以适度干预则不能制止权利滥用，亦有违司法正义。虽目前有股权回购、公司解散、代位诉讼等法定救济路径，但不同的救济路径对股东的权利保护有实质区别，故需司法解释对股东的盈余分配请求权进一步予以明确。为此，最高人民法院《关于适用〈中华人民共和国公司法〉若干问题的规定（四）》第15条规定，“股东未提交载明具体分配方案的股东会或者股东大会决议，请求公司分配利润的，人民法院应当驳回其诉讼请求，但违反法律规定滥用股东权利导致公司不分配利润，给其他股东造成损失的除外”。在本案中，首先，太一热力公司的全部资产被整体收购后没有其他经营活动，一审法院委托司法审计的结论显示，太一热力公司清算净收益为75,973,413.08元，即使扣除双方有争议的款项，太一热力公司也有巨额的可分配利润，具备公司进行盈余分配的前提条件。其次，李昕军同为太一热力公司及其控股股东太一工贸公司法定代表人，未经公司另一股东居立门业公司同意，没有合理事由将5600万余元公司资产转让款转入兴盛建安公司账户，转移公司利润，给居立门业公司造成损失，属于太一工贸公司滥用股东权利，符合最高人民法院《关于适用〈中华人民共和国公司法〉若干问题的规定（四）》第15条但书条款规定应进行强制盈余分配的实质要件。最后，前述司法解释规定的股东盈余分配的救济权利，并未规定需以采取股权回购、公司解散、代位诉讼等其他救济措施为前置程序，居立门业公司对不同的救济路径有自由选择的权利。因此，一审判决关于太一热力公司应当进行盈余分配的认定有事实和法律依据，太一热力公司、李昕军关于没有股东会决议不应进行公司盈余分配的上诉主张不能成立。

实务要点二

公司的股东为法人的，股东与公司的法定代表人或董事长为同一人时，此“双重职务身份”并不为我国《公司法》及相关法律法规所禁止，并不自然导致“法人人格否认原理”中的“人格混同”之情形，不能据此得出作为股东的行为即公司的行为的结论。

海南海钢集团有限公司与中国冶金矿业总公司及三亚度假村有限公司损害股东利益责任纠纷二审民事判决书(2013)最高法民二终字第43号

最高人民法院认为:

在度假村公司股东会进行上述表决过程中,中冶公司作为该公司的股东投了赞成票,系正当行使其依法享有表决权的行为,该表决行为并不构成对其他股东权利及利益的侵害。基于全体股东的表决结果,度假村公司董事会制定了《三亚度假村有限公司股东会决议》,载明:“根据《公司法》规定:度假村公司股东会通过度假村公司与海韵公司合作开发方案。”此后,双方签订了合作开发协议,并将之付诸实施。这些行为及经营活动均是以“度假村公司董事会、董事长”名义而实施,其对内为董事会行使职权,对外则代表了“度假村公司”的法人行为,没有证据证明是中冶公司作为股东而实施的越权行为。尽管大股东中冶公司的法定代表人邹健同时担任度假村公司董事会的董事长,但此“双重职务身份”并不为我国《公司法》及相关法律法规所禁止,且该董事长系由度假村公司股东会依公司章程规定选举产生,符合我国《公司法》第45条第3款的规定。在此情形下,度假村公司及其股东中冶公司均为人格独立的公司法人,不应仅以两公司的董事长为同一自然人,便认定两公司的人格合一,进而将度假村公司董事会的行为认定为中冶公司的行为,这势必造成公司法人内部决策机制及与其法人单位股东在人格关系上的混乱。此外,两公司人格独立还表现为其财产状况的独立和明晰,在没有证据证明公司与其股东之间存在利益输送的情况下,此类“董事长同一”并不自然导致“法人人格否认原理”中的“人格混同”之情形,不能据此得出中冶公司的表决行为损害了度假村公司及其股东海钢集团利益的结论。因此,原审判决依“中冶公司利用其董事长邹健同时为度假村公司董事长的条件和掌管度假村公司公章的权力自行制作《三亚度假村有限公司股东会决议》”,认定中冶公司“系滥用股东权利,并由此侵犯了海钢集团的合法权益”,没有事实和法律依据。

实务要点三

公司股东分配红利的决议行为是否侵犯公司或者其他债权人的利益，应当以该决议发生的时间与债权人向人民法院起诉的时间的先后顺序为依据认定公司股东是否滥用股东权利。

江苏省东晟金属材料有限公司与江苏省惠隆资产管理有限公司与公司有关的纠纷二审民事判决书（2016）苏民终字第1263号

江苏省高级人民法院认为：

案涉利润分配行为所涉及的利润为东晟金属公司2012年度利润，其相关决定分配行为并不违反法律规定，合法有效。且案涉利润的决定分配行为及财务处理行为发生的时点均位于东晟金属公司举证的民事案件立案、判决之前，亦有部分案件是在案涉利润分配行为完成后才立案，该部分民事案件均是至2014年才由法院陆续作出生效法律文书，故在案涉利润分配的决定作出以及实际实施时，关于东晟金属公司所涉债务关系、权利人、债务数额等均未明确，亦未有生效法律文书确认东晟金属公司应承担还款责任。虽然案涉利润分配行为是以借款方式完成后不久又以收回的应收账款进行偿付借款的方式完成，但该行为并不违反法律的强制性、禁止性规定，且利润分配的决定和财务处理行为均早已完成，故东晟金属公司关于利润分配的实施行为系燃料总公司、惠隆公司滥用股东权利突击完成的上诉主张不能成立。此外，东晟金属公司二审中提交的相关证据系其在案涉利润分配行为完成后的企业经营行为，亦不能证明东晟金属公司2012年度的利润分配行为系公司股东滥用权利损害公司利益的行为。再结合本案现有证据及与本案相关联的涉燃料总公司案件中的相关证据分析，东晟金属公司提交的证据均未反映出案涉利润分配行为实际完成后，案涉利润分配行为对东晟金属公司经营造成经营严重困难或给东晟金属公司的正常经营造成重大不利影响；相反，东晟金属公司在2013年年底以及2014年年初还相继归还了银行贷款一亿余元，且案涉利润分配行为完成时间为2013年9月12日，而一审法院裁定受理债权人申请东晟金属公司破产清算的时间为2015年5月8日，相距近两年时间。综上所述，东晟金属公司关于案涉利润分配行为是东晟金属公司股东滥用股东权利的上诉主张缺乏事实与法律依据，不能成立。

实务要点四

公司股东作出出售公司财产的股东会决议虽然符合法律和公司章程规定，但若货款一直未入账，且股东与买受人具有关联关系，则认定股东系滥用股东权利。

王朝阳与中地不动产评估有限公司等损害公司利益责任纠纷二审民事判决书(2016)京民终字第210号

北京市高级人民法院认为：

王朝阳、尤孝明、钱海滨、王朝霞作为共计持有公司50.7043%股权的控制股东及董事，在控制、经营管理公司期间，通过股东会决议将公司房屋出售给与其具有关联关系的中地公司，且没有支付对价，致公司财产损失。王朝阳、尤孝明、钱海滨、王朝霞依据股东会决议出售涉案房屋，不违反公司章程相关规定。中地公司收取了王朝刚支付的购房款并于2007年8月13日开具了收款发票，但至本案中地公司起诉之日未见相应资金入账。王朝阳、尤孝明、钱海滨、王朝霞作为中地公司控制股东、作出并执行股东会决议的股东、董事，且与代为收取购房款的中地人公司有关联关系，对于中地公司长期未能取得售房款项，导致公司财产重大损失负有不可推卸的责任，应当承担赔偿责任。

实务要点五

未经公司批准，股东实施了未经其批准而不能对外履行合同义务的行为，损害了公司的法人独立地位，属于滥用股东权利的行为；股东以其是正常的管理、监督等行为未损害公司的法人独立地位的，对滥用股东权利的主张不予支持。

山西建筑工程(集团)总公司与霍州煤电集团有限责任公司、霍州煤电集团晋北煤业有限公司建设工程施工合同纠纷申诉、申请民事裁定书(2016)最高法民申字第918号

最高人民法院认为：

霍州煤电对晋北煤业的管理、监督行为损害了晋北煤业的独立法人地位，构成

股东权利的滥用。霍州煤电与山西建设公司签订建设工程施工合同系双方当事人的真实意思表示，双方当事人应当按照合同约定全面履行自己的义务。但是根据一审、二审判决及本院审查查明事实表明，晋北煤业在履行建设工程施工合同时，在案涉工程设计变更、增加施工项目、调整材料价格、增加工程费用投资等方面均须按照霍州煤电要求，向霍州煤电请示，经其批准，方可履行。本院认为，霍州煤电作为晋北煤业的股东，应当通过董事会、股东会等符合《公司法》规定的方式履行表决权，行使其权利。而霍州煤电以未经批准晋北煤业不能对外履行合同义务这一行为，损害了晋北煤业的法人独立地位。霍州煤电认为其管理、监督等行为未损害晋北煤业公司的法人独立地位，事实依据不足。二审判决认定霍州煤电滥用股东权利，并无不当。

四、小结

《公司法》赋予股东广泛的权利，本着权利义务对等的原则，公司股东在享有各项权利的同时，负有正当行使权利的义务。对违反法律、行政法规或章程的规定，不正当地行使股东权利，损坏公司、其他股东的利益的行为，理应承担相应的法律责任。公司股东特别是大股东常会利用自己的优势地位转移公司财产、不当地分配公司利润、对公司作出损人利己的监督管理行为，损害公司和其他股东的利益。如果公司股东非法转移公司财产导致公司不能进行盈余分配的，若符合最高人民法院《关于适用〈中华人民共和国公司法〉若干问题的规定（四）》第15条但书条款规定的应进行强制盈余分配的实质要件，其他股东可以直接向人民法院起诉要求公司进行盈余分配，无须以股东会决议为前提。若要判断公司股东分配红利的决议行为是否侵犯公司或者其他债权人的利益，应当以该决议发生与债权人向人民法院起诉的时间先后顺序为依据认定公司股东是否滥用股东权利。当公司股东作出出售公司财产的股东会决议虽然符合法律和公司章程，但货款一直未入账时，若能够认定股东与买受人具有关联关系，可以认定存在股东滥用股东权利。另外，有时会出现公司的股东为法人，并且股东与公司的法定代表人或董事长为同一人时，但此“双重职务身份”并不为我国《公司法》及相关法律法规所禁止，并不自然导致“法人人格否认原理”中的“人格混同”之情形，不能据此得出作为股东的行为即公司的行为的结论，同样不能作出股东滥用股东权利的结果。有些股东以正常管理、监督等为由对公司对外履行合同义务的行为进行干预，损害了公司的法人独立地位，属于滥用股东权利的行为。

第二十节　股权代持裁判规则

一、导读

股权代持又称委托持股、隐名投资或假名出资,是指基于法律规避、企业改制、股权信托设计等原因,实际出资人与他人约定,以该他人名义代实际出资人履行股东权利义务的一种股权或股份处置方式。实践中,由于股权代持会导致实际出资人与名义股东不一致,基于商事外观主义原理,因此存在实际出资人的股东权行使、对公司债务的承担、二者个人财产的认定的问题。截至 2018 年 4 月,在中国裁判文书网中键入“股权代持(民事案件)”共检索出 2636 篇裁判文书,其中由最高人民法院作出的有 30 篇。本书此部分致力于对上述问题进行理论探讨并引用最高人民法院的案例予以进行梳理说明。

二、股权代持的理论与立法规定

(一)股权代持的基本理论

在公司实务中,某些公司投资人由于种种原因,不愿意以自己的真实身份参与公司,但为了通过投资享受公司经营收益,就以另一人的名义出资,使另一人成为公司形式意义上的股东,投资人自己则在幕后实际享有股东权利。在这种情况下,该投资人即实际出资人,另一人则为名义股东。名义股东和实际出资人之间往往通过签订合同来约定双方的关系以及权益分配,只要该合同没有我国《合同法》第 52 条规定的情形,就应当认定有效。名义股东虽然仅在名义上行使股东权利,但不能私自处分登记在其名下的股权,而且对公司债务不能清偿的部分在未出资本息范围内,仍需承担补充赔偿责任。当然名义股东在赔偿之后,仍可向实际出资人追偿。①

1. 股权代持的基本特征

股权代持有以下几个基本特征。

第一,在公司登记事项中,实际出资人与登记公示的股东不符或不完全相符。

① 雷振虎主编:《公司法学》,北京大学出版社 2012 年版,第 167、168 页。

根据商事外观主义的要求，商事登记事项因公示而取得公信力。如果公司登记中实际出资人与登记的股东不符，只有在公司登记主管部门登记公示的股东才能取得《公司法》上的股东地位。

第二，实际出资人与显名股东之间存在契约、信托或者其他法律上的关联关系。也就是说，显名股东和隐名出资人不一致是基于某种法律关系的存在，并通过公司设立者的申请登记行为使之得以实现。如果是由于申请登记者的错误申请或者公司登记机关的形式审查有误而造成登记股东与实际出资者不一致，则不是隐名出资的问题了。如果显名股东为虚构主体，但由于显名股东实际上并不存在而不产生隐名出资法律关系。

第三，隐名出资中的隐名指的是公司登记的公示状态；公司中其他股东对隐名出资情况是否知悉并不影响隐名出资的成立，但知情与否可能会影响到其在公司里的权利和义务。

第四，隐名出资由于与公司登记的公示原则相背离以及对其他股东信赖利益的损害，而被认为是非适法状态；但隐名出资关系本身并不会因此被赋予完全否定性的效力评价；隐名出资人可能会因“隐名”而使其权利受限、责任扩张。①

2. 确定隐名出资内部关系的步骤

首先，要判断隐名出资人将其财产投资于公司的意思表示是否足够明确。这一点是将隐名出资关系区别于其他法律关系的标准。如果没有证据能够证明隐名出资人将财产转移给显名股东是为了作为公司资本，那么所谓的隐名出资人将财产转移给显名股东，显名股东再向公司投资的行为只是简单的事实而非彼此权利义务关系的内容。

其次，如无相反约定，推定隐名出资的基础法律关系为信托。在隐名出资的合意能够得到确认的情况下，如果当事人已经选择了信托设计，自然应依据信托原理确定双方内部关系。但如果双方仅就出资事项达成合意而无其他具体的约定，也可推定默示的信托关系的成立。这种推定主要是根据体系化解释和有效性解释的法律解释方法所作出的。②

---

① 刘韶华主编：《有限责任公司隐名出资法律问题研究》，中国人民公安大学出版社 2012 年版，第 11～12 页。

② 刘韶华主编：《有限责任公司隐名出资法律问题研究》，中国人民公安大学出版社 2012 年版，第 76～77 页。

(二)法律或司法解释有关股权代持的规定

《公司法》

第三十二条 有限责任公司应当置备股东名册,记载下列事项:

(一)股东的姓名或者名称及住所;

(二)股东的出资额;

(三)出资证明书编号。

记载于股东名册的股东,可以依股东名册主张行使股东权利。

公司应当将股东的姓名或者名称向公司登记机关登记;登记事项发生变更的,应当办理变更登记。未经登记或者变更登记的,不得对抗第三人。

最高人民法院《关于适用〈中华人民共和国公司法〉若干问题的规定(三)》

第二十二条 当事人之间对股权归属发生争议,一方请求人民法院确认其享有股权的,应当证明以下事实之一:(一)已经依法向公司出资或者认缴出资,且不违反法律法规强制性规定;(二)已经受让或者以其他形式继受公司股权,且不违反法律法规强制性规定。

第二十四条 有限责任公司的实际出资人与名义出资人订立合同,约定由实际出资人出资并享有投资权益,以名义出资人为名义股东,实际出资人与名义股东对该合同效力发生争议的,如无合同法第五十二条规定的情形,人民法院应当认定该合同有效。

前款规定的实际出资人与名义股东因投资权益的归属发生争议,实际出资人以其实际履行了出资义务为由向名义股东主张权利的,人民法院应予支持。名义股东以公司股东名册记载、公司登记机关登记为由否认实际出资人权利的,人民法院不予支持。

实际出资人未经公司其他股东半数以上同意,请求公司变更股东、签发出资证明书、记载于股东名册、记载于公司章程并办理公司登记机关登记的,人民法院不予支持。

第二十五条 名义股东将登记于其名下的股权转让、质押或者以其他方式处分,实际出资人以其对于股权享有实际权利为由,请求认定处分股权行为无效的,人民法院可以参照物权法第一百零六条的规定处理。

名义股东处分股权造成实际出资人损失,实际出资人请求名义股东承担赔偿责任的,人民法院应予支持。

第二十六条 名义股东将登记于其名下的股权转让、质押或者以其他方式处分,实际出资人以其对于股权享有实际权利为由,请求认定处分股权行为无效的,人民法院可以参照物权法第一百零六条的规定处理。

名义股东处分股权造成实际出资人损失,实际出资人请求名义股东承担赔偿责任的,人民法院应予支持。

第二十七条　公司债权人以登记于公司登记机关的股东未履行出资义务为由,请求其对公司债务不能清偿的部分在未出资本息范围内承担补充赔偿责任,股东以其仅为名义股东而非实际出资人为由进行抗辩的,人民法院不予支持。

名义股东根据前款规定承担赔偿责任后,向实际出资人追偿的,人民法院应予支持。

最高人民法院《关于审理外商投资企业纠纷案件若干问题的规定(一)》

第十四条　当事人之间约定一方实际投资、另一方作为外商投资企业名义股东,实际投资者请求确认其在外商投资企业中的股东身份或者请求变更外商投资企业股东的,人民法院不予支持。同时具备以下条件的除外:

(一)实际投资者已经实际投资;

(二)名义股东以外的其他股东认可实际投资者的股东身份;

(三)人民法院或当事人在诉讼期间就将实际投资者变更为股东征得了外商投资企业审批机关的同意。

第十五条　合同约定一方实际投资、另一方作为外商投资企业名义股东,不具有法律、行政法规规定的无效情形的,人民法院应认定该合同有效。一方当事人仅以未经外商投资企业审批机关批准为由主张该合同无效或者未生效的,人民法院不予支持。

实际投资者请求外商投资企业名义股东依据双方约定履行相应义务的,人民法院应予支持。

双方未约定利益分配,实际投资者请求外商投资企业名义股东向其交付从外商投资企业获得的收益的,人民法院应予支持。外商投资企业名义股东向实际投资者请求支付必要报酬的,人民法院应酌情予以支持。

第十六条　外商投资企业名义股东不履行与实际投资者之间的合同,致使实际投资者不能实现合同目的,实际投资者请求解除合同并由外商投资企业名义股东承担违约责任的,人民法院应予支持。

第十七条　实际投资者根据其与外商投资企业名义股东的约定,直接向外商投资企业请求分配利润或者行使其他股东权利的,人民法院不予支持。

第十八条 实际投资者与外商投资企业名义股东之间的合同被认定无效,名义股东持有的股权价值高于实际投资额,实际投资者请求名义股东向其返还投资款并根据其实际投资情况以及名义股东参与外商投资企业经营管理的情况对股权收益在双方之间进行合理分配的,人民法院应予支持。

外商投资企业名义股东明确表示放弃股权或者拒绝继续持有股权的,人民法院可以判令以拍卖、变卖名义股东持有的外商投资企业股权所得向实际投资者返还投资款,其余款项根据实际投资者的实际投资情况、名义股东参与外商投资企业经营管理的情况在双方之间进行合理分配。

第十九条 实际投资者与外商投资企业名义股东之间的合同被认定无效,名义股东持有的股权价值低于实际投资额,实际投资者请求名义股东向其返还现有股权的等值价款的,人民法院应予支持;外商投资企业名义股东明确表示放弃股权或者拒绝继续持有股权的,人民法院可以判令以拍卖、变卖名义股东持有的外商投资企业股权所得向实际投资者返还投资款。

实际投资者请求名义股东赔偿损失的,人民法院应当根据名义股东对合同无效是否存在过错及过错大小认定其是否承担赔偿责任及具体赔偿数额。

第二十条 实际投资者与外商投资企业名义股东之间的合同因恶意串通,损害国家、集体或者第三人利益,被认定无效的,人民法院应当将因此取得的财产收归国家所有或者返还集体、第三人。

三、最高人民法院关于股权代持的裁判规则

实务要点一

名义股东的债权人亦应属于法律保护的"第三人"范畴,债权人依据工商登记中记载的股权归属,有权向人民法院申请对该股权强制执行。

1. 王仁岐与刘爱苹、詹志才等申诉、申请民事裁定书(2016)最高法民申字第3132号

最高人民法院认为:

本案中,王仁岐与詹志才之间的《委托持股协议》已经一审、二审法院认定真实有效,但其股权代持协议仅具有内部效力,对于外部第三人而言,股权登记具有公

信力,隐名股东对外不具有公示股东的法律地位,不得以内部股权代持协议有效为由对抗外部债权人对显名股东的正当权利。本院认为,《公司法》第32条第3款所称的第三人,并不限缩于与显名股东存在股权交易关系的债权人。根据商事外观主义原则,有关公示体现出来的权利外观,导致第三人对该权利外观产生信赖,即使真实状况与第三人的信赖不符,只要第三人的信赖合理,第三人的民事法律行为效力即应受到法律的优先保护。基于上述原则,名义股东的非基于股权处分的债权人亦应属于法律保护的"第三人"范畴。因此,本案中詹志才因其未能清偿到期债务而成为被执行人时,刘爱苹作为债权人依据工商登记中记载的股权归属,有权向人民法院申请对该股权强制执行。

2. 刘营兰;卢新生;施民服;邓士珍;郭建生;滕秀明;廖志伟;江西鑫诚建生投资有限公司;赣州中盛房地产开发有限公司;徐名忠;颜明才;谢优春案外人执行异议之诉二审民事判决书(2016)最高法民终字第701号

最高人民法院认为:

关于谢优春提出停止执行中盛公司股权的诉讼请求及理由能否成立的问题。《公司法》第32条第3款规定:"公司应当将股东的姓名或者名称及其出资额向公司登记机关登记;登记事项发生变更的,应当办理变更登记。未经登记或者变更登记的,不得对抗第三人。"依据该条规定,依法进行登记的股东具有对外公示效力,隐名股东在公司对外关系上不具有公示股东的法律地位,其不能以其与显名股东之间的约定为由对抗外部债权人对显名股东主张的正当权利。因此,当显名股东因其未能清偿到期债务而成为被执行人时,其债权人依据工商登记中记载的股权归属,有权向人民法院申请对该股权强制执行。根据该案现已查明的事实,中盛公司在工商登记中记载的股东为郭建生、徐名忠、颜明才、滕秀明。卢新生、施民服、邓士珍依另案生效调解书向法院申请冻结并强制执行郭建生在中盛公司的股权,有事实和法律依据。因此,该案中,谢优春是否为中盛公司的隐名股东,不影响卢新生、施民服、邓士珍实现其请求对郭建生股权进行强制执行的权利主张。故谢优春关于停止对郭建生所持有中盛公司股权强制执行的请求,没有事实和法律依据,该院不予支持。

实务要点二

对于双方当事人之间的股权代持关系，一般应当依据当事人是否签订有明确的股权代持协议或者存在合意，不能仅仅根据当事人之间的转账凭证或者股权的出资情况认定股权代持关系。

1. 江苏圣奥化学科技有限公司与刘婧与王昊股东资格确认纠纷二审民事判决书(2015)最高法民二终字第96号

最高人民法院认为：

根据本案现有证据查明的案件事实，王昊为江苏圣奥公司登记股东，以股东身份完成出资、增资、分红及股权转让行为等。王昊取得的股东身份登记，具有公示效力。刘婧在诉讼中主张其与王昊之间存在代持股关系，证据不充分。代持股关系应当基于委托关系形成，委托关系为双方法律行为，需双方当事人有建立委托关系的共同意思表示，签订委托合同或者代持股协议，对未签订合同但双方当事人有事实行为的，也可以依法认定存在委托代持股关系，并以此法律关系确定双方当事人的民事权利和义务。单方法律行为不能建立委托代持股份关系。本案中刘婧未提交其与王昊之间关于建立委托关系或者代持股关系的协议，其提交的其他证据也不能证明其与王昊之间对委托关系或者代持股关系形成了共同意思表示或者其间实际形成了事实上的代持股份关系。因刘婧在本案中未能提供直接证据证明其主张，提交的间接证据未能形成完整的证据链，不具有排他性，举证不具有优势，其在本案中的诉讼主张，本院不予支持。王昊与刘婧之间的资金往来实际存在，其资金关系可以另行解决。

2. 李艳萍、屈少英与甘肃福明高新建筑材料有限公司、林祥明借款合同纠纷申诉、申请民事裁定书(2016)最高法民申字第3310号

最高人民法院认为：

本案中，福明公司、林祥明尽管提供了对李艳萍丈夫邹晓明的任命书、与李艳萍签订的岗位承包责任书及多份《产品出库单》《费用报销单》等证据，用以证明李艳萍或其丈夫邹晓明参与了福明公司的一些经营管理工作，同时亦将450万元收款

收据、一审起诉状、李艳萍发送的手机短信以及一审、二审庭审笔录作为证据证明案涉450万元款项系股权投资款，但在双方没有代持股份协议或者相关明确约定，福明公司亦未将李艳萍、屈少英登记为注册股东，且李艳萍、屈少英对自己的股东身份也不认可的情况下，这些证据材料并不能证明李艳萍、屈少英系福明公司股东，或者是以股东身份参与了公司经营管理。至于案涉七份合计450万元收款收据是否属于出资证明书的问题。经审查，案涉七份收款收据无论从内容还是格式，都不符合《公司法》第31条关于出资证明书的规定。一审、二审法院据此不支持福明公司、林祥明关于案涉450万元款项系投资款的主张，并无不当。

实务要点三

显名股东未参与实际经营的行为属于怠于行使股东权利和履行股东监管职责及清算义务，导致公司被非法注销而无法清算，损害公司债权人利益的，应当对公司债务承担责任。

温进才、李股英等与温进才、李股英等借款合同纠纷申请再审民事裁定书(2015)最高法民申字第2509号

最高人民法院认为：

根据商法上的公示公信和外观主义原则，第三人对公司登记信息的信赖利益应当受到保护。代持股关系属于代持股人与被代持股人之间的合同法律关系，不能以此对抗公司债权人。在公司的外部关系方面，经工商登记备案的代持股的名义股东属于法律意义上的公司股东，其是对外承担股东责任的直接主体，无论实际控制人是否承担相应的责任，只要未实际向债权人承担责任，代持股的名义股东就应当对外承担股东的责任。这一原则在最高人民法院《关于适用〈中华人民共和国公司法〉若干问题的规定(三)》第26条(2014年修订前为第27条)中关于经公司登记机关登记的股东不得以其仅为名义股东而拒绝债权人要求其履行出资义务的规定中，已经明确体现。最高人民法院《关于适用〈中华人民共和国公司法〉若干问题的规定(二)》(以下简称《公司法司法解释二》)第21条规定中也隐含股东不管过错有无、过错大小，对外必须承担股东责任，不能以自己没有过错为由对抗公司债权人的原则。温进才、李殷英虽系代北泰公司持有方圆公司的股权，但并非被北

泰公司冒名登记为股东,代持股是符合其自己的意志和利益的行为,且也并无证据显示南头城公司在向方圆深圳分公司提供借款时知悉并认可温进才、李殷英的代持股人身份及北泰公司的实际出资人地位,故温进才、李殷英应当承担相应的法律责任风险。温进才、李殷英尽管没有签署决定解散方圆公司的股东会文件和清算报告,并称也不知道方圆公司已被解散并依据虚假的清算报告办理了注销登记,即未直接实施损害公司债权人利益的行为,但作为方圆公司经登记的股东,上述情形亦属于其怠于行使股东权利和履行股东监管职责及清算义务,导致公司被非法注销而无法清算,损害公司债权人利益。该情形已经符合《公司法司法解释二》第20条第1款规定的承担责任的条件。本案二审判决依据该条款判令温进才、李殷英对公司债务承担责任,并无不当。

实务要点四

当事人对于其为显名股东的事实知悉和认可的,即使其签名签署及印章加盖的行为并非本人所为,仍视其为显名股东,承担股东应负的法律责任。

常菊英、濮阳市广建建设集团有限公司建设工程施工合同纠纷再审审查与审判监督民事裁定书(2017)最高法民申字第1433号

最高人民法院认为:

关于常菊英的身份,一审法院查明,路桥公司设立于2007年7月,股东为常菊英、窦拥民、李守斌,常菊英认缴出资额300万元。2008年4月,李守斌将其所持股份转让给常菊英,公司股东变更为常菊英与窦拥民。2008年8月,路桥公司股东由常菊英、窦拥民变更为常菊英、窦拥民、霍金玲。2009年12月5日,路桥公司股东变更为两国电公司。关于常菊英的入股情况,辉县市人民法院(2012)辉刑初字第477号刑事判决查明,2007年7月9日……路某以其妻常菊英为名义股东与李守斌申请注册成立路桥公司,注册资本为2000万元,实缴资本400万元。证人路某证实,2006年年底至2007年上半年,经其协商借给水泥厂的款窦拥军一直无法归还,就将借款算成其股份,以妻子常菊英的名义入股等。证人常菊英证实,其在路桥公司没有任何股份,其身份证由丈夫路某拿着,怎样到路桥公司的不清楚。一审法院于2015年12月29日调查时,常菊英、霍金玲认可其在发起时只是名义股东,注册

手续均由窦拥军自己做主书写；其没有实际出资，也没有享受权利，没有参与公司的任何管理，出资全部是窦拥军，两人均是名义股东。根据上述事实可以认定，常菊英对于其丈夫路某以其名义设立路桥公司是知悉和认可的。关于常菊英的出资情况，从原审查明的事实来看，常菊英认缴出资300万元，实缴出资60万元，并未全面履行出资义务。最高人民法院《关于适用若干问题的规定(三)》第26条第1款规定："公司债权人以登记于公司登记机关的股东未履行出资义务为由，请求其对公司债务不能清偿的部分在未出资本息范围内承担补充赔偿责任，股东以其仅为名义股东而非实际出资人为由进行抗辩的，人民法院不予支持"，据此，常菊英以其签名及印章并非本人所为、其仅为名义股东为由主张应免除其出资不实的相关法律责任的理由，于法无据，原审未予支持并无不当。

四、小结

在股权代持的法律关系中，主要存在三种法律关系：第一种是实际出资人与名义股东之间的法律关系；第二种是实际出资人、名义股东与公司之间的法律关系；第三种是实际出资人、名义股东与公司外第三人之间的关系。确定存在股权代持的法律关系，首先应当确认在实际出资者与名义股东之间形成了股权代持的合意，如若无证据证明合意的存在，仅有资金流转或股权出资情况不能认定股权代持法律法关系的存在。通常情况下，名义股东不实质参与公司的经营与管理，对于公司与他人的债务概不知情，但其不能以自己仅是名义股东而逃脱责任，尽管有些名义股东根本未参与股权登记事项，全为他人办理，但只要名义股东对此知情便要承担相应的法律责任。名义股东虽为"名义"，但基于商事外观主义原理，无论是对内还是对外都是公司的股东，应当尽到股东的义务，未参与实际经营的行为属于怠于行使股东权利和履行股东监管职责及清算义务，若此种行为导致公司被非法注销而无法清算，损害公司债权人利益的，应当对公司债务承担责任。名义股东与他人发生债权债务关系，名义股东的债权人亦应属于法律保护的"第三人"范畴，债权人依据工商登记中记载的股权归属，有权向人民法院申请对该股权强制执行。因此笔者建议，在建立股权代持关系时，实际出资人(隐名出资人)与名义股东之间应当将二者之间的法律关系性质、权利义务关系在不违反法律法规的情况下尽可能约定明确，避免不必要的纠纷产生。

第二章 民事案件程序裁判规则

第一节　反诉处理问题裁判规则

一、导读

反诉,是指在正在进行的诉讼中,本诉的被告以本诉的原告为被告提起的诉讼。民事反诉制度是诉讼构造中一种独特而复杂的诉讼方式,有其深刻的理论基础和价值功能。随着 2015 年最高人民法院《关于适用〈中华人民共和国民事诉讼法〉的解释》颁布,对反诉制度的构成要件进行了详细规定,立法上的疏漏得到一定程度的弥补。在司法实践中,反诉制度的运行也是在摸索中前进,适用率低、法官随意性大、缺乏救济手段等问题层出不穷。本书此部分旨在通过归纳有关反诉的制度规定及相关理论介绍,并结合最高人民法院的裁判案例,梳理出在司法实践中人民法院关于处理反诉的裁判规则。

二、反诉制度的理论介绍及立法规定

(一)反诉制度的基本理论

1. 本诉与反诉的牵连关系

本诉、反诉之间存在牵连关系,并不能当然得出"本、反诉基于同一法律关系"的片面结论。

本诉与反诉可能基于同一法律关系。如甲乙打架,均受到对方的伤害,故本反诉均基于侵权法律关系。

本诉与反诉也可能基于不同的法律关系。如张三起诉李四支付租金,但李四称租赁的房屋落下瓦片砸伤自己,主张赔偿。本诉是基于房屋租赁的合同关系,而

反诉是基于侵权责任关系。

2. 反诉提起的时间

反诉应当在本诉诉讼过程中提出。

3. 反诉的地位

反诉属于特别授权事项。

4. 反诉与反驳的区别

反诉是一个独立的诉,而反驳不是独立的诉,只是一种防御主张。

5. "独立的诉"

反诉虽然以本诉为前提而得名,但独立于本诉存在,不因本诉的撤销而撤销。

6. 本诉与反诉合并后如何审理

在司法实践中的一个技术性难题。由于二者系独立的诉,因此应当分别作出处理。通常遇到三种情形:

(1)本诉成立,反诉不成立;

(2)本诉不成立,反诉成立;

(3)本诉与反诉都成立。(不存在二者都不成立的情形,因"反诉"是由于"本诉"而得名的)

对于驳回起诉的,使用裁定书;对于承认当事人诉讼请求的,使用判决书——裁定驳回本诉或者反诉,抑或对本诉及反诉作出分别的判决。

7. 反诉与诉的抵销

诉讼上的抵销,是指在诉讼中,一方当事人以自己的债权抵销对方作为诉讼请求的债权的行为。诉讼上的抵销以实体法上的抵销权为基础。我国《合同法》第99条条规定:"当事人互负到期债务,该债务的标的物种类、品质相同的,任何一方可以将自己的债务与对方的债务抵销,但依照法律规定或者按照合同性质不得抵销的除外。"第100条规定:"当事人互负债务,标的物种类、品质不相同的,经双方协商一致,也可以抵销。"

对于诉讼抵销的性质,在司法实践中常按照反诉处理。实际上,诉讼上的抵销只是被告提出的一种诉讼上的抗辩,即抵销抗辩,是一种诉讼上的服务方法,而不是一种诉。

(二)法律或司法解释有关反诉的规定

《民事诉讼法》

第一百四十条　原告增加诉讼请求,被告提出反诉,第三人提出与本案有关的诉讼请求,可以合并审理。

第一百四十三条 原告经传票传唤,无正当理由拒不到庭的,或者未经法庭许可中途退庭的,可以按撤诉处理;被告反诉的,可以缺席判决。

最高人民法院《关于适用〈中华人民共和国民事诉讼法〉的解释》

第八十九条 当事人向人民法院提交的授权委托书,应当在开庭审理前送交人民法院。授权委托书仅写"全权代理"而无具体授权的,诉讼代理人无权代为承认、放弃、变更诉讼请求,进行和解,提出反诉或者提起上诉。

第二百三十二条 在案件受理后,法庭辩论结束前,原告增加诉讼请求,被告提出反诉,第三人提出与本案有关的诉讼请求,可以合并审理的,人民法院应当合并审理。

第二百三十三条 反诉的当事人应当限于本诉的当事人的范围。

反诉与本诉的诉讼请求基于相同法律关系、诉讼请求之间具有因果关系,或者反诉与本诉的诉讼请求基于相同事实的,人民法院应当合并审理。

反诉应由其他人民法院专属管辖,或者与本诉的诉讼标的及诉讼请求所依据的事实、理由无关联的,裁定不予受理,告知另行起诉。

第二百三十九条 人民法院准许本诉原告撤诉的,应当对反诉继续审理;被告申请撤回反诉的,人民法院应予准许。

第二百五十一条 二审裁定撤销一审判决发回重审的案件,当事人申请变更、增加诉讼请求或者提出反诉,第三人提出与本案有关的诉讼请求的,依照《民事诉讼法》第一百四十条规定处理。

第二百五十二条 再审裁定撤销原判决、裁定发回重审的案件,当事人申请变更、增加诉讼请求或者提出反诉,符合下列情形之一的,人民法院应当准许:

(一)原审未合法传唤缺席判决,影响当事人行使诉讼权利的;

(二)追加新的诉讼当事人的;

(三)诉讼标的物灭失或者发生变化致使原诉讼请求无法实现的;

(四)当事人申请变更、增加的诉讼请求或者提出的反诉,无法通过另诉解决的。

第二百八十条 因当事人申请增加或者变更诉讼请求、提出反诉、追加当事人等,致使案件不符合小额诉讼案件条件的,应当适用简易程序的其他规定审理。

前款规定案件,应当适用普通程序审理的,裁定转为普通程序。

第三百二十八条 在第二审程序中,原审原告增加独立的诉讼请求或者原审被告提出反诉的，第二审人民法院可以根据当事人自愿的原则就新增加的诉讼请求或者反诉进行调解；调解不成的，告知当事人另行起诉。

三、最高人民法院关于反诉的裁判归纳

实务要点一

反诉提出的期限是在法庭辩论结束前，而非举证期限届满前。

新疆领先实业（集团）有限责任公司与新疆生产建设兵团建设工程（集团）有限责任公司建设工程施工合同纠纷申请再审民事裁定书（2015）最高法民申字第21号

最高人民法院认为：

法庭调查是人民法院依据法定程序，在法庭上对案件事实进行调查，对各种证据予以核实的诉讼活动，其中，对于鉴定意见的质证是法庭调查的重要内容。法庭辩论是在法庭调查基础上，当事人运用法庭调查已经查实的证据和有关法律规定，对认定案件事实、确定诉讼请求等方面仍有争议的问题进行辩论。本案二审法院根据最高人民法院《关于适用〈中华人民共和国民事诉讼法〉若干问题的意见》第156条规定，在案件受理后，法庭辩论结束前，原告增加诉讼请求，被告提出反诉，第三人提出与本案有关的诉讼请求，可以合并审理的，人民法院应当合并审理之规定，认定一审法院受理兵建公司反诉符合法律规定并无不当。领先公司再审主张依据最高人民法院《关于民事诉讼证据的若干规定》，证据交换之日举证期限届满，当事人不应提起反诉事实依据和法律依据不足，应不予支持。

实务要点二

反诉应当用裁定形式驳回，不能仅仅在“本院认为”部分驳回。

中国建筑第八工程局有限公司与辽阳亚龙房地产开发有限公司建设工程施工合同纠纷二审民事判决书(2016)最高法民终字第135号

最高人民法院认为:

一审法院对亚龙公司的反诉未予受理属于适用法律错误,且仅在一审判决书"本院认为"部分中对亚龙公司的反诉予以驳回,没有以裁定形式作出处理,存在违反法定程序的情形。

实务要点三

二审中未对驳回反诉的裁定提出上诉,再审中提出的,法院不予审理。

海南三亚国家级珊瑚礁自然保护区管理处、周春梅等与海南三亚国家级珊瑚礁自然保护区管理处、周春梅等股东出资纠纷申请再审民事判决书(2016)最高法民再字第87号

最高人民法院认为:

因珊瑚礁管理处二审上诉请求是撤销一审判决主文第一项,驳回周春梅、中海公司的一审诉讼请求,即其未对一审法院驳回其反诉请求提起上诉,应视为其接受一审法院对其反诉请求作出的裁判。依据最高人民法院《关于适用〈中华人民共和国民事诉讼法〉的解释》第405条的规定,人民法院审理再审案件应当围绕再审请求进行,当事人的再审请求超出原审诉讼请求的,不予审理。故对珊瑚礁管理处关于"撤销一审判决主文第三项,支持珊瑚礁管理处的反诉请求"的再审请求,本院不予审理。

实务要点四

二审中当事人提出反诉,法院对反诉不予受理。但法院可以进行调解,调解不成的告知另行起诉。

再审申请人马保才与被申请人童伟艺合伙协议纠纷申请再审民事裁定书(2016)最高法民申字第972号

最高人民法院认为:

根据最高人民法院《关于适用〈中华人民共和国民事诉讼法〉的解释》第328条第1款规定,在第二审程序中,原审原告增加独立的诉讼请求或者原审被告提出反诉的,第二审人民法院可以根据当事人自愿的原则就新增加的诉讼请求或者反诉进行调解;调解不成的,告知当事人另行起诉。二审期间,马保才提出了要求童伟艺支付违约金20万元的诉讼请求属于反诉,二审法院在调解不成的基础上告知马保才另行起诉在程序上并无不当。

实务要点五

提出反诉后未依法交纳诉讼费的,对其反诉不予审理。

曲直、孙志财等与曲直、孙志财等融资租赁合同纠纷申请再审民事裁定书(2016)最高法民申字第204号

最高人民法院认为:

《诉讼费用交纳办法》第1条规定:当事人进行民事诉讼、行政诉讼,应当依照本办法交纳诉讼费。第20条规定:案件受理费由原告、有独立请求权的第三人、上诉人预交。被告提起反诉,依照本办法规定需要交纳案件受理费的由被告预交。最高人民法院《关于适用〈诉讼费用交纳办法〉的通知》规定,当事人逾期不按照《诉讼费用交纳办法》第20条规定,交纳案件受理费或者申请费并且没有提出司法救助申请,或者申请司法救助未获批准,在人民法院指定期限内仍未交纳案件受理费或者申请费的,由人民法院依法按照当事人自动撤诉或者撤回申请处理。本案原审法院根据上述规定,认定曲直在提出反诉后并未依法交纳诉讼费,对其反诉未予审理并无不当。

实务要点六

提出反诉,却对反诉未进行审理,缴纳反诉费的,可向一审法院要求退还反诉费。

山西嘉和泰房地产开发有限公司、江苏南通六建建设集团有限公司与山西嘉和泰房地产开发有限公司、江苏南通六建建设集团有限公司建设工程施工合同纠纷申请再审民事裁定书(2015)最高法民申字第542号

最高人民法院认为:

该公司在原一审中曾提出过反诉并缴纳了反诉费,虽因代理手续不符合法律规定未能参加重审一审庭审,但其没有明确表示过放弃反诉。一审判决认定的事实和理由虽然涉及了原反诉提出的延误工期责任问题,但并未列明嘉和泰公司的反诉请求,对嘉和泰公司的反诉请求既未予以审理,对该公司在原一审缴纳的反诉费是否退还又未予以处理,程序存在瑕疵。鉴于本案不符合再次发回重审的要求,本院二审判决在撤销一审关于延误工期违约责任判项的同时,认定"嘉和泰公司若认为因合同无效南通六建给其造成损失,可另寻法律途径解决",明确指出了嘉和泰公司可以通过另诉的方式解决相关纠纷。原一审时,因涉及修复的工程正在进行,嘉和泰公司未提供最终修复费用的数额及相关证据,鉴定结论中也未体现修复费用,故原一审判决未对涉及修复部分的费用予以认定。案件发回重审后,嘉和泰公司又未参加一审庭审,故对因该部分修复产生的相关费用或损失,嘉和泰公司可在另诉中一并主张。对于嘉和泰公司在原一审时缴纳的反诉费用,一审、二审法院均未涉及,显属不当。嘉和泰公司可向一审法院要求退还。

实务要点七

本诉被告只能以本诉原告为被告提起反诉,不能以本诉中其他被告作为反诉被告。

深圳市宏天智节能环保技术有限公司与吉林鑫达钢铁有限公司、思安新能源股份有限公司合同纠纷二审民事判决书(2014)最高法民二终字第265号

最高人民法院认为：

思安公司上诉提出，一审法院对其针对鑫达公司提起的反诉不予审理、违反法定程序。本院认为，宏天智公司提起本案诉讼，请求判令解除《三方合作协议》及其他相关《成套设备采购与供货合同》《技术服务合同》，并判令鑫达公司返还其投资款本金2000万元及相应的利息，投资收益、违约金等，思安公司对鑫达公司的上述债务承担连带还款责任。思安公司提起反诉，除提出解除上述协议及宏天智公司向其支付工程款及违约金等请求外，还提出解除其与鑫达公司之间签订的《总承包合同书》《技术协议书》《建筑安装工程合同》，并判令鑫达公司向其支付工程款及违约金、赔偿损失等。根据《民事诉讼法》的规定，反诉是在已经开始的民事诉讼中，被告以本诉原告为被告，为抵销、吞并、排斥原告的诉讼请求为目的所提出的与本诉有牵连的诉讼。思安公司提起的针对本案被告鑫达公司的诉讼请求，不符合《民事诉讼法》关于反诉的规定。因此，原审法院对该部分诉讼请求不予审理，明确告知思安公司应通过另诉解决，并未影响思安公司行使其诉讼权利。

实务要点八

反诉中可基于与本诉的相同事实追加本诉案外人作为反诉的共同被告。

蒙城县光耀燃料物流有限公司糖酒分公司、姚光耀与安徽金桥农业发展有限公司确认合同效力纠纷申请再审民事裁定书(2015)最高法民申字第1937号

最高人民法院认为：

本案系光耀糖酒公司先向人民法院提起确认合同效力之诉，请求确认案涉合同无效并返还其已经支付给金桥公司的利息，金桥公司基于同一诉讼标的提起反诉，符合最高人民法院《关于适用〈中华人民共和国民事诉讼法〉的解释》第233条

第2 款“反诉与本诉的诉讼请求基于相同法律关系、诉讼请求之间具有因果关系，或者反诉与本诉的诉讼请求基于相同事实的，人民法院应当合并审理”的规定。此后，金桥公司作为反诉原告申请追加姚光耀为反诉被告，实质上，是将光耀糖酒公司和姚光耀作为共同债务人提起诉讼。一审法院同意金桥公司的追加被告申请，并通知姚光耀作为反诉被告参加诉讼，有利于查清案件事实并避免对于双方当事人产生讼累，并无不当。故光耀糖酒公司及姚光耀以追加姚光耀为反诉被告严重违反法律程序的申请再审理由不成立。

四、小结

随着市场经济的迅速发展，民事纠纷也日益复杂化，诉讼主体呈现多样性的特点。在这样的司法背景下，第三人诉讼、共同诉讼等复杂的诉讼形式不断涌现，而反诉制度作为一种特有的诉讼手段，对解决复杂纠纷具有自身的优越性。公正与效率是民事诉讼的两大基本价值，随着法制的发展，我们评价一个制度的优劣不再局限于是否能够促进诉讼公正的实现，而越来越重视是否能够提高诉讼效率、减少诉讼成本、实现诉讼经济。民事反诉制度在司法运行中兼具了公正与效率，在促进纠纷的解决上有自己独特的优势。但从梳理的裁判规则的结果上来看，反诉制度在司法实践中仍存在诸多问题，立法的缺失导致人民法院在进行裁判的过程中没有统一标准，裁判的统一性仍需进一步统一。

第二节　无独立请求权第三人问题裁判规则

一、导读

无独立请求权第三人，是指在民事诉讼中，对原被告双方争议的诉讼标的没有独立的请求权，但案件处理的结果可能同他有法律上的利害关系，而参加已经开始的诉讼中进行诉讼的人。尽管这一制度非常重要，我国现行立法对其的规定却非常粗糙、过于简单，从而导致司法实践适用的混乱。2015 年最高人民法院《关于适用〈中华人民共和国民事诉讼法〉的解释》对上述问题有所解决，但实践中，有关无独立请求权第三人的诉讼地位以及诉讼权利与义务仍然模糊。本书此部分旨在通过归纳介绍无独立请求权第三人制度的相关规定与理论，围绕最高人民法院裁判案例，归纳提炼无独立请求权第三人司法裁判规则。

二、无独立请求权第三人理论介绍及立法规定

（一）无独立请求权第三人的理论介绍

1. 第三人的概念

现代民事诉讼制度，除了“两造”之余，还增设了第三人制度。我国《民事诉讼法》第56条对第三人进行了较详细的规定。

第三人既可以是法人，也可以是自然人；数量上既可以为1人，亦可以为2人以上的数人。

第三人参加诉讼的目的在于简化诉讼程序，节约司法资源，彻底解决彼此有联系的纠纷，维护利害关系人的合法权益，在实现全面救济之余减少诉讼成本。

以是否具有独立诉讼请求权为标准，第三人分为有独立请求权的第三人与无独立请求权第三人。

2. 无独立请求权的第三人的特征

无独立请求权第三人有以下三个特征。

（1）与他人争议的诉讼标的没有独立的请求权。所谓独立的请求权，是指在本诉对当事人之间争议的实体权利以实体权利人的身份提出新的诉讼的资格。

（2）案件的处理结果与其有法律上的利害关系，即案件的判决或调解结果可能导致其享有某种民事权利或承担一定的义务。

（3）无独立请求权的第三人具有独立的诉讼地位，但不是完整意义的当事人，因为其既不是原告，也不是被告，而是为维护自己合法权益而参加诉讼的独特的当事人。

（二）法律与司法解释有关无独立请求权第三人的规定

《民事诉讼法》

第五十六条　对当事人双方的诉讼标的，第三人认为有独立请求权的，有权提起诉讼。

对当事人双方的诉讼标的，第三人虽然没有独立请求权，但案件处理结果同他有法律上的利害关系的，可以申请参加诉讼，或者由人民法院通知他参加诉讼。

人民法院判决承担民事责任的第三人，有当事人的诉讼权利义务。

前两款规定的第三人，因不能归责于本人的事由未参加诉讼，但有证据证明发

生法律效力的判决、裁定、调解书的部分或者全部内容错误,损害其民事权益的,可以自知道或者应当知道其民事权益受到损害之日起六个月内,向作出该判决、裁定、调解书的人民法院提起诉讼。人民法院经审理,诉讼请求成立的,应当改变或者撤销原判决、裁定、调解书;诉讼请求不成立的,驳回诉讼请求。

第一百四十条 原告增加诉讼请求,被告提出反诉,第三人提出与本案有关的诉讼请求,可以合并审理。

第一百四十一条 法庭辩论按照下列顺序进行:

(一)原告及其诉讼代理人发言;

(二)被告及其诉讼代理人答辩;

(三)第三人及其诉讼代理人发言或者答辩;

(四)互相辩论。

法庭辩论终结,由审判长按照原告、被告、第三人的先后顺序征询各方最后意见。

最高人民法院《关于适用〈中华人民共和国民事诉讼法〉的解释》

第八十一条 根据民事诉讼法第五十六条的规定,有独立请求权的第三人有权向人民法院提出诉讼请求和事实、理由,成为当事人;无独立请求权的第三人,可以申请或者由人民法院通知参加诉讼。

第一审程序中未参加诉讼的第三人,申请参加第二审程序的,人民法院可以准许。

第八十二条 在一审诉讼中,无独立请求权的第三人无权提出管辖异议,无权放弃、变更诉讼请求或者申请撤诉,被判决承担民事责任的,有权提起上诉。

第一百五十条 人民法院调解民事案件,需由无独立请求权的第三人承担责任的,应当经其同意。该第三人在调解书送达前反悔的,人民法院应当及时裁判。

第二百零二条 原告、被告、第三人分别上诉的,按照上诉请求分别预交二审案件受理费。

第二百二十二条 原告在起诉状中直接列写第三人的,视为其申请人民法院追加该第三人参加诉讼。是否通知第三人参加诉讼,由人民法院审查决定。

第二百四十条 无独立请求权的第三人经人民法院传票传唤,无正当理由拒不到庭,或者未经法庭许可中途退庭的,不影响案件的审理。

第二百四十九条 在诉讼中,争议的民事权利义务转移的,不影响当事人的诉讼主体资格和诉讼地位。人民法院作出的发生法律效力的判决、裁定对受让人具有拘束力。

受让人申请以无独立请求权的第三人身份参加诉讼的，人民法院可予准许。受让人申请替代当事人承担诉讼的，人民法院可以根据案件的具体情况决定是否准许；不予准许的，可以追加其为无独立请求权的第三人。

第二百五十一条　二审裁定撤销一审判决发回重审的案件，当事人申请变更、增加诉讼请求或者提出反诉，第三人提出与本案有关的诉讼请求的，依照民事诉讼法第一百四十条规定处理。

三、最高人民法院关于无独立请求权第三人问题的裁判规则

实务要点一

无独立请求权第三人可以提起第三人撤销之诉。

鞍山市中小企业信用担保中心与汪薇、鲁金英保证合同纠纷二审民事裁定书(2016)最高法民终字第145号

最高人民法院认为：

担保中心虽然对汪薇与鲁金英买卖合同纠纷案件诉讼标的不享有独立请求权，但该案处理结果与其有法律上的利害关系，应属汪薇与鲁金英买卖合同纠纷诉讼中的无独立请求权第三人，具备提起本案第三人撤销之诉的主体资格。原审适用《民事诉讼法》第119条规定的原告必须是与本案有直接利害关系的公民、法人和其他组织，认为担保中心不具备提起本案第三人撤销之诉原告主体资格，适用法律错误，本院予以纠正。担保中心关于其属于无独立请求权第三人、具备提起本案第三人撤销之诉的主体资格的上诉主张成立，本院予以支持。

实务要点二

再审中，无独立请求权第三人可以申请参加诉讼。

宋宇与北京盛和发房地产开发有限公司、广东粤财投资控股有限公司、北京城乡建设集团有限责任公司商品房预售合同纠纷再审案(2011)最高法民提字第331号

最高人民法院认为:

关于再审诉讼中,北京市第二中级人民法院允许城乡建设作为无独立请求权第三人参加诉讼的问题。根据《民事诉讼法》第56条第2款规定,对当事人双方的诉讼标的,第三人虽然没有独立请求权,但案件处理结果同他有法律上的利害关系的,可以申请参加诉讼。本案中,案涉房屋2004年即已在城乡建设诉盛和发公司建设工程施工合同纠纷一案中被查封,并作为强制执行的标的,且盛和发公司目前已被吊销营业执照,基本上无其他财产可供执行,因此,本案处理结果同城乡建设有法律上的利害关系,北京市第二中级人民法院在再审中将城乡建设作为无独立请求权第三人参加诉讼,并无不妥。

实务要点三

案件审判中不能判决当事人对无独立请求权第三人承担责任。

中国有色金属工业长沙勘察设计研究院与海南省汇富房地产开发公司长沙公司、海南省汇富房地产开发公司合作建房合同同纠纷二审案(2006)最高法民一终字第28号

最高人民法院认为:

由于雄新公司是基于其申请,由一审法院通知参加诉讼,根据《民事诉讼法》第56条的规定,其诉讼地位为无独立请求权第三人。一审判决判令一审原告长勘院向无独立请求权第三人雄新公司承担责任,违反了民事诉讼“不告不理”原则。

实务要点四

公司因债务问题涉诉,股东可以作为无独立请求权第三人参加诉讼。

宁夏瀛海建材集团有限公司与宁夏瀛海银川建材有限公司、第三人中国石油宁夏化工厂债权纠纷案(2010)最高法民二终字第19号

最高人民法院认为:

因宁夏化工厂为瀛海银川公司的股东,如果本案认定瀛海银川公司对瀛海集团的债务成立,必然影响宁夏化工厂在瀛海银川公司的利润分配,因而,宁夏化工厂与本案的诉讼结果有直接利害关系,故一审法院准许宁夏化工厂以第三人的身份参加诉讼符合法律规定,并非程序错误,瀛海集团关于一审程序存在错误的上诉主张不成立。

实务要点五

在人民法院没有判决无独立请求权第三人承担民事责任的情形下,无独立请求权第三人并无上诉的权利,亦无申请再审的权利。

哈尔滨宝昌隆房地产开发有限公司、哈尔滨市四建建筑安装公司与哈尔滨市四建建筑安装公司、黑龙江正阳河房地产开发有限公司建设工程施工合同纠纷申请再审民事裁定书(2015)最高法民申字第1826号

最高人民法院认为:

《民事诉讼法》第56条第2款规定:对当事人双方的诉讼标的,第三人虽然没有独立请求权,但案件处理结果同他有法律上的利害关系的,可以申请参加诉讼,或者由人民法院通知他参加诉讼。人民法院判决承担民事责任的第三人,有当事人的诉讼权利义务。最高人民法院《关于适用〈中华人民共和国民事诉讼法〉的解释》第82条规定:在一审诉讼中,无独立请求权的第三人无权提出管辖异议,无权放弃、变更诉讼请求或者申请撤诉,被判决承担民事责任的,有权提起上诉。根据上述法律规定,无独立请求权第三人参加诉讼后,对当事人双方的诉讼标的没有独立

请求权,只是案件处理结果同他有法律上的利害关系,其在诉讼中依附于本诉当事人一方而存在,并不享有独立的诉讼地位,在诉讼中的权利受到限制。在人民法院没有判决其承担民事责任的情形下,无独立请求权第三人并无上诉的权利,亦无申请再审的权利。本案中,宝昌隆公司虽然曾以有独立请求权第三人的身份申请参加了本案的诉讼,但其在本案一审审理中向一审法院撤回了诉讼,一审法院裁定予以准许,后一审法院虽依职权追加宝昌隆公司为无独立请求权第三人参加本案诉讼,但生效判决仅对四建安装公司与正阳河公司之间的权利义务关系作出了评判,并没有判决宝昌隆公司在本案中承担民事责任,宝昌隆公司并不享有上诉权及申请再审权。因此,对宝昌隆公司申请再审的事由,本院不予审查。

实务要点六

因抽逃出资而追加为被执行人的,并不因此成为原案件的无独立请求权第三人,不能提起第三人撤销之诉。

江苏博盈投资发展有限公司与丁军、富麦东升无锡有限公司申请再审民事裁定书(2015)最高法民申字第2569号

最高人民法院认为:

根据最高人民法院《关于适用〈中华人民共和国民事诉讼法〉的解释》第292条之规定,第三人因不能归责于本人的事由而未参加诉讼时,应当允许其提起第三人撤销之诉。第三人撤销之诉实质属纠错程序,其主体条件为原诉审理程序的有独立请求权或无独立请求权的第三人;其程序条件系第三人因不能归责于自己的事由未参加原审诉讼;其实体条件包括有证据证明生效法律文书全部或部分错误。无独立请求权的第三人,是指对于已经进行的诉讼,就其当事人之间的争议,没有独立的请求权利,但案件裁判结果影响其实体权利,为了维护自己的利益参加诉讼中的人。在丁军与富麦公司民间借贷纠纷案原审期间,博盈公司虽然是富麦公司的原股东,但是,案涉纠纷的合同未针对博盈公司约定权利或义务,且本案生效法律文书也未涉及博盈公司的权利义务,根据民事法人独立原则以及合同相对性原则,博盈公司既不是案涉合同纠纷的原告、被告,也不是第三人。江苏省镇江市中级人民法院立案执行后,在查找被执行人财产过程中,发现博盈公司在投资富麦公司

时有抽逃出资行为，依据最高人民法院《关于人民法院执行工作若干问题的规定（试行）》第80条之规定，以抽逃出资为由，追加博盈公司为被执行人，该追加行为产生一个新的法律关系，该法律关系的基础本质上属于公司法调整的范畴，是股东与公司之间根据公司章程形成的投资权益法律关系，在该法律关系中，如果股东与公司产生纠纷，应当另行寻求救济途径解决，与生效法律文书确认的合同关系无关。因此，博盈公司不是丁军与富麦公司民间借贷纠纷案的第三人，其主张有权对本案执行依据的生效法律文书提起第三人撤销之诉，于法无据，应予驳回。

实务要点七

股权纠纷中，股东未作为无独立请求权第三人申请参加诉讼的，人民法院有权根据案件情况决定是否追加，未追加的，不算遗漏必须参加诉讼的当事人。

钟华、王奇与烟台庆铃汽车销售有限公司股东资格确认纠纷申请再审民事裁定书(2015)最高法民申字第497号

最高人民法院认为：

关于本案程序问题。根据《民事诉讼法》第56条第2款的规定，对当事人双方的诉讼标的，第三人虽然没有独立请求权，但案件处理结果与其有法律上的利害关系的，可以申请参加诉讼，或者由人民法院通知其参加诉讼。本案中，钟华、王奇以庆铃公司为被告提起股权确认之诉，烟台银行并未申请参加诉讼，人民法院有权根据案件情况决定是否追加烟台银行作为本案第三人，本案并未遗漏必须参加诉讼的当事人。

第三节　电子证据裁判规则

一、导读

当今人们的日常生活与交流中，手机短信、微信、电子邮件等早已成了必不可少的工具。可一旦涉及纠纷，这些内容能成为诉讼证据吗？2015年2月4日，最高人民法院发布的《关于适用〈中华人民共和国民事诉讼法〉的解释》，明确了电子邮件、聊天记录、手机短信等形成或存储在电子介质中的信息可以作为证据。本书此部分通过梳理我国关于电子证据的理论和立法规定以及部分高级法院的裁判规则,归纳出手机短信、录音等电子证据在司法实务中的举证规则。

二、电子数据的理论与立法规定

(一)电子证据的理论介绍

电子数据,是指随着计算机及互联网络的发展,在计算机或计算机系统运行过程中因电子数据交换等产生的证明案件事实的信息。

1. 电子数据的具体形式

电子数据的具体形式包括电子邮件、电子数据交换、网上聊天记录、博客、微博客、手机短信、域名等形式的各种证据。

2. 电子数据的独特性

(1)具有代码性特征,接触、阅读、获取、复制、展示电子数据都需要比视听资料更复杂的软硬件,因而在证据的收集、审查上,往往需要借助专业机构的辅助。

(2)具有更强的抽象性,在阅读和理解上往往也需要专业人士的判断。

(二)法律与司法解释有关电子证据的规定

最高人民法院《关于适用〈中华人民共和国民事诉讼法〉的解释》

第一百一十六条第二、三款 电子数据是指通过电子邮件、电子数据交换、网上聊天记录、博客、微博客、手机短信、电子签名、域名等形成或者存储在电子介质中的信息。

存储在电子介质中的录音资料和影像资料,适用电子数据的规定。

三、最高人民法院及下级各级人民法院关于电子数据证据认定问题的裁判规则

实务要点一

电子数据作为证据使用需要对案件进行具体分析,综合判定。

佛山市南海永道建材有限公司与胡崇亮侵害外观设计专利权纠纷一案二审民事判决书 广东省高级人民法院(2015)粤高法民三终字第660号

广东省高级人民法院认为：

本案中，永道公司以公证取得的登载于“我是小樱”QQ空间图片、筑龙网“永道建材”空间的2张图片设计，分别主张现有设计抗辩。公证书显示，上述图片在网络中显示的上传日期均早于本案专利申请日。上述图片系电子数据证据，属于法定的独立证据类型。根据《民事诉讼法》的规定，经查证属实的电子数据证据可以作为认定案件事实的依据。但由于电子证据的具有虚拟性和改动的隐蔽性，在数据生成、传递、保存和展示等环节可能会受到人为或技术等因素的影响，从而导致内容发生变化。因此在以电子证据作为定案依据时，应根据电子证据的类型以及案情需要，合理分配举证责任，对证据有无证明力和证明力大小进行综合判定。对于非官方网页类的电子证据，由于可能存在网页在后期修改而无显示修改痕迹的情况，故对于此类证据，应适当加大负有证明义务一方的举证责任，结合其他证据进行综合认定。对于有一定知名度、信誉度的网站，数据较为可靠稳定，在抗辩方没有相反证据证明电子数据存在篡改情形的，应依法认定电子数据的效力。

实务要点二

聊天记录的真实性在双方都无异议的情形下可以直接作为电子数据证据使用。

CavendishLloydFZE(卡纹帝师贸易公司)与赵志霞、高邑县鑫烁化工产品销售有限公司国际货物买卖合同纠纷二审民事判决书 河北省高级人民法院(2016)冀民终字第294号

河北省高级人民法院认为：

上诉人称对该交货时间及付款方式通过双方聊天记录已进行了变更。对于该案中的QQ聊天记录，根据《民事诉讼法》的相关规定，网上聊天记录是电子数据的一种，对于该证据形式本院予以认可。对于该聊天内容的真实性双方均无异议，本院予以确认。

实务要点三

QQ 聊天记录作为电子证据使用时,若对方有异议,则在使用时需要原始载体或者其他证据佐证,否则不予认定。

义乌市东鼎纺织有限公司与江门市腾洁日用制品有限公司定作合同纠纷再审复查与审判监督民事裁定书
浙江省高级人民法院(2016)浙民申字第 170 号

浙江省高级人民法院认为:

东鼎公司主张其与腾洁公司之间存在第二批货的定作合同关系,其提供的直接证据是 QQ 聊天记录。《民事诉讼法》第 63 条规定的证据种类中包括电子数据。《电子签名法》第 2 条第 2 款规定,数据电文是指以电子、光学、磁或者类似手段生成、发送、接收或者储存的信息。QQ 聊天记录即属于电子数据和数据电文形式的证据。同时,《电子签名法》第 5 条规定,符合下列条件的数据电文,视为满足法律、法规规定的原件形式要求:(1)能够有效地表现所载内容并可供随时调取查用;(2)能够可靠地保证自最终形成时起,内容保持完整、未被更改。但是,在数据电文上增加背书以及数据交换、储存和显示过程中发生的形式变化不影响数据电文的完整性。本院再审审查时,专门安排东鼎公司一方展示案涉 QQ 聊天记录的原始载体,但东鼎公司所展示的原始载体聊天记录中存在相关订单无法显示等情形。且腾洁公司一审时对于该 QQ 聊天记录的证据三性也均有异议。据此,一审法院以举证不能为由驳回东鼎公司的诉讼请求,有相应依据。

实务要点四

对聊天记录等电子数据证据提出异议的,应当提出相应的证据证明,否则可以以对方的原始载体内容来认定相关事实。

李水花与宋志立委托合同纠纷二审民事判决书
湖北省高级人民法院(2015)鄂民四终字第00162号

湖北省高级人民法院认为:

宋志立上诉还认为李水花提交的QQ聊天记录为不完整版本,并在二审中要求重新鉴定是否进行了编辑删改等。本院认为,QQ聊天记录是李水花与宋志立通过QQ软件聊天形成的电子数据,双方均持有,现宋志立未提供其持有的QQ聊天记录,应以李水花提供的QQ聊天记录来认定相关事实。宋志立认为QQ聊天记录不完整,有删改的可能,但在一审中没有申请进行鉴定,也不能提供自己持有QQ聊天记录,且无充分依据证明李水花持有QQ聊天记录有删改情况,本院对其要求对QQ聊天记录进行鉴定的申请不予准许。

实务要点五

当事人可以对电子数据内容的真实性申请鉴定。

郑建平与陈志坚民间借贷纠纷再审复查与审判监督民事裁定书
浙江省高级人民法院(2015)浙民申字第2962号

浙江省高级人民法院认为:

一审时,根据陈志坚的申请,一审法院就前述照片是否系原始照片及拍摄内容有无修改委托相关鉴定机构鉴定,结论为前述照片为原始照片,内容未经过修改。虽然郑建平对此提出异议,但其未提供推翻上述鉴定结论的证据,且一审、二审时双方均未就前述照片的真实性申请鉴定,故原审判决对该鉴定结论予以认定并无不当。

实务要点六

偷录的录音在未侵害他人合法权益或未违反法律禁止性规定的情形时,可以作为认定相关事实的依据。

张文武与陈志雄合同纠纷申诉民事判决书
最高人民法院(2015)最高法民提字第213号

最高人民法院认为:

本案中录音证据是张文武与陈志雄就《合作协议》相关款项的支付产生争议后双方沟通谈话的真实记录,其取得并未侵害陈志雄或其他人的合法权益,也未有违反法律禁止性规定或违背公序良俗的情形。根据最高人民法院《关于民事诉讼证据的若干规定》第68条“以侵害他人合法权益或者违反法律禁止性规定的方法取得的证据,不能作为认定案件事实的依据”的规定,张文武提交的录音证据并非以侵害他人合法权益或者违反法律禁止性规定的方法取得,故该录音证据可以作为认定本案相关事实的依据。

第四节 民事诉讼回避适用问题裁判规则

一、导读

民事诉讼中有关回避适用的规定,在民事诉讼中处于相当重要的地位,然而在民事诉讼的司法实践中,有关回避制度具体使用还存在诸多模糊之处。本书此部分将结合回避制度的基本理论和立法现状,并结合最高人民法院的相关判例,归纳出回避制度在我国具体适用中的裁判规则。

二、民事诉讼回避适用问题的基本理论与立法规定

(一)民事诉讼回避适用问题的基本理论

回避制度是指在民事诉讼的过程中,审判人员及其他相关人员遇有法律规定的事由,依法定程序,退出案件审理程序的制度。回避制度是我国《民事诉讼法》所规定的基本制度。其体现的是“任何人都不能成为自己案件的法官”之法理。

(二)法律与司法解释有关回避的规定

《民事诉讼法》

第四十四条 审判人员有下列情形之一的,应当自行回避,当事人有权用口头

或者书面方式申请他们回避:

(一)是本案当事人或者当事人、诉讼代理人近亲属的;

(二)与本案有利害关系的;

(三)与本案当事人、诉讼代理人有其他关系,可能影响对案件公正审理的。

审判人员接受当事人、诉讼代理人请客送礼,或者违反规定会见当事人、诉讼代理人的,当事人有权要求他们回避。

审判人员有前款规定的行为的,应当依法追究法律责任。前三款规定,适用于书记员、翻译人员、鉴定人、勘验人。

第四十五条　当事人提出回避申请,应当说明理由,在案件开始审理时提出;回避事由在案件开始审理后知道的,也可以在法庭辩论终结前提出。

被申请回避的人员在人民法院作出是否回避的决定前,应当暂停参与本案的工作,但案件需要采取紧急措施的除外。

第四十六条　院长担任审判长时的回避,由审判委员会决定;审判人员的回避,由院长决定;其他人员的回避,由审判长决定。

第四十七条　人民法院对当事人提出的回避申请,应当在申请提出的三日内,以口头或者书面形式作出决定。申请人对决定不服的,可以在接到决定时申请复议一次。复议期间,被申请回避的人员,不停止参与本案的工作。人民法院对复议申请,应当在三日内作出复议决定,并通知复议申请人。

第二百条　当事人的申请符合下列情形之一的,人民法院应当再审:……(七)审判组织的组成不合法或者依法应当回避的审判人员没有回避的……

三、最高人民法院及下级各级人民法院关于民事诉讼回避规定适用的裁判规则

实务要点一

对于回避申请,申请人需要提出充分证据证明参与本案审理的审判人员存在最高人民法院《关于适用〈中华人民共和国民事诉讼法〉的解释》第43条规定的应当回避的情形。

广东新中国船厂有限公司与广东宏信达房地产开发有限公司合资、合作开发房地产合同纠纷申诉、申请民事裁定书(2016)最高法民申字第 1557 号

最高人民法院认为:

新船公司在二审期间提交的回避申请中未提出充分证据证明参与本案审理的审判人员存在最高人民法院《关于适用〈中华人民共和国民事诉讼法〉的解释》第 43 条规定的应当回避的情形,二审法院不同意其回避申请并无不当。新船公司此项再审申请不符合《民事诉讼法》第 200 条第 7 项关于审判组织的组成不合法或者依法应当回避的审判人员没有回避的规定。

实务要点二

当事人多次举报法官,并不能作为该法官回避的理由。

天津惠亨贸易有限公司与天津开发区腾宇置业有限公司、天津江胜建设发展有限公司确认合同效力纠纷申诉、申请民事裁定书(2016)最高法民申字第 2198 号

最高人民法院认为:

本案二审审判长杨宇参与二审法院其他相关案件的审理,并没有参与本案一审等其他程序,惠亨公司提出杨宇应当在本案中回避,以其多次举报杨宇为由主张杨宇不应审理本案,没有事实和法律依据。

实务要点三

正常业务往来不能作为回避的理由;法院不是回避的主体。

四川省中普房地产开发有限公司与泸定县国土资源局、中国农业银行股份有限公司泸定县支行合同纠纷二审民事判决书(2016)最高法民终字第315号

最高人民法院认为：

中普公司还主张原审法院因与农行泸定县支行关联单位存在长期业务往来应当回避，但其申请回避事由不符合《民事诉讼法》第44条规定的应当回避情形，且法院亦非应当回避的主体，故中普公司有关原审违反法定程序的主张，不能成立，本院不予认可。

实务要点四

发回重审的案件再次上诉后，当事人未申请回避，法律也未规定该类情形须另行组建合议庭，原二审合议庭成员无须主动回避。

呼和浩特市捭阖道餐饮管理有限责任公司、丁莲征与呼和浩特市捭阖道餐饮管理有限责任公司、丁莲征特许经营合同纠纷申请再审民事裁定书(2015)最高法民申字第2427号

最高人民法院认为：

捭阖道公司还主张二审程序违法，原二审合议庭成员应当对发回重审提起上诉的案件主动回避。对此，本院认为，捭阖道公司在案件开庭审理时明确表示不申请合议庭成员回避，且法律并未规定发回重审的案件再次上诉后，必须另行组建新的合议庭予以审理，故捭阖道公司的相关理由，本院不予支持。

实务要点五

参加二审审理的法官，在案件发回重审后当事人再次提起上诉时，可以继续参加二审审理。

王世发与宜城市二库工程管理局养殖权纠纷申诉、申请民事裁定书
(2015)最高法民申字第3300号

最高人民法院认为:

虽然2000年发布的最高人民法院《关于审判人员严格执行回避制度的若干规定》第3条规定:“凡在一个审判程序中参与过本案审判工作的审判人员,不得再参与该案其他程序的审判。”但同年发布的最高人民法院研究室《关于参与过第二审程序审理的审判人员在该案又进入第二审程序时是否应当回避问题的答复》规定:“经过第二审程序发回重审的案件,在一审法院重新作出裁判后又进入第二审程序,仍然适用诉讼法有关二审程序的规定,不属于我院《关于审判人员严格执行回避制度的若干规定》第三条规定的‘该案其他程序’的情形,原合议庭组成人员不必回避。”目前,上述两份规定已经失效,但2011年发布的最高人民法院《关于审判人员在诉讼活动中执行回避制度若干问题的规定》第3条同样规定:“凡在一个审判程序中参与过本案审判工作的审判人员,不得再参与该案其他程序的审判。但是,经过第二审程序发回重审的案件,在一审法院作出裁判后又进入第二审程序的,原第二审程序中合议庭组成人员不受本条规定的限制。”因此,无论依据本案二审时施行的还是现行有效的相关规定,本案参加二审审理的法官,在案件发回重审后当事人再次提起上诉时,继续参加二审审理,不违反相关回避规定。王世发关于二审程序违法的主张缺乏法律依据,本院不予支持。

实务要点六

人民法院审理民事案件的审判组织是合议庭,回避的适用对象也仅限于参与过本案审判工作的审判人员,参与过其他工作的人员不属于回避对象。

吉林长邮通信建设有限公司、赤峰北宇商贸有限公司等财产损害赔偿纠纷申诉、申请民事裁定书
(2015)最高法民申字第1207号

最高人民法院认为:

本案无依法应当回避的审判人员没有回避的情形。长邮公司以最高人民法院《关于审判人员在诉讼活动中执行回避制度若干问题的规定》第3条有关“凡在一个审判程序中参与过本案审判工作的审判人员,不得再参与该案其他程序的审判。但是,经过第二审程序发回重审的案件,在一审法院作出裁判后又进入第二审程序的,原第二审程序中合议庭组成人员不受本条规定的限制”的规定为据,主张本案一审期间的一审法院院长、副院长分别在本案二审期间担任二审法院的副院长和民一庭庭长,属于既参与了本案一审程序,又参与了本案的二审程序,应当回避而未予回避,违反了该规定。但根据《民事诉讼法》第3章有关审判组织的规定,第39条有关“人民法院审理第一审民事案件,由审判员、陪审员共同组成合议庭或者由审判员组成合议庭”及第40条“人民法院审理第二审民事案件,由审判员组成合议庭”的规定,人民法院审理民事案件的审判组织是合议庭。此二人既非本案一审合议庭成员,也非二审合议庭成员,并未参加本案一审程序和二审程序。长邮公司主张此二人应当在二审程序回避,无事实和法律依据。

第五节　第三人撤销之诉裁判规则

一、导读

第三人撤销之诉是2012年修订的《民事诉讼法》新增的一项制度。也是为了规制恶意诉讼,保护自然人和法人的合法权利,赋予没有参加诉讼的第三人通过提起诉讼的方式,撤销原生效法律文书的一项制度,但自2012年以来,第三人撤销之诉在司法实践中的具体运用还有很多不完善之处,也还存在诸多问题。本书此部分通过梳理第三人撤销之诉的理论与立法规定,并通过归纳最高人民法院关于第三人撤销之诉的裁判规则,以期在司法审判过程中,明晰第三人撤销之诉的具体实

用模式。

二、第三人撤销之诉的基本理论与立法规定

(一)第三人撤销之诉的基本理论

1.第三人撤销之诉的定义

第三人撤销之诉,是指非因自身原因没有参加到他人之间的审判程序,针对双方当事人之间生效判决对其不利部分予以撤销的请求;也是为了规制恶意诉讼,保护自然人和法人的合法权利,赋予没有参加诉讼的第三人通过提起诉讼的方式,撤销原生效法律文书。这也是2012年修订的《民事诉讼法》新增的一项制度。

2.制度价值

在2012年修订《民事诉讼法》之前的制度框架下,对于第三人的救济存在明显弊端。如果第三人非因自身原因未能参加原诉讼,但其权利又受到已生效原诉讼判决、裁定、调解书的影响,只有通过再审程序得以维护自身权益。但是,也正是由于其非原审案件的当事人,在再审程序的启动中才存在极大困难。这无疑导致了第三人维护权益的不公平。基于对再审程序一定意义上的弥补,第三人撤销之诉可以被理解为"特殊的再审程序"。

3.第三人撤销之诉的特征

第三人撤销之诉有以下三个特征。

(1)事后救济。第三人撤销之诉不同于参加之诉,它是在原案确定的判决、裁定、调解书已经生效后,对非基于自身原因未能参加诉讼的第三人提供的时候救济机制,以挽回自身权益受损的境地。

(2)特殊、非通用救济机制。其特殊性主要在于对原裁判、调解书之既判力的冲击。在该制度增设之前,推翻原生效裁判、调解书的途径只有审判监督程序。鉴于此,在该制度的适用中,必须有效平衡第三人权益保护与司法权威及秩序之间的关系,以更好地该制度发挥预设功能。

(3)提起主体的法定性与特定性。法定性是指提起该程序的主体须由《民事诉讼法》明确规定;特定性则表现为,有权提起第三人撤销之诉的主体,须为原诉讼当事人之外的第三人,且须满足"非因本人原因而未能参加诉讼、与原诉讼存在法律上的利害关系"的条件。

4.启动条件

(1)原因条件:第三人未参加原诉讼,且未能参加非基于自身原因。

(2)事实条件:有证据证明生效的判决、裁定、调解书的部分或全部存在错误,损害第三人权益。

(3)时间条件:上述主体应当自知道或者应当知道其民事权益受到损害之日起6个月内提出申请。

5. 第三人撤销之诉与再审程序、案外人执行异议之间的衔接

(1)与再审程序的衔接。

第三人撤销之诉审理期间,人民法院对生效判决、裁定、调解书裁定再审的,受理第三人撤销之诉的人民法院应当裁定将第三人的诉讼请求并入再审程序。但有证据证明原审当事人之间恶意串通损害第三人合法权益的,人民法院应当先行审理第三人撤销之诉,并裁定中止再审程序。

第三人的诉讼请求并入再审程序的,按下列情形分别处理:①按照一审程序审理的,人民法院应当对第三人的诉讼请求一并审理,所作出的判决可以上诉;②按照二审程序审理的,人民法院可以调解,无法通过调解解决争议的,裁定撤销原判决、裁定、调解书,发回一审法院重新审理,重审时应列明第三人。

(2)与案外人执行异议的衔接。

①第三人撤销之诉程序启动后,未终止原生效裁判执行的,对于第三人提起的执行异议,执行异议应予审查。执行异议被裁定驳回的,第三人转而申请对原判决再审的,人民法院不予受理。②案外人对驳回执行异议的裁定不服的,认为原裁判损害其合法权益的,应当根据《民事诉讼法》第227条之规定申请再审。对于提起第三人撤销之诉的申请,人民法院不予受理。

(二)法律与司法解释有关第三人撤销之诉的规定

《民事诉讼法》

第五十六条 对当事人双方的诉讼标的,第三人认为有独立请求权的,有权提起诉讼。

对当事人双方的诉讼标的,第三人虽然没有独立请求权,但案件处理结果同他有法律上的利害关系的,可以申请参加诉讼,或者由人民法院通知他参加诉讼。人民法院判决承担民事责任的第三人,有当事人的诉讼权利义务。

前两款规定的第三人,因不能归责于本人的事由未参加诉讼,但有证据证明发生法律效力的判决、裁定、调解书的部分或者全部内容错误,损害其民事权益的,可以自知道或者应当知道其民事权益受到损害之日起六个月内,向作出该判决、裁定、调解书的人民法院提起诉讼。人民法院经审理,诉讼请求成立的,应当改变或者

撤销原判决、裁定、调解书;诉讼请求不成立的,驳回诉讼请求。

最高人民法院《关于适用〈中华人民共和国民事诉讼法〉若干问题的解释》

第二百九十二条 第三人对已经发生法律效力的判决、裁定、调解书提起撤销之诉的,应当自知道或者应当知道其民事权益受到损害之日起六个月内,向作出生效判决、裁定、调解书的人民法院提出,并应当提供存在下列情形的证据材料:

(一)因不能归责于本人的事由未参加诉讼;

(二)发生法律效力的判决、裁定、调解书的全部或者部分内容错误;

(三)发生法律效力的判决、裁定、调解书内容错误损害其民事权益。

第二百九十三条 人民法院应当在收到起诉状和证据材料之日起五日内送交对方当事人,对方当事人可以自收到起诉状之日起十日内提出书面意见。

人民法院应当对第三人提交的起诉状、证据材料以及对方当事人的书面意见进行审查。必要时,可以询问双方当事人。

经审查,符合起诉条件的,人民法院应当在收到起诉状之日起三十日内立案。不符合起诉条件的,应当在收到起诉状之日起三十日内裁定不予受理。

第二百九十四条 人民法院对第三人撤销之诉案件,应当组成合议庭开庭审理。

第二百九十五条 民事诉讼法第五十六条第三款规定的因不能归责于本人的事由未参加诉讼,是指没有被列为生效判决、裁定、调解书当事人,且无过错或者无明显过错的情形。包括:

(一)不知道诉讼而未参加的;

(二)申请参加未获准许的;

(三)知道诉讼,但因客观原因无法参加的;

(四)因其他不能归责于本人的事由未参加诉讼的。

第二百九十六条 民事诉讼法第五十六条第三款规定的判决、裁定、调解书的部分或者全部内容,是指判决、裁定的主文,调解书中处理当事人民事权利义务的结果。

第二百九十七条 对下列情形提起第三人撤销之诉的,人民法院不予受理:

(一)适用特别程序、督促程序、公示催告程序、破产程序等非讼程序处理的案件;

(二)婚姻无效、撤销或者解除婚姻关系等判决、裁定、调解书中涉及身份关系的内容;

（三）民事诉讼法第五十四条规定的未参加登记的权利人对代表人诉讼案件的生效裁判；

（四）民事诉讼法第五十五条规定的损害社会公共利益行为的受害人对公益诉讼案件的生效裁判。

第二百九十八条　第三人提起撤销之诉，人民法院应当将该第三人列为原告，生效判决、裁定、调解书的当事人列为被告，但生效判决、裁定、调解书中没有承担责任的无独立请求权的第三人列为第三人。

第二百九十九条　受理第三人撤销之诉案件后，原告提供相应担保，请求中止执行的，人民法院可以准许。

第三百条　对第三人撤销或者部分撤销发生法律效力的判决、裁定、调解书内容的请求，人民法院经审理，按下列情形分别处理：

（一）请求成立且确认其民事权利的主张全部或部分成立的，改变原判决、裁定、调解书内容的错误部分；

（二）请求成立，但确认其全部或部分民事权利的主张不成立，或者未提出确认其民事权利请求的，撤销原判决、裁定、调解书内容的错误部分；

（三）请求不成立的，驳回诉讼请求。

对前款规定裁判不服的，当事人可以上诉。

原判决、裁定、调解书的内容未改变或者未撤销的部分继续有效。

第三百零一条　第三人撤销之诉案件审理期间，人民法院对生效判决、裁定、调解书裁定再审的，受理第三人撤销之诉的人民法院应当裁定将第三人的诉讼请求并入再审程序。但有证据证明原审当事人之间恶意串通损害第三人合法权益的，人民法院应当先行审理第三人撤销之诉案件，裁定中止再审诉讼。

第三百零二条　第三人诉讼请求并入再审程序审理的，按照下列情形分别处理：

（一）按照第一审程序审理的，人民法院应当对第三人的诉讼请求一并审理，所作的判决可以上诉；

（二）按照第二审程序审理的，人民法院可以调解，调解达不成协议的，应当裁定撤销原判决、裁定、调解书，发回一审法院重审，重审时应当列明第三人。

第三百零三条　第三人提起撤销之诉后，未中止生效判决、裁定、调解书执行的，执行法院对第三人依照民事诉讼法第二百二十七条规定提出的执行异议，应予审查。第三人不服驳回执行异议裁定，申请对原判决、裁定、调解书再审的，人民法院不予受理。

案外人对人民法院驳回其执行异议裁定不服,认为原判决、裁定、调解书内容错误损害其合法权益的,应当根据民事诉讼法第二百二十七条规定申请再审,提起第三人撤销之诉的,人民法院不予受理。

三、最高人民法院关于第三人撤销之诉问题的裁判规则

实务要点一

第三人非债权债务关系当事人,也非原审诉讼标的物的权利人,虽曾申请法院轮候查封涉案标的物,但该轮候查封并不能使其在原审诉讼之前对案涉土地就已经享有优先受偿的权利,因此不具备对原审诉讼标的的独立请求权,不能提起第三人撤销之诉。

北京国际信托有限公司与深圳市华乐实业股份有限公司、深圳市壮众达汽车贸易有限公司二审民事裁定书(2016)最高法民终字第248号

最高人民法院认为:

《民事诉讼法》第56条明确将提起第三人撤销之诉的主体限定为对原审诉讼当事人双方的诉讼标的有独立请求权的第三人和对当事人双方的诉讼标的没有独立请求权,但与案件处理结果有法律上的利害关系的第三人,即有独立请求权的第三人和无独立请求权的第三人。也就是说,提起第三人撤销之诉的原告属于原审诉讼的有独立请求权的第三人或无独立请求权的第三人,且存在不能归责于其本人的事由未参加原审诉讼。广东高级人民法院6号民事判决案件系对华乐股份公司与壮众达公司达成以地抵债的调解协议的效力进行审理,其中债权债务关系的相对人为华乐股份公司与壮众达公司,用以抵债的土地登记在华乐股份公司名下。北京国信既非上述债权债务关系的当事人,亦非案涉土地的物权主体,其虽曾基于享有债权申请法院轮候查封案涉土地,但该轮候查封并不能使其在原审诉讼之前对案涉土地就已经享有优先受偿的权利。故其对华乐股份公司与壮众达公司双方的诉讼标的不具有独立的请求权,即其并非上述诉讼标的有独立请求权的第三人。就无独立请求权的第三人而言,须为辅助性第三人或被告型第三人,即应为原审诉讼中被告的辅助性角色或类似于被告的角色,其才可能符合提起第三人撤销之诉

的条件。本院认为,根据查明的事实,北京国信系受让债权而成为华乐股份公司的债权人,其对华乐股份公司享有的是一般债权。故北京国信对广东高级人民法院6号民事判决案件的处理,亦非无独立请求权的第三人。因此,北京国信不具有提起本案第三人撤销之诉的原告主体资格。北京国信主张广东高级人民法院6号民事判决系华乐股份公司低价转让土地的虚假诉讼行为,损害其合法权益,所提供的证据尚不足以证明其主张,故本院不予支持。

实务要点二

不动产物权发生变更但未办理权属变更登记的,基于物权登记公示效力,此时物权登记人仍为相关房屋土地的权利人,原审涉及该不动产且损害权利人利益的,权利人有权提起第三人撤销之诉。

兰西县农村信用合作联社债权人撤销权纠纷二审民事裁定书(2016)最高法民终字第570号

最高人民法院认为:

兰西信用社向一审法院起诉主张黑龙江高级人民法院(2015)164号民事判决认定兰西农行有权以兰西亚麻纺织公司用于抵押的机械设备、流动资产、建筑物和土地(133,384平方米)折价、拍卖或变卖的价款优先受偿错误,损害了兰西信用社的合法权益,请求撤销该判决中兰西农行有权以案涉抵押的机械设备、流动资产、建筑物和土地(133,384平方米)折价、拍卖、或变卖的价款优先受偿中30,609平方米的部分;确认兰西信用社已善意取得的价值253万元的兰西亚麻纺织公司正面主楼、车间等建筑物及坐落的30,609平方米土地为兰西信用社所有等。根据一审查明的事实,兰西信用社起诉提交的证据能够证明兰西县人民法院于2004年5月10日和2006年2月24日作出(2001)兰法执字第11-4号、第11-5号执行裁定,分别将黑龙江高级人民法院(2015)164号民事判决中涉及的兰西亚麻纺织公司的部分房屋、设备和土地等执行给兰西信用社,并办理了房屋和土地的产权变更登记手续。兰西信用社在本院二审中提交相关证据证明迄今为止上述土地房屋的权属依然登记在其名下。因此,在兰西农行与兰西亚麻纺织公司借款合同纠纷案件中,兰西信用社对兰西农行主张享有优先受偿权的部分财产享有独立请求权。尽管根据一审法院查明的事实,兰西信用社取得该财产的执行裁定已被撤销,但并没有进行权属变更登记。基于物权登记公示效力,兰西信用社仍为相关房屋土地的权利人。因此,兰西信用社属于有权在该案中对兰西农行行使抵押权的部分财产提起独立诉请的第三人,因而也具备对黑龙江高级人民法院(2015)164号民事判决提起第三人撤销之诉的原告主体资格。一审法院未经实体审理即确认兰西信用社对登记在其名下的房屋土地不享有物权权益,进而否定兰西信用社提起本案第三人撤销之诉的原告主体身份,缺乏事实和法律依据。

实务要点三

行政机关以国有资产出资取得国有公司股权的,因该国有公司具有独立的法人地位,在取得该国有资产后,该国有公司即享有该国有资产的占有、使用、收益及对外支配权,并以其公司财产对公司的债务承担责任,虽然行政机关是该国有资产的出资人和监管者,但此时行政机关已不具备对该实物的独立请求权,不能提起第三撤销之诉。

邯郸市粮食局与武汉润城物业管理有限公司、邯郸市国粮粮油储备有限公司申诉、申请民事裁定书(2015)最高法民申字第958号

最高人民法院认为:

邯郸市粮食局作为邯郸国粮公司国有资产的出资人和监管者,在其将出资的国有资产交付给邯郸国粮公司后,邯郸国粮公司依法享有对该国有资产占有、使用、收益及对外支配权,邯郸国粮公司对外有独立的法人资格,能够以其公司财产对公司的债务承担责任。邯郸市粮食局则享有对邯郸国粮公司的公司股权。邯郸市粮食局以该局是案涉“因债权抵偿物转让合同纠纷案件”的第三人,而提起本案第三人撤销之诉。依照《民事诉讼法》第56条第1款、第2款规定:“对当事人双方的诉讼标的,第三人认为有独立请求权的,有权提起诉讼;对当事人双方的诉讼标的,第三人虽然没有独立请求权,但案件处理结果同他有法律上的利害关系的,可以申请参加诉讼,或者由人民法院通知他参加诉讼。人民法院判决承担民事责任的第三人,有当事人的诉讼权利义务。”法院在确定第三人撤销之诉的原告主体资格时,应当先审查诉讼程序上的第三人资格。在邯郸市粮食局出资国有资产后,邯

郸国粮公司为维护该国有资产的权益，已经在"因债权抵偿物转让合同纠纷案件"中积极行使了相应的民事诉讼权利。本案中，邯郸市粮食局作为邯郸国粮公司的公司股东，所提第三人撤销之诉的诉讼利益与邯郸国粮公司在"因债权抵偿物转让合同纠纷案件"中的诉讼利益相一致。邯郸市粮食局并非"因债权抵偿物转让合同纠纷案件"的第三人，其作为本案原告的诉讼主体不适格。至于邯郸市粮食局提出"被申请人恶意串通，超低价转让国有资产，损害第三人利益"，以及"邯郸国粮公司与武汉润城公司协议转让国有资产未经评估，其所签订的转让协议应认定无效"等主张，依照《民事诉讼法》第 56 条第 3 款："前两款规定的第三人，因不能归责于本人的事由未参加诉讼，但有证据证明发生法律效力的判决、裁定、调解书的部分或者全部内容错误，损害其民事权益的，可以自知道或者应当知道其民事权益受到损害之日起六个月内，向作出该判决、裁定、调解书的人民法院提起诉讼。人民法院经审理，诉讼请求成立的，应当改变或者撤销原判决、裁定、调解书；诉讼请求不成立的，驳回诉讼请求"的规定，属于在第三人撤销之诉中，人民法院在确立原告属于第三人，具备第三人撤销之诉的原告主体资格之后，才应当进一步经审理后予以裁判的问题。

实务要点四

有限责任公司具有独立的法人资格，对外债务以其公司财产为限承担责任，第三人虽为全资股东，但其对原案的诉讼标的无独立请求权，且原案的处理结果亦不会导致其承担法律义务或责任，故其与原案的处理结果并无法律上的利害关系，且第三人亦非原案的无独立请求权的第三人，因此不能提起第三人撤销之诉。

香港大千国际企业有限公司与于秋敏、海门市大千热电有限公司申诉、申请民事裁定书(2016)最高法民申字第 1045 号

最高人民法院认为：

第三人撤销之诉是针对生效裁判提起的诉讼，一方面是给予因故未能参加诉讼而没有获得程序保障、却可能受到生效裁判拘束的第三人提供救济途径；另一方面则是防止第三人的合法权益受到他人虚假诉讼的侵害。鉴于生效裁判的既判力

和法律稳定性，第三人撤销之诉在原告适格性问题上，应当严格遵守《民事诉讼法》第56条第3款的规定，即提起撤销之诉的原告必须是原案的有独立请求权的第三人或者无独立请求权的第三人，并符合该款规定的其他条件。本案中，原案的诉讼标的是于秋敏和海门大千公司之间的民间借贷法律关系。香港大千公司虽然是海门大千公司的全资股东，但其对原案的诉讼标的无独立请求权，原案的处理结果亦不会导致其承担法律义务或责任，故其与原案的处理结果并无法律上的利害关系，其亦非原案的无独立请求权的第三人。因此，香港大千公司无权提起本案第三人撤销之诉，原裁定驳回其起诉并无不当，香港大千公司申请再审理由不能成立。至于海门大千公司的董事或法定代表人是否存在越权或关联交易侵害公司利益的行为，《公司法》已经为公司所有权和经营权分离所产生的风险提供了董事、高管侵权赔偿责任等救济途径，香港大千公司可据此寻求救济。

实务要点五

第三人利益受损不是因为生效的判决书、裁定书、调解书造成的，第三人不能对生效的判决书、裁定书、调解书提起第三人撤销之诉。

马林法、盛宏二审民事裁定书(2016)最高法民终字第318号

最高人民法院认为：

依照《民事诉讼法》第56条规定，对当事人双方的诉讼标的，第三人认为有独立请求权的，有权提起诉讼。对当事人双方的诉讼标的，第三人虽然没有独立请求权，但案件处理结果同他有法律上的利害关系的，可以申请参加诉讼，或者由人民法院通知其参加诉讼。人民法院判决承担民事责任的第三人，有当事人的诉讼权利义务。前两款规定的第三人，因不能归责于本人的事由未参加诉讼，但有证据证明发生法律效力的判决、裁定、调解书的部分或者全部内容错误，损害其民事权益的，可以自知道或者应当知道其民事权益受到损害之日起6个月内，向作出该判决、裁定、调解书的人民法院提起诉讼。人民法院经审理，诉讼请求成立的，应当改变或者撤销原判决、裁定、调解书；诉讼请求不成立的，驳回诉讼请求。最高人民法院《关于适用〈中华人民共和国民事诉讼法〉的解释》第292条规定，“第三人对已经发生法律效力的判决、裁定、调解书提起撤销之诉的，应当自知道或者应当知道其民事权益受到损害之日起六个月内，向作出生效判决、裁定、调解书的人民法院提出，

并应当提供存在下列情形的证据材料:(一)因不能归责于本人的事由未参加诉讼;(二)发生法律效力的判决、裁定、调解书的全部或者部分内容错误;(三)发生法律效力的判决、裁定、调解书内容错误损害其民事权益”。本案中,贵州省高级人民法院(2001)黔高法执字第56号民事裁定形成时间为2002年12月30日,裕华公司与多联公司签订的《“裕物商贸大厦”塔楼开发经营权转让协议》时间为2003年8月6日,多联公司与马林法、盛宏签订的《现房买卖协议》时间为2008年1月23日,法院执行裁定在前,相关转让协议在后。马林法、盛宏的损失并非该院(2001)黔高法执字第56号民事裁定所导致,不符合第三人撤销之诉的起诉条件。马林法、盛宏请求本案由贵州省高级人民法院依法受理的上诉理由不能支持。

第六节 执行异议之诉裁判规则

一、导读

民事执行程序是依据申请执行人的申请,通过强制执行手段,对已经生效的法律文书中的内容予以实现的一项程序。然而,执行程序进行过程中,也存在侵犯当事人或利害关系人实体利益的可能,为保障其救济,我国设立并完善有一系列的执行异议程序,本书此部分对这些程序及相应的裁判规则作出梳理。

二、执行异议之诉的理论及立法规定

(一)执行异议之诉的基本理论

异议之诉是实体上正当性保障的救济方法,可分为债务人异议之诉、案外人异议之诉与申请执行人异议之诉。

1. 债务人异议之诉

债务人异议之诉,是指债务人对于执行依据所载的执行债权,主张有足以排除法院强制执行的事由,而请求法院作出对该执行依据不得执行的判决。

执行法院固然有职权根据执行依据事实强制执行,但执行依据所载明的请求权之内容有时会与实体法上的权利状态不一致,如执行债权自始未成立或已经消灭,或有妨碍其请求的事由等。若强制执行,将有可能侵害债务人的利益。为此,大陆法系国家允许债务人提起诉讼,请求法院以判决排除该执行依据的执行力。

2. 案外人异议之诉

案外人异议之诉，又称第三人异议之诉，是指案外第三人就执行标的物有足以排除强制执行的权利而请求法院作出该特定标的物不得执行的判决。

案外人异议之诉的要件有三个：

（1）主体要件。案外人异议之诉的当事人是确定的，这包括原告方面的适格与被告方面的适格。

原告须为执行债权人和债务人以外、执行依据之效力所不及的第三人，包括财产所有权人以及对该财产有管理权和处分权的人，如破产管理人、遗嘱执行人等。故此，与执行当事人的一方对标的物有共有关系的第三人，可以提起该诉；案外人的债权人也可以代位提起异议之诉。

被告须为执行债权人或者其权利义务承受人。这里的债权人包括申请执行人和有执行依据而参与分配的债权人。债权人有数人的，应将数个债权人列为必要的共同被告，以达到排除对执行标的物强制执行的目的。

（2）事由要件。案外人提起异议之诉，须构成对执行标的物有所有权或者其他阻止标的物转让、交付的权利，主要包括所有权、用益物权、担保物权、占有、收取权、债权、依法财产保全的标的物七种。

（3）时间要件。案外人异议之诉的提起，须在“案外人异议裁定”送达之日起 15 日之内。

3. 申请执行人异议之诉

作为与案外人异议之诉相对的制度，申请执行人异议之诉在性质上一般也以形成之诉为通说。

申请执行人异议之诉有主体、事由、时间、前置程序四个要件。

（1）主体要件。申请执行人提起执行异议之诉的，以案外人为被告。

（2）事由要件。申请执行人反对案外人对执行标的主张的权利，认为执行标的的执行权利应当属于其执行案件的被执行人。

（3）时间要件。须自案外人异议裁定送达之日起 15 日之内提起。

（4）前置程序。该程序的启动须以案外人提起异议之诉为前提。

（二）法律或司法解释有关执行异议之诉的规定

《民事诉讼法》

第二百二十五条 当事人、利害关系人认为执行行为违反法律规定的，可以向负责执行的人民法院提出书面异议。当事人、利害关系人提出书面异议的，人民法院应当自收到书面异议之日起十五日内审查，理由成立的，裁定撤销或者改正；理由不成立的，裁定驳回。当事人、利害关系人对裁定不服的，可以自裁定送达之日起十日内向上一级人民法院申请复议。

第二百二十七条　执行过程中，案外人对执行标的提出书面异议的，人民法院应当自收到书面异议之日起十五日内审查，理由成立的，裁定中止对该标的的执行；理由不成立的，裁定驳回。案外人、当事人对裁定不服，认为原判决、裁定错误的，依照审判监督程序办理；与原判决、裁定无关的，可以自裁定送达之日起十五日内向人民法院提起诉讼。

最高人民法院《关于适用〈中华人民共和国民事诉讼法〉若干问题的解释》

第三百零四条　根据民事诉讼法第二百二十七条规定，案外人、当事人对执行异议裁定不服，自裁定送达之日起十五日内向人民法院提起执行异议之诉的，由执行法院管辖。

第三百零五条　案外人提起执行异议之诉，除符合民事诉讼法第一百一十九条规定外，还应当具备下列条件：

（一）案外人的执行异议申请已经被人民法院裁定驳回；

（二）有明确的排除对执行标的执行的诉讼请求，且诉讼请求与原判决、裁定无关；

（三）自执行异议裁定送达之日起十五日内提起。

人民法院应当在收到起诉状之日起十五日内决定是否立案。

第三百零六条　申请执行人提起执行异议之诉，除符合民事诉讼法第一百一十九条规定外，还应当具备下列条件：

（一）依案外人执行异议申请，人民法院裁定中止执行；

（二）有明确的对执行标的继续执行的诉讼请求，且诉讼请求与原判决、裁定无关；

（三）自执行异议裁定送达之日起十五日内提起。

人民法院应当在收到起诉状之日起十五日内决定是否立案。

第三百零七条　案外人提起执行异议之诉的，以申请执行人为被告。被执行人反对案外人异议的，被执行人为共同被告；被执行人不反对案外人异议的，可以列被执行人为第三人。

第三百零八条　申请执行人提起执行异议之诉的，以案外人为被告。被执行人反对申请执行人主张的，以案外人和被执行人为共同被告；被执行人不反对申请执行人主张的,可以列被执行人为第三人。

第三百零九条 申请执行人对中止执行裁定未提起执行异议之诉,被执行人提起执行异议之诉的,人民法院告知其另行起诉。

第三百一十条 人民法院审理执行异议之诉案件,适用普通程序。

第三百一十一条 案外人或者申请执行人提起执行异议之诉的,案外人应当就其对执行标的享有足以排除强制执行的民事权益承担举证证明责任。

第三百一十二条 对案外人提起的执行异议之诉,人民法院经审理,按照下列情形分别处理:

(一)案外人就执行标的享有足以排除强制执行的民事权益的,判决不得执行该执行标的;

(二)案外人就执行标的不享有足以排除强制执行的民事权益的,判决驳回诉讼请求。

案外人同时提出确认其权利的诉讼请求的,人民法院可以在判决中一并作出裁判。

第三百一十三条 对申请执行人提起的执行异议之诉,人民法院经审理,按照下列情形分别处理:

(一)案外人就执行标的不享有足以排除强制执行的民事权益的,判决准许执行该执行标的;

(二)案外人就执行标的享有足以排除强制执行的民事权益的,判决驳回诉讼请求。

第三百一十四条 对案外人执行异议之诉,人民法院判决不得对执行标的执行的,执行异议裁定失效。

对申请执行人执行异议之诉,人民法院判决准许对该执行标的执行的,执行异议裁定失效,执行法院可以根据申请执行人的申请或者依职权恢复执行。

第三百一十五条 案外人执行异议之诉审理期间,人民法院不得对执行标的进行处分。申请执行人请求人民法院继续执行并提供相应担保的,人民法院可以准许。

被执行人与案外人恶意串通,通过执行异议、执行异议之诉妨害执行的,人民法院应当依照民事诉讼法第一百一十三条规定处理。申请执行人因此受到损害的,可以提起诉讼要求被执行人、案外人赔偿。

第三百一十六条 人民法院对执行标的裁定中止执行后,申请执行人在法律规定的期间内未提起执行异议之诉的,人民法院应当自起诉期限届满之日起七日内解除对该执行标的采取的执行措施。

三、最高人民法院关于执行异议之诉问题的裁判规则

实务要点一

案外人或者申请执行人提起执行异议之诉的,案外人应当就其对执行标的享有足以排除强制执行的民事权益承担举证责任。

江门信金资产管理有限公司申请江门市蓬江区潮连建筑工程有限公司、江门市蓬江区潮连建设综合开发公司执行人执行异议之诉民事裁定书(2016)最高法民申字第1433号

最高人民法院认为:

本案再审审查涉及的主要问题是潮连工程公司提供的证据是否能够证明其对案涉土地享有足以排除强制执行的民事权益。本案系申请执行人执行异议之诉,依据最高人民法院《关于适用〈中华人民共和国民事诉讼法〉的解释》第311条之规定,案外人或者申请执行人提起执行异议之诉的,案外人应当就其对执行标的享有足以排除强制执行的民事权益承担举证责任。因而,潮连工程公司应就其对案涉争议土地享有实体权益且足以排除强制执行进行举证。潮连工程公司主张案涉土地由江门市郊区建筑工程公司第三分公司向巷头经济合作社购买取得,后江门市郊区建筑工程公司第三分公司变更为江门市郊区潮连建筑工程公司,江门市郊区潮连建筑工程公司又转制为潮连工程公司,潮连工程公司因此从江门市郊区建筑工程公司第三分公司承继了案涉土地的相关权益。潮连工程公司提供的证据仅能证明江门市郊区建筑工程公司第三分公司有偿受让取得富溪侧1364.41平方米宅基地一块,其提供的《营业执照档案记录证明》并非工商登记机关出具,原审据此认定潮连工程公司自己出具的证明不足以证明其主体工商变更登记情况,并无不当。潮连工程公司在本案中提供的《工商登记资料》只能证明相关公司的工商登记资料及其变更事项。但对于案涉土地使用权的性质如何变更为国有土地、江门市郊区建筑工程公司第三分公司是否转制为潮连工程公司以及江门市郊区建筑工程公司在其转制过程中对其资产的处置情况,即案涉土地是否转为潮连工程公司享有等,

潮连工程公司均未提供证据予以证明,其在本案中提供的《情况说明》等证据也不足以证明其前述主张。原审查明,案涉争议土地位于江门市蓬江区潮连坦边村巷头市地段,面积478.82平方米,证号为江国用(2011)第200213号,土地使用权人为潮连开发公司,即案涉争议土地登记在潮连开发公司名下。潮连工程公司如认为其系案涉争议土地的事实物权人,亦应依据相关法律确认其权利,但潮连工程公司未能提供相应证据证明其已确认了权利,也未作出合理的说明。故原判决据此认定潮连工程公司缺乏证据证明其对案涉争议土地享有足以排除强制执行的民事权益,并无不当。

实务要点二

提起执行异议之诉时,案外人异议和案外人执行异议之诉均应当发生在执行过程中,且案外人执行异议之诉以案外人异议理由被人民法院认定为不能成立并裁定驳回为前提,人民法院以案外人提出异议超过异议期限为由而未对异议理由作实体审查的,案外人不能直接提起执行异议之诉。

云南时新实业有限公司与云南鼎晟昌房地产开发有限公司申诉、申请民事裁定书(2016)最高法民申字第2780号

最高人民法院认为:

引发案外人执行异议之诉的原因,是案外人认为申请执行人申请人民法院对特定标的采取强制执行措施侵害了其合法权益。对于案外人所提执行异议之诉,人民法院所审查的是案外人是否对执行标的享有足以排除强制执行的权益,是否应当停止或撤销人民法院对该执行标的的强制执行措施。也就是说,案外人提起执行异议之诉的目的是阻却执行程序的进行,使人民法院不能对执行标的进行执行。因此,案外人异议和案外人执行异议之诉均应当发生在执行过程中,且案外人执行异议之诉以案外人异议理由被人民法院认定为不能成立并裁定驳回为前提。本案中,对于时新公司提出的案外人异议,昆明中院并未作出异议理由成立与否的认定,而是认定超过异议期限,未作审查。时新公司提起的案外人执行异议之诉缺乏前置要件,故而不具备法定立案条件,应当不予受理,已经受理的,应当裁定驳回起诉。一审裁定驳回时新公司的起诉,二审予以维持,符合法律规定,并无不当。时

新公司如认为昆明中院(2004)昆民执字第414-2号执行裁定关于执行程序终结的认定存有不当,可另行通过执行监督程序予以解决。

实务要点三

案外人仅请求确认对执行标的的所有权,并没有提出明确的阻却对执行标的强制执行的诉讼请求的,不是执行异议之诉,人民法院不能将案件作为执行异议之诉审理。

五矿钢铁广州有限公司与广发银行股份有限公司湛江开发区支行、佛山市锦泰来钢材实业有限公司等申诉、申请民事判决书 (2015)最高法民提字第109号

最高人民法院认为:

案外人执行异议之诉的目的,在于排除人民法院对执行标的的强制执行。因此,案外人在执行过程中,提出明确的排除对执行标的强制执行的诉讼请求,是案外人执行异议之诉的必备要件。本案五矿公司的诉讼请求仅为请求确认对案涉钢材的所有权,并没有提出明确的阻却对案涉钢材强制执行的诉讼请求。本案性质为所有权确认之诉,而非案外人执行异议之诉。原审法院将本案作为案外人执行异议之诉进行审理,适用法律错误,本院予以纠正。

实务要点四

案外人对执行标的是否享有足以排除强制执行的权利,并非其提起执行异议之诉的条件,而是法院在执行异议之诉中应予审理的内容。

广州市国土资源和规划委员会与海南欣达实业有限公司、广州星球房地产开发有限公司等申诉、申请民事裁定书
(2016)最高法民申字第 1824 号

最高人民法院认为:

《物权法》第 45 条规定:“法律规定属于国家所有的财产,属于国家所有即全民所有。国有财产由国务院代表国家行使所有权;法律另有规定的,依照其规定。”《土地管理法》第 5 条规定:“国务院土地行政主管部门统一负责全国土地的管理和监督工作。县级以上地方人民政府土地行政主管部门的设置及其职责,由省、自治区、直辖市人民政府根据国务院有关规定确定。”《广东省实施〈中华人民共和国〉办法》第 4 条规定:“省人民政府土地行政主管部门统一负责全省土地的管理和监督工作。市、县人民政府土地行政主管部门统一负责本行政区域内土地的管理和监督工作。”根据上述规定,国有土地的所有权人为国家,由国务院代表国家行使所有权。各级土地行政主管部门统一负责本行政区域内土地的管理和监督工作,其中就涵盖代表国家行使国有土地所有权权能的情形,土地管理部门签订或解除土地出让合同即为行使该权能的具体表现形式。广州国土局是广州政府的土地管理职能部门,具有法定的对广州市区域内的国有土地进行管理的职责,可代表国家行使国有土地所有权权能。本案中,广州国土局认为 A4 - 3 地块已经收回,其代表国家行使国有土地所有权权能,提起本案诉讼并无不当。案外人对执行标的是否享有足以排除强制执行的权利,并非其提起执行异议之诉的条件,而是法院在执行异议之诉中应予审理的内容。欣达公司提出的原判决违反法律有关要求案外人对执行标的必须具有财产实体权益的主张,以及星球公司有关广州国土局有权提起异议之诉的前提是其对涉案地块拥有所有权或使用权的主张,实质上并非广州国土局是否具有本案原告资格的问题,而是其对涉案地块是否享有足以排除强制执行权利的问题。故原判决认定广州国土局具有提起本案案外人执行异议之诉的主体资格并无不当。欣达公司和星球公司有关原判决认定广州国土局具有提起本案案外人异议之诉的主体资格系适用法律错误的主张,本院不予支持。

实务要点五

案外人执行异议程序虽然是提起执行异议诉讼的前提，但执行异议程序中对案件的实体处理以及对当事人主体资格问题的认定，对执行异议之诉程序没有约束力，执行异议之诉程序中有权重新审查确定当事人的诉讼主体资格。

海口向海娱乐有限公司清算组与冷雪钢、刘小白等二审民事裁定书 (2016)最高法民终字第443号

最高人民法院认为：

案外人执行异议程序虽然是提起执行异议诉讼的前提，但执行异议程序中对案件的实体处理以及对当事人主体资格问题的认定，对执行异议之诉程序没有约束力，执行异议之诉程序中有权重新审查确定当事人的诉讼主体资格。《公司法》第185条第1款第7项规定的清算组在清算期间"代表公司参与民事诉讼活动"，是指公司参加诉讼时以清算组作为公司的代表机关，诉讼的主体仍是公司，而不是清算组。上诉人引用该条规定认为"以清算组起诉即是代表企业法人起诉"，系对法律的误读。对此，2008年5月19日起施行的最高人民法院《关于适用〈中华人民共和国公司法〉若干问题解释(二)》第10条进一步明确规定："公司依法清算结束并办理注销登记前，有关公司的民事诉讼，应当以公司的名义进行。公司成立清算组的，由清算组负责人代表公司参加诉讼。尚未成立清算组的，由法定代表人代表公司参加诉讼。"本案诉讼前施行的最高人民法院《关于适用〈中华人民共和国民事诉讼法〉的解释》第64条的规定与上述法律和司法解释的规定是一致的。一审法院适用最高人民法院《关于适用〈中华人民共和国民事诉讼法〉的解释》第64条的规定，认定海口向海公司清算组的诉讼主体资格不适格，并不存在法律适用方面的错误。海口向海公司于2000年被吊销营业执照，如果此后未经注销或重新注册成立，也未发生更名为文昌向海公司和地址迁移到文昌的事实，则仍应在清算的范围内继续存在，应以公司的名义主张权利和参加诉讼。如涉及营业执照和印章丢失的问题，应先向有关部门寻求救济。

下　篇

行政与刑事案件裁判规则

第三章 行政案件的裁判规则

第一节 行政诉讼原告资格认定裁判规则

一、导读

行政诉讼的原告资格的认定,在行政诉讼中处于相当重要的位置,这直接决定了行政诉讼程序能否顺利进行下去。本书此部分针对行政诉讼中的原告资格认定问题进行研究探讨,以进一步明确在行政诉讼中,原告资格认定的具体情形。

二、行政诉讼原告资格认定的理论与立法规定

(一)行政诉讼原告资格的理论介绍

行政诉讼的原告,指与行政行为有利害关系,对该行为不服,以自己的名义向法院提起诉讼,从而启动行政诉讼程序的公民、法人或者其他组织。原告资格是指公民、法人或者其他组织就行政争议所具有的向法院提起行政诉讼从而成为行政诉讼原告的法律能力。原告资格不同于原告,原告是一种诉讼地位,原告资格是一种法律能力。

享有原告资格的法律条件是:(1)原告必须是在行政管理法律关系中处于被管理者地位的公民、法人或者其他组织。(2)与被诉行政行为之间存在利害关系。(3)认为其合法权益受到被诉行政行为侵害,以自己的名义向法院起诉。(4)受法院的裁判拘束。

(二)法律或司法解释有关行政诉讼原告资格的一般性规定

《行政诉讼法》

第二十五条 行政行为的相对人以及其他与行政行为有利害关系的公民、法

人或者其他组织,有权提起诉讼。

有权提起诉讼的公民死亡,其近亲属可以提起诉讼。

有权提起诉讼的法人或者其他组织终止,承受其权利的法人或者其他组织可以提起诉讼。

最高人民法院《关于适用〈中华人民共和国行政诉讼法〉若干问题的解释》

第十四条 合伙企业向人民法院提起诉讼的,应当以核准登记的字号为原告,由执行合伙企业实务的合伙人作诉讼代表人;其他合伙组织提起诉讼的,合伙人为共同原告。

不具备法人资格的其他组织向人民法院提起诉讼的,由该组织的主要负责人作诉讼代表人;没有主要负责人的,可以由推选的负责人作诉讼代表人。

同案原告为 5 人以上,应当推选 1 至 5 名诉讼代表人参加诉讼;在指定期限内未选定的,人民法院可以依职权指定。

第十五条 联营企业、中外合资或者合作企业的联营、合资、合作各方,认为联营、合资、合作企业权益或者自己乙方合法权益受具体行政行为侵害的,均可以自己的名义提起诉讼。

第十六条 农村土地承包人等土地使用权人对行政机关处分其适用的农村集体所有土地的行为不服,可以自己的名义提起诉讼。

第十七条 非国有企业被行政机关注销、撤销、合并、强令兼并、出售、分立或者改变企业隶属关系的,该企业或者其法定代表人可以提起诉讼。

第十八条 股份企业的股东大会、股东代表大会、董事会等认为行政机关做出的具体行政行为侵犯企业经营自主权的,可以企业名义提起诉讼。

三、最高人民法院及下级各级人民法院关于行政诉讼原告资格认定的裁判规则

实务要点一

行政诉讼利害关系是指公民、法人或其他组织,虽然不是行政行为相对人,但承担行政行为的法律后果或者其合法权益因该行政行为受到实际影响。

张西坤与山东省临沂市蒙阴县人民政府、山东省临沂市蒙阴县国土资源局再审行政裁定书 (2016)最高法行申字第1945号

最高人民法院认为：

《行政诉讼法》第2条规定："公民、法人或者其他组织认为行政机关和行政机关工作人员的行政行为侵犯其合法权益，有权依照本法向人民法院提起诉讼"。但这并非意味着任何人都具有提起行政诉讼的原告资格。《行政诉讼法》第25条第1款规定："行政行为的相对人以及其他与行政行为有利害关系的公民、法人或者其他组织，有权提起诉讼。"本条所说的行政行为的相对人，是指被诉行政行为直接针对的对象。凡属行政行为的相对人，其都有权作为原告针对不利行政行为提起诉讼。所谓与行政行为有利害关系，是指公民、法人或者其他组织虽然不是行政行为的相对人，但其承担行政行为的法律后果或者其合法权益因该行政行为受到实际影响。

实务要点二

农村集体土地权利人或利害关系人有土地行政登记及赔偿纠纷中具有行政利害关系人地位。

广东省始兴县罗坝镇大水村民委员会三洲田村民小组与广东省始兴县人民政府资源行政管理二审行政裁定书 (2015)粤高法行终字第603号

广东省高级人民法院认为：

根据最高人民法院《关于审理涉及农村集体土地行政案件若干问题的规定》第1条的规定："农村集体土地的权利人或者利害关系人认为行政机关作出的涉及农村集体土地的行政行为侵犯其合法权益，提起诉讼的，属于人民法院行政诉讼的受案范围。"

本案中，被上诉人(始兴县人民政府)始终未能提供相关征地批准文件及审批

手续,无法证明涉案土地是国家依照法定程序批准,并由县级以上地方政府予以公告并组织实施的征地行为。而且 2004 年原始兴县都亨乡人民政府(现罗坝镇政府)与三洲田村民小组签订《关于征用外三三洲田小组土地的协议》约定:“补偿时间 50 年,如开发商中途退出,则补偿至 50 年,期满后开发商继续征用,则补偿协议重新签订,如不使用,权属归政府。”按照约定,自 2004 年签订至本案起诉时尚不足 50 年,说明协议还在履行期间,土地的所有权没有发生改变,依然是农村经济组织集体所有,故该协议并非政府土地征收协议。据此,涉案发证行为与村小组有法律上的利害关系,三洲田村民小组具有原告资格。

实务要点三

行政协议案件中,行政相对人近亲属受到安置补偿的影响,具有行政利害关系人地位,具有原告资格。

郭思珍、郭小林、郭晓芳、郭小英与茶陵县人民政府等行政协议及行政赔偿二审行政判决书

(2015)湘高法行终字第 622 号

湖南省高级人民法院认为:

本案中,茶陵县人民政府以会议纪要的形式委托利民办事处完成对上诉人的腾地搬迁工作。

利民办事处采取以自己的名义与上诉人签订《拆迁安置协议书》和《拆迁补充协议书》的形式,完成对上诉人房屋的补偿安置工作。

利民办事处与上诉人签订的《拆迁安置协议书》和《拆迁补充协议书》可视为行政协议。原审认为是行政征收行为不当。

上诉人(郭思珍等)在与利民办事处签订协议后,于 2013 年 7 月 5 日领取了全部拆迁补偿款,随后自动腾房,搬入了安置房居住,拆迁安置协议已经履行完毕。同时,协议的拆迁补偿标准未低于周边市场同类房屋的标准,也与同期同地区签订拆迁补偿协议的两个企业一样,故补偿相对合理,没有侵犯上诉人的合法权益。

茶陵县人民政府此次安置补偿涉及郭思珍子女:郭小林、郭晓芳、郭小英,他们作为利害关系人,可以原告资格参加诉讼。

实务要点四

行政处罚案件中，标的物所有权人虽不是行政相对人，但具有行政利害关系人地位，具有原告资格。

四平沃土化肥有限公司诉公主岭市市场监督管理局工商行政处罚及行政处罚赔偿申请再审行政裁定书 吉林省高级人民法院行政裁定书（2016）吉行申字第132号

吉林省高级人民法院认为：

最高人民法院《关于执行〈中华人民共和国行政诉讼法〉若干问题的解释》第12条规定，与具体行政行为有法律上利害关系的公民、或其他组织对该行为不服，可以依法提起行政诉讼。沃土公司从山东明化控释肥料有限公司购进化肥，是该批化肥的所有权人，市工商局委托检验、扣押、处罚、没收出售等行政行为直接影响到沃土公司的权益，沃土公司与具体行政行为有法律上利害关系，其具有行政诉讼原告资格。

实务要点五

行政决定案件中，公司股东与实际经营者具有行政利害关系人地位，具有原告资格。

徐万年与郑州市二七区人民政府资源行政管理—能源行政管理二审行政判决书　河南省高级人民法院行政判决书（2015）豫法行终字第541号

河南省高级人民法院认为：

晋荣煤矿在企业名称预先核准后进行技改和从事相关的生产经营活动，但是直到二七区政府作出本案被诉的关闭煤矿决定前，晋荣煤矿并未登记成立，徐万年作为股东和晋荣煤矿的实际经营者，其合法权益受到二七区政府作出关闭煤矿决定的影响，有权以自己名义提起诉讼。二七区政府主张徐万年不具备原告资格的理由不能成立，依法不予支持。

实务要点六

林业登记纠纷中,林权证持有人具有行政利害关系人地位,具有原告资格。

吴自群、黄和平等余干县人民政府行政资源管理—林业管理二审行政判决书　江西省高级人民法院行政判决书(2016)赣行终字第63号

最高人民法院认为:

根据江西省赣发(2004)19 号《关于深化林业产权制度改革的意见》,本次林业产权制度改革是对林业"三定"的进一步规范和完善。

余干县林业行政主管部门在具体办理确权发证事务时,未依法查清祠堂山是集体统一经营的山林还是林业"三定"时已分包到户的山林,导致余干县政府所颁发的祠堂山林权证缺乏充分的事实根据。同时,也未严格按照江西省林业产权制度改革领导小组制定的《林业产权制度改革确权发证操作规范》组织临山踏界、进行勘查和公示、审核申请材料,祠堂山确权发证事实不清、程序不合法。

但吴自群等人持有祠堂山林权证,与余干县政府向吴耀辉等人颁发祠堂山林权证的行为具有利害关系,具有原告资格。

第二节　行政协议案件受案范围裁判规则

一、导读

我国在改革开放以后才出现行政法,属于后起之秀,尚无统一法典,且存在程序法与实体法不分的问题。行政诉讼理论与实践均存在诸多问题,之所以要将行政协议纳入受案范围,主要因为行政协议具有与民事合同不同的属性,不适宜全部按照私法的理论处理关于行政协议的争端。而对于到底哪些协议属于行政协议,行政协议中的哪些争议能够作为行政诉讼进行审理,立法尚未给出清晰的答案。

截至 2018 年 4 月,在中国裁判文书网中键入"行政协议受理"共检索出 10,946

篇裁判文书,其中由最高人民法院作出的有228篇,但这些案例多为直接运用法条即可得出,可整理出关于行政协议受理范围的较有意义的裁判规则实属罕见,因此本书此部分对上述问题进行理论探讨并引用予以梳理说明时,引用了最高人民法院及部分高级人民法院的案例。

二、行政协议案件受案范围的理论及立法规定

(一)行政协议案件受案范围的基本理论

1.行政协议的概念

行政协议是指行政机关以实施行政管理为目的,与行政相对人就有关事项协商一致而成立的一种双方行为。行政协议是现代行政法中合意、协商等民主精神的具体体现。

2.行政协议的法律特征

行政协议有以下几个法律特征。

(1)行政性。行政协议的行政性是指行政机关借助于合同形式实现其行使行政职权的目的,因此,它不同于行政机关以民事法人的身份与他人就民事权益订立的私法上的合同。其行政性主要表现在:其一,行政合同必有一方是行政机关,或具有法定行政职权的行政机关或者法律、法规授权的组织。其二,行政合同的内容是有关行政管理的公共事务,具有公益性。其三,行政机关在行政协议的变更和解除上具有行政优益权。

(2)合意性。行政协议的合意性区别于行政行为的单方性,它是指行政协议的订立必须以行政机关与行政相对人共同协商一致为前提。这一特征决定了行政协议仍然属于合同的范畴,并受合同一般原理指导。其主要体现在:其一,行政相对人对行政协议是否订立、内容等有一定的选择权。其二,行政协议的内容具有妥协性。

(3)法定性。它是指行政协议的订立、履行、变更和解除都必须遵守法律规范,行政机关不得法外实施行政协议行为。行政协议的法定性可以从以下几个方面做进一步理解:其一,行政机关运用行政协议处理不适于以行政行为方式处理的行政事务,但从目前立法情况来看,行政机关是够可以采用行政协议的方式管理行政事务,一般应当有法律依据。其二,行政机关必须依法行使行政协议中的行政优益权。其三,当法律规定不明确时,行政机关基于行政裁量权订立的行政协议,其目的必

须是实现行政管理目的,符合公共利益的要求,不违背法律目的。①

3. 行政协议的受案范围

哪些协议属于受案范围,是新法适用中无可回避的问题。这涉及行政合同的判断标准。学者在历时长久的讨论中,借鉴各国行政合同理论和立法,总结出多种区分标准,包括契约标的说、目的说、主体说等。标的说视契约所设定的法律效果或当事人用以与该契约相结合之法律效果,以决定合同的性质。如何判断契约所设定的法律效果,又有如下六种情形:(1)法律明文授权行政机关缔结行政契约或者公法法规对于契约内容予以详细规范;(2)契约内容作为实施公法法规之手段,用以取代公权力行为,尤其代替行政处分;(3)以公法行为作为契约义务内容,尤其是约定之内容系行政机关负有作出行政处分或其他公权力措施之义务;(4)契约所定之义务仅能由行政机关为之;(5)契约当事人公法上的权利或义务,经由契约予以形成;(6)约定事项中列有显然偏袒行政机关或使其取得较行政相对人一方优势之地位。尽管上列标准已十分详细,但在实务中仍会出现争议,如还需进一步判断何为公法契约,什么属于公法行为,因而还有其他学说,如目的说看合同的目的是否属于完成行政机关的行政职能,主体说看合同订立主体中是否包含行政主体等。②

尽管新《行政诉讼法》目前对行政协议采取不完全列举式立法例,但对行政协议司法审查的受案范围有如下几点可以明确:首先,应排除内部行政协议。如行政协议中有些是不同行政主体之间为了行政协作等目的而签订的协议,可以称为区域行政协议。"从实践来看,区域行政协议是指那些有关政府及行政主管部门为了顺应区域发展的趋势,在不同行政区域间协调行政目标、裁撤制度樊篱、缓解权力冲突等方面协商一致而签订的一系列合意性书面文件的总称。"行政机关上下级之间签订的协议、行政机关和公务员之间的协议都属内部行政协议。《行政诉讼法》不将行政体系内部的行政争议纳入司法审查,因此内部行政协议不能纳入受案范围。其次,具备抽象性的战略协议应被排除。行政主体签订的战略协议往往具有前瞻性,同时也非常抽象,对具体的权利义务规定不明确,不直接产生行政法上法律关系的变动,因此不宜纳入行政协议司法审查的受案范围。再次,法律规定属于终局裁决的涉及行政协议的行政争议,不纳入受案范围。终局裁决即行政机关的裁

---

① 姜明安主编:《行政法与行政诉讼法》,北京大学出版社、高等教育出版社 2015 年版,第 310 ~ 320 页。

② 陈无风:《行政协议诉讼:现状与展望》,载《清华法学》2015 年第 4 期。

决具有最终性,不能再进入司法程序予以救济。这与行政诉讼法对受案范围的既有规定保持一致。最后,关于国防、外交的协议应排除。行政诉讼历来不管辖国家行为,因为带有高度政治性。另外,从正面归纳的角度来看,目前仍只限于将与行政职权有关的行政协议纳入行政诉讼受案范围。

目前,与公共服务有关的各类协议如 PPP 协议等,总体上仍未纳入受案范围。政府采购协议适用私法。随着行政实践的发展,行政协议诉讼的受案范围还会逐步扩展,并不局限于新《行政诉讼法》现在明确列举的几类,如国有土地出让协议等,还有纳入的可能。政府采购协议也不排除纳入行政协议范畴的可能。国外有立法例以合同标的额为标准,达到一定数额标准的,就纳入行政协议,由公法调整。这些做法在我国也有一定的借鉴价值。①

(二)法律或司法解释有关行政协议案件受案范围的规定

《行政诉讼法》

第十二条　人民法院受理公民、法人或者其他组织提起的下列诉讼:

(一)对行政拘留、暂扣或者吊销许可证和执照、责令停产停业、没收违法所得、没收非法财物、罚款、警告等行政处罚不服的;

(二)对限制人身自由或者对财产的查封、扣押、冻结等行政强制措施和行政强制执行不服的;

(三)申请行政许可,行政机关拒绝或者在法定期限内不予答复,或者对行政机关作出的有关行政许可的其他决定不服的;

(四)对行政机关作出的关于确认土地、矿藏、水流、森林、山岭、草原、荒地、滩涂、海域等自然资源的所有权或者使用权的决定不服的;

(五)对征收、征用决定及其补偿决定不服的;

(六)申请行政机关履行保护人身权、财产权等合法权益的法定职责,行政机关拒绝履行或者不予答复的;

(七)认为行政机关侵犯其经营自主权或者农村土地承包经营权、农村土地经营权的;

(八)认为行政机关滥用行政权力排除或者限制竞争的;

(九)认为行政机关违法集资、摊派费用或者违法要求履行其他义务的;

---

① 江必新:《行政协议的司法审查》,载《人民司法》(应用)2016 年第 34 期。

(十)认为行政机关没有依法支付抚恤金、最低生活保障待遇或者社会保险待遇的;

(十一)认为行政机关不依法履行、未按照约定履行或者违法变更、解除政府特许经营协议、土地房屋征收补偿协议等协议的;

(十二)认为行政机关侵犯其他人身权、财产权等合法权益的。

除前款规定外,人民法院受理法律、法规规定可以提起诉讼的其他行政案件。

最高人民法院《关于适用〈中华人民共和国行政诉讼法〉若干问题的解释》

第十一条 行政机关为实现公共利益或者行政管理目标,在法定职责范围内,与公民、法人或者其他组织协商订立的具有行政法上权利义务内容的协议,属于行政诉讼法第十二条第一款第十一项规定的行政协议。

公民、法人或者其他组织就下列行政协议提起行政诉讼的,人民法院应当依法受理:

(一)政府特许经营协议;

(二)土地、房屋等征收征用补偿协议;

(三)其他行政协议。

最高人民法院《关于适用〈中华人民共和国行政诉讼法〉的解释》

第六十八条 行政诉讼法第四十九条第三项规定的"有具体的诉讼请求"是指:

(一)请求判决撤销或者变更行政行为;

(二)请求判决行政机关履行特定法定职责或者给付义务;

(三)请求判决确认行政行为违法;

(四)请求判决确认行政行为无效;

(五)请求判决行政机关予以赔偿或者补偿;

(六)请求解决行政协议争议;

(七)请求一并审查规章以下规范性文件;

(八)请求一并解决相关民事争议;

(九)其他诉讼请求。

三、最高人民法院及下级各级人民法院关于行政协议案件受理范围的裁判规则

实务要点一

行政协议争议不应局限于“行政机关不依法履行、未按照约定履行或违法变更、解除协议”四种情形，还包括协议订立时的缔约过失，协议成立与否，协议有效无效，撤销、终止行政协议，请求继续履行行政协议、采取相应的补救措施、承担赔偿和补偿责任以及行政机关监督、指挥、解释等行为产生的行政争议。

蒋大玉与重庆高新技术产业开发区管理委员会再审行政裁定书(2017)最高法行再字第49号

最高人民法院认为：

蒋大玉以被诉《征地拆迁补偿安置协议》的签订主体、程序、内容以及补偿标准存在异议为由，请求人民法院撤销该协议，原审法院以该诉请不属于《行政诉讼法》第12条第1款第11项规定的四种情形为由，认为蒋大玉的起诉不属于人民法院行政诉讼受案范围。因此，本案争议焦点之一在于蒋大玉在本案提起撤销行政协议的诉讼请求是否属于行政诉讼受案范围。行政协议是指行政机关在行使行政职权、履行行政职责过程中与公民、法人或者其他组织协商订立的协议。就争议类型而言，除《行政诉讼法》第12条第1款第11项所列举的四种行政协议争议外，还包括协议订立时的缔约过失，协议成立与否，协议有效无效，撤销、终止行政协议，请求继续履行行政协议、采取相应的补救措施、承担赔偿和补偿责任以及行政机关监督、指挥、解释等行为产生的行政争议。将行政协议争议仅理解为《行政诉讼法》第12条第1款第11项规定的四种情形，既不符合现行法律及司法解释的规定也在理论上难以自圆其说，且在实践中容易造成不必要的混乱。

1. 从现行行政诉讼法、合同法及其司法解释的相关规定看，对行政协议的起诉不仅限于《行政诉讼法》第12条第1款第11项列举的四种情形，而应包括所有的行政协议争议。(1)依据《行政诉讼法》第75条“行政行为有实施主体不具有行政主体资格或者没有依据等重大且明显违法情形，原告申请确认行政行为无效的，人民法院判决确认无效”的规定，行政协议作为行政行为的重要组成部分，如其有上述

规定情形,公民、法人或者其他组织申请确认行政协议无效的,人民法院判决确认无效;(2)依据最高人民法院《关于适用〈中华人民共和国行政诉讼法〉若干问题的解释》第15条第2款"原告请求解除协议或者确认协议无效,理由成立的,判决解除协议或者确认协议无效,并根据合同法等相关法律规定作出处理"规定,公民、法人或者其他组织可以依法请求解除行政协议或者确认行政协议无效;(3)依据最高人民法院《关于适用〈中华人民共和国行政诉讼法〉若干问题的解释》第14条"人民法院审查行政机关是否依法履行、按照约定履行协议或者单方变更、解除协议是否合法,在适用行政法律规范的同时,可以适用不违反行政法和行政诉讼法强制性规定的民事法律规范"及《合同法》第54条"下列合同,当事人一方有权请求人民法院或者仲裁机构变更或者撤销:(一)因重大误解订立的;(二)在订立合同时显失公平的。一方以欺诈、胁迫的手段或者乘人之危,使对方在违背真实意思的情况下订立的合同,受损害方有权请求人民法院或者仲裁机构变更或者撤销。当事人请求变更的,人民法院或者仲裁机构不得撤销"的规定,公民、法人或者其他组织可以依法请求变更或者撤销行政协议。综上所述,公民、法人或者其他组织可以依法向人民法院请求变更、撤销及解除行政协议或者确认行政协议无效等,而不应仅限于《行政诉讼法》第12条第1款第11项规定的四种情形。

2. 从理论和实践来看,将《行政诉讼法》第12条第1款第11项列举之外的行政协议争议不纳入行政诉讼的受案范围,可能会出现以下问题:一是如将相关行政协议争议纳入民事诉讼,既造成了同一性质的协议争议由行政民事分别受理并审理的混乱局面,又增加了行政裁判和民事裁判不一致的风险,不利于彻底化解行政协议纠纷;二是如相关行政协议争议不纳入行政诉讼的受案范围,又因其行政性民事诉讼不予受理,极易造成行政诉讼和民事诉讼均不受理的尴尬局面,亦有悖于现代行政诉讼为公民、法人或者其他组织提供无漏洞、有效的司法保护的主要宗旨;三是将相关行政协议争议排除出行政诉讼的受案范围,意味着有关行政协议争议游离行政法制轨道,既不能及时有效地依法解决相关行政争议,也不利于监督行政机关依法行使职权。

故而,不应将"行政机关不依法履行、未按照约定履行或违法变更、解除协议"四种情形设定为提起行政协议行政诉讼的受理条件,原审法院对《行政诉讼法》第12条规定进行狭义的文义理解,属于适用法律错误,依法应予纠正。

实务要点二

在征收补偿的行政协议中，行政相对人对土地征收行政行为没有异议，只是针对补存在偿问题的，行政相对人依据双方签订的协议提起的诉讼属于行政诉讼。

双辽市城建房地产综合开发有限公司诉双辽市人民政府合同纠纷二审民事裁定书(2017)吉民终字第25号

吉林省高级人民法院认为：

城建公司上诉称，对市政府的土地征收行政行为没有异议，只是针对补偿问题依据双方签订的协议提起诉讼，但依据最高人民法院《关于适用〈中华人民共和国行政诉讼法〉若干问题的解释》第11条第2款“公民、法人或者其他组织就下列行政协议提起行政诉讼的，人民法院应当依法受理：(一)政府特许经营协议；(二)土地、房屋等征收征用补偿协议；(三)其他行政协议”之规定，本案属于行政法律调整范畴，不属于人民法院受理民事诉讼的范围。

实务要点三

行政机关依法变更或者撤回已经生效的行政许可后，为了给予行政相对人补偿而与其签订的补偿协议，性质属于行政补偿协议，双方因该协议产生争议的，为行政争议，属于行政诉讼受理案件的范围。

温州市永厦住宅建设有限公司与乐平市人民政府、江西省交通运输厅合同纠纷一审民事裁定书(2015)赣民二初字第37号

江西省高级人民法院认为：

根据《行政许可法》第8条规定，“……行政许可所依据的法律、法规、规章修改或者废止、或者准予行政许可所依据的客观情况发生重大变化的，为了公共利益的需要，行政机关可以依法变更或者撤回已经生效的行政许可。由此给公民法人或者其他组织造成财产损失的，行政机关应当依法给予补偿”。因此，政府为了公共利益的需要作出取消乐平大桥收费的行为属于撤回行政许可的行为，符合法律的

规定。2014 年 1 月 5 日,乐平市政府与温州永厦公司签订的《协议书》,从协议内容中可以反映,该协议是依据赣交财审字〔2012〕24 号就停止收费、撤除收费站的补偿问题进行协商签订的,协议约定乐平市政府付给温州永厦公司的 4000 万元是列入乐平大桥收费站取消收费项目的补偿款范围,因此该协议的性质应属于行政补偿协议。从原告温州永厦公司起诉的理由及诉讼请求可以反映,其起诉的主要理由是乐平市政府违约未与其达成补偿协议,诉讼请求亦是要求判令被告支付原告补偿费 58,655.30 万元。根据《行政诉讼法》第 12 条"人民法院受理公民、法人或者其他组织提起的下列诉讼:……(十一)认为行政机关不依法履行、未按照约定履行或者违法变更、解除政府特许经营协议、土地房屋征收补偿协议等协议的……"及最高人民法院《关于适用〈中华人民共和国行政诉讼法〉若干问题的解释》第 11 条第 2 款"……公民、法人或者其他组织就下列行政协议提起行政诉讼的,人民法院应当依法受理:(一)政府特许经营协议;(二)土地、房屋等征收征用补偿协议;(三)其他行政协议"的规定,原告提出的诉请实质上是要求行政补偿,本案不属于民事诉讼,属于行政诉讼受理范围。

实务要点四

当事人与行政机关签订的项目开发协议不属于行政协议,故对于该协议引发的纠纷不属于行政诉讼受案范围。

李明、王学成、李富强诉眉山市政府赔偿二审行政裁定书(2016)川行终字第 591 号

四川省高级人民法院认为:

根据最高人民法院《关于适用〈中华人民共和国行政诉讼法〉若干问题的解释》第 11 条第 2 款的规定,"公民、法人或者其他组织就下列行政协议提起行政诉讼的,人民法院应当依法受理:(一)政府特许经营协议;(二)土地、房屋等征收征用补偿协议;(三)其他行政协议"。在本案中,李明等人提交原眉山地区(现在名称是眉山市)新区建设指挥部与广东省湛江市建筑工程集团公司于 1998 年 5 月 11 日签订的《眉山地区地级机关住宅小区建设开发项目协议》,以及该公司与李明于 1998 年 8 月 23 日签订的《眉山地区地级机关住宅小区 A 组团单项工程内部分包协议》等证

据，起诉眉山市人民政府赔偿李明等人施工的建设工程余款及利息，不属于前述司法解释规定的行政协议，故其起诉不属于行政诉讼受案范围，依法应裁定不予立案。一审法院据此裁定不予立案，并无不当。李明等人的上诉理由均不成立，本院不予支持。

实务要点五

当事人与行政机关签订的国有土地使用权出让合同为平等主体间市场交易行为，发生争议而提起诉讼的，属于民事争议，不属于行政诉讼受案范围。

1. 酉阳土家族苗族自治县麻旺镇平桥村六组与酉阳土家族苗族自治县国土资源和房屋管理局其他申请再审行政裁定书（2015）渝高法行申字第00683号

重庆市高级人民法院认为：

平桥村6组的诉讼请求为：请求确认酉阳县土房局和林真荣签订的渝地（酉）划转合字（2011）第158号《重庆市国有土地使用权出让合同》违法并予以撤销。《行政诉讼法》第12条第11项、最高人民法院《关于适用〈中华人民共和国行政诉讼法〉若干问题的解释》第11条第2款并未将国有土地使用权出让合同作为属行政诉讼受案范围的行政协议进行列举，而根据最高人民法院《关于审理涉及国有土地使用权合同纠纷案件适用法律问题的解释》之规定，国有土地使用权出让合同纠纷属民事审判权限范围，故平桥村6组就前述国有土地使用权出让合同提起的诉讼不属于行政诉讼受案范围。一审法院以此为由裁定驳回平桥村6组的起诉，二审法院予以维持并无不当，平桥村6组的申请再审理由不能成立。

2. 李唯丰、漳平市国土资源局建设用地使用权出让合同纠纷二审民事裁定书（2015）闽民终字第2249号

福建省高级人民法院认为：

讼争《国有建设用地使用权出让合同》一方虽为国家行政机关漳平市国土资源局，但其系依据《物权法》《合同法》等法律规定与李唯丰平等协商一致订立合同，合

同项下土地用途为商业服务及普通住宅,双方约定任何一方违约均按日 1‰的标准承担违约金等,没有涉及漳平市国土资源局为实现公益利益或者行政管理目标内容,应属平等主体间市场交易行为,现双方因承担出让合同违约责任事项引发纠纷当属民事争议,李唯丰提起的本案诉讼符合《民事诉讼法》第 119 条规定的民事诉讼受案条件,应予依法受理。李唯丰上诉理由成立,应予支持。原审法院认定本案系行政诉讼范围,依据不足,其裁定驳回李唯丰起诉不当,应予更正。

四、小结

《行政诉讼法》及其司法解释对行政协议引发的纠纷应该纳入行政诉讼的受理范围以及应该纳入行政诉讼的受理范围的行政协议争议的类型都有作出规定,但由于立法语言的概括性且运用列举式的方式引发司法实践中操作的无措及混乱。通过对最高人民法院及部分高级人民法院的裁判文书的整理,可以大致得出以下结论。首先,行政协议争议不应局限于法条列举的“行政机关不依法履行、未按照约定履行或违法变更、解除协议”四种情形,还应当包括协议订立时的缔约过失,协议成立与否,协议有效无效,撤销、终止行政协议,请求继续履行行政协议、采取相应的补救措施、承担赔偿和补偿责任以及行政机关监督、指挥、解释等行为产生的行政争议。其次,在征收补偿的行政协中,行政相对人对土地征收行政行为没有异议,只是针对补存在偿问题的,这当然属于行政争议,法院不得以对行政行为没有争议而不予以受理。再次,行政机关依法变更或者撤回已经生效的行政许可后,为了给予行政相对人补偿而与其签订的补偿协议,性质属于行政补偿协议,双方因该协议方式争议的,为行政争议,属于行政诉讼受理案件的范围。最后,不能以行政机关与相对人签订的协议均为行政协议,如当事人与行政机关签订的项目开发协议及国有土地使用权出让合同为平等主体间市场交易行为,发生争议而提起诉讼的,属于民事争议,以上二者均不属于行政诉讼受案范围。

第三节　行政机关不履行法定职责裁判规则

一、导读

法定职责,是指行政主体依据法律、行政法规、地方性法规、自治条例和单行条例以及规章的规定或授权进行与其职权范围一致的某些行政管理活动,实现其具体行政管理职能所应承担的法定职业内容和责任义务。长期以来,许多法学教科书和法学理论文章都将行政机关的不作为和行政机关不履行法定职责混为一谈。有的学者认为,行政不作为是指行政主体依据行政相对方的合法申请,应当实施或者不实施一定的行政行为,并且应当履行且可能履行一定的法定职责却不予履行或者拖延履行的状态。有的学者也将这种行政不作为行为界定为"行政机关不履行法定职责"。由于理论上并未能完全将行政不作为与行政机关不履行法定职责区分开,因此实践中也缺乏相应的指导,将两者混为一谈。截至 2018 年 5 月 6 日,通过中国裁判文书网搜索关键词"不履行法定职责"共检索出相关案例 1016 件。笔者从中选取了 3 个案例结合本书此部分进行讨论。

二、行政机关不履行法定职责的理论及立法规定

(一)行政机关不履行法定职责的基本理论

1. 行政机关不履行法定职责的基本概念

行政机关不履行法定职责指的就是行政主体负有法律、行政法规、地方性法规、自治条例和单行条例以及规章规定的职责,有能力履行而明确拒绝履行或者不予答复的行为。

2. 行政机关不履行法定职责的构成

(1)行为的主体必须是行政主体。与行政不作为不同,行政机关不履行法定职责的主体必须是行政机关。包括行政机关和法律法规授权的组织。

(2)行政主体负有与其职权范围一致的应履行的法定职责。法定职责是指行政主体依据法律、行政法规、地方性法规、自治条例和单行条例以及规章的规定或授权进行与其职权范围一致的某些行政管理活动,实现其具体行政管理职能所应承担的法定职业内容和法定责任。不同的行政主体享有的行政职权与所管辖的行政事项是不同的,因此,同行政职权相适应的法定职责也是有差异的。

(3)负有法定职责的行政主体具有明确拒绝履行法定职责或者拖延履行法定职责的行为。行政主体不履行法定职责表现为行政主体已经启动了法定的行政程序,因而确定了行政主体是否不履行法定职责。关键在于行政主体是否依据法律规定或者行政相对方的申请施加影响行政相对人的实体权利义务的行为。如果行政主体仍然处于行政程序的进程,那么就不属于不履行法定职责。

(4)行政主体不履行法定义务已经超过法定期限。关于行政主体不履行法定

义务的期限问题,有人提出了合理期限的说法,笔者认为这是不必要的,因为具体的行政主体的法定职责均有法律对其履行期限作出明确的规定,不需要作出重复的规定。

(二)法律或者司法解释有关行政主体不履行法定职责的规定

《行政复议法》

第三十四条 行政复议机关违反本法规定,无正当理由不予受理依法提出的行政复议申请或者不按照规定转送行政复议申请的,或者在法定期限内不作出行政复议决定的,对直接负责的主管人员和其他直接责任人员依法给予警告、记过、记大过的行政处分;经责令受理仍不受理或者不按照规定转送行政复议申请,造成严重后果的,依法给予降级、撤职、开除的行政处分。

第三十五条 行政复议机关工作人员在行政复议活动中,徇私舞弊或者有其他渎职、失职行为的,依法给予警告、记过、记大过的行政处分;情节严重的,依法给予降级、撤职、开除的行政处分;构成犯罪的,依法追究刑事责任。

第三十六条 被申请人违反本法规定,不提出书面答复或者不提交作出具体行政行为的证据、依据和其他有关材料,或者阻挠、变相阻挠公民、法人或者其他组织依法申请行政复议的,对直接负责的主管人员和其他直接责任人员依法给予警告、记过、记大过的行政处分;进行报复陷害的,依法给予降级、撤职、开除的行政处分;构成犯罪的,依法追究刑事责任。

第三十七条 被申请人不履行或者无正当理由拖延履行行政复议决定的,对直接负责的主管人员和其他直接责任人员依法给予警告、记过、记大过的行政处分;经责令履行仍拒不履行的,依法给予降级、撤职、开除的行政处分。

第三十八条 行政复议机关负责法制工作的机构发现有无正当理由不予受理行政复议申请、不按照规定期限作出行政复议决定、徇私舞弊、对申请人打击报复或者不履行行政复议决定等情形的,应当向有关行政机关提出建议,有关行政机关应当依照本法和有关法律、行政法规的规定作出处理。

《行政复议法实施条例》

第六十四条 行政复议机关或者行政复议机构不履行行政复议法和本条例规定的行政复议职责,经有权监督的行政机关督促仍不改正的,对直接负责的主管人员和其他直接责任人员依法给予警告、记过、记大过的处分;造成严重后果的,依法给予降级、撤职、开除的处分。

三、最高人民法院关于行政主体不履行法定职责的裁判规则

实务要点一

不适当履行是指行政机关虽然履行了法定职责的行为，但行政主体没有按照法律法规的相关规定完全履行其法定职责，其中包括不完全履行的情形。对于“不适当履行”，应当将其归于广义上的不履行。

李红成与湖南省涟源市人民政府再审行政裁定书
（2016）最高法行申字第1974号

最高人民法院认为：

本案争议的焦点是涟源市政府是否负有为李红成安置宅基地的职责，以及涟源市政府是否已经履行安置义务。《土地管理法》第62条第1款规定：“农村村民一户只能拥有一处宅基地，其宅基地的面积不得超过省、自治区、直辖市规定的标准。”涉案《安置办法》第11条规定：“城市规划区外，一律采取异地新建方式安置。被拆迁房屋按照附表一至四规定的标准补偿外，另行安排宅基地”；第12条规定：“采取异地新建方式安置的，按下列方式执行：……（二）农村居民只能拥有一处宅基地。本项所称的户是以家庭户型为单位，以成家子女为主体。两个以上子女达到法定婚龄的，可以分户，但分户不能作为安置宅基地的条件。（三）征地单位负责拆迁房屋底层占地面积相应的宅基地，但宅基地面积不得违反有关规定。”本案中，李红成原有宅基地上的房屋因修建高速公路被征收并拆除。根据上述法律及规范性文件的规定，涟源市政府应为李红成安置宅基地。现李红成已新建房屋一栋，其要求另行安置宅基地于法无据。

《安置办法》第12条第4项规定：“被拆迁人自行办理相关手续的，由征地单位支付偿还的宅基地‘三通一平’及基础、报建、办证等费用。偿还的宅基地基础标高以室外地面高度为准，可参照附表十一相关补偿标准执行。”涟源市政府虽然支付了“三通一平”及超深基础补偿费用，但在李红成与涟源市政府签订的《拆迁房屋协议书》中，未涉及报建、办证费用等相关事项，故涟源市政府未完全按《安置办法》规定履行义务。据此，原审判决涟源市政府在判决生效后2个月内依法依规对李红成的新建房屋宅基地相关事项予以落实并无不当。

实务要点二

行政主体不履行法定职责的要件之一是须对行政相对人的实体权利义务产生一定的影响。

贺凤岐再审审查与审判监督行政裁定书
(2017)最高法行申字第 2818 号

最高人民法院认为:

本院经审查认为,《建筑法》第 63 条规定,任何单位和个人对建筑工程的质量事故、质量缺陷都有权向建设行政主管部门或者其他有关部门进行检举、控告、投诉。《建设工程质量管理条例》第 53 条规定,任何单位和个人对建设工程的质量事故、质量缺陷都有权检举、控告、投诉。《工程建设项目招标投标活动投诉处理办法》第 3 条第 1 款规定,投标人和其他利害关系人认为招标投标活动不符合法律、法规和规章规定的,有权依法向有关行政监督部门投诉。根据《建设工程质量投诉处理暂行规定》第 15 条、第 17 条、第 18 条的规定,省级投诉处理机构受理的工程质量投诉,按照属地解决的原则,交由工程所在地的投诉处理机构处理,并要求报告处理结果;对于投诉的工程质量问题,投诉处理机构要本着实事求是的原则,对合理的要求,要及时妥善处理;暂时解决不了的,要向投诉人作出解释,并责成工程质量责任方限期解决;对不合理的要求,要作出说明,经说明后仍坚持无理要求的,应给予批评教育;对注明联系地址和联系人姓名的投诉,要将处理的情况通知投诉人。根据前述规定,建设行政主管部门和其他有关部门应当接受来自群众的检举、控告和投诉,并根据国家有关规定,认真处理。本案中,贺凤岐于 2014 年 5 月向省住建厅举报中南公司在开发中南西海岸项目中存在的两次招标、阴阳合同、四套图纸、图纸未审图、非法交房、拖欠工程款等违法问题,省住建厅将举报材料转至儋州市住建局调查后,儋州市住建局进行调查、作出相应处理,并作出 550 号答复,向贺凤岐进行送达。省住建厅儋州市住建局已经履行了对贺凤岐的举报投诉行为进行调查处理及答复的法定职责。前述法律法规并未规定投诉人对于举报投诉的处理决定不服还有申请再次复查或核查的程序。贺凤岐在收到儋州市住建局作出的 550 号答复后,并未循正常法律途径提出行政复议或者提起行政诉讼,而是向省住建厅提出对 550 号答复的复查申请、向省政府再次递交举报材料,实质上是要求省住建厅及省政府履行上下级行政机关之间的内部监督职责。省住建厅及省政府均进行了内部的复查及调查程序，且未对儋州市住建局的调查处理结论作出变更或者撤销，并未对贺凤岐的举报投诉行为作出新的处理。故省住建厅、省政府对于贺凤岐的复查要求及递交举报材料行为，未作出答复，对贺凤岐的权利义务不产生实际影响。在存在更为有效便捷的救济方式的情况下，贺凤岐坚持起诉省住建厅及省政府不履行监督职责，不具有权利保护的必要性和实效性，也不利于纠纷的及时解决，且易于形成诉累。一审、二审法院裁定驳回贺凤岐的起诉，处理结果并无不当，本院予以支持。

贺凤岐主张依据相关法律法规，其具有举报权，其与举报的事项具有利害关系。贺凤岐主张的举报权，系相关法律法规赋予公民的合法权利，但并非所有的权利受到侵害都可以通过诉讼的途径解决。《行政诉讼法》第 25 条第 1 款明确了当事人提起行政诉讼的前提是与被诉的行政行为具有利害关系，且我国尚未将公民个人提起的公益诉讼纳入行政诉讼范围，虽然在特殊领域的公益诉讼可以受理，但仅限于相关组织及检察机关有权作为起诉人提起诉讼。本案中，贺凤岐于 2014 年 5 月向省住建厅的举报行为，儋州市住建局作出 550 号答复并向贺凤岐进行送达。贺凤岐如果对 550 号答复提起诉讼，人民法院需要对贺凤岐举报的行为与其是否具有直接利害关系进行判断，以确定贺凤岐的原告资格。但是，贺凤岐诉讼请求中所称的省住建厅、省政府的不予答复行为，属于行政机关的内部监督行为，不属于行政诉讼的受案范围。故贺凤岐是否与举报事项具有直接利害关系，不属于本案的审查范围。

实务要点三

由于公安机关不履行法定行政职责，致使公民、法人和其他组织的合法权益遭受损害的，应当承担行政赔偿责任。

王展鹏与阜新市公安局新邱公安分局申诉行政裁定书
最高人民法院（2015）行监字第 81 号行政裁定

最高人民法院认为：

本院经审查认为，最高人民法院《关于执行〈中华人民共和国行政诉讼法〉若干问题的解释》第 12 条规定:“与具体行政行为有法律上利害关系的公民、法人或者其他组织对该行为不服的,可以依法提起行政诉讼。”公民、法人或者其他组织提起行政诉讼,应当初步证明其与被诉的行政行为具有法律上的利害关系。本案中,王展鹏受到伤害系刘越超违法侵权行为所致。新邱公安分局“失职和纵容”不履行法定职责行为发生在刘越超伤害白凤英案件中,与刘越超伤害王展鹏的事件之间虽具有时间上的先后关系,但并不具有法律上的利害关系。因此,王展鹏以新邱公安分局不履行法定职责为由提起本案行政诉讼,不具有适格的原告主体资格,原审裁定驳回原告起诉,并无不当。王展鹏主张因新邱公安分局西部派出所民警不履行法定职责和纵容刘越超犯罪,侵害了王展鹏的合法权益,两者之间具有法律上的利害关系,缺乏事实和法律根据,本院不予支持。

法释〔2001〕23 号最高人民法院《关于公安机关不履行法定行政职责是否承担行政赔偿责任问题的批复》(以下简称《批复》)规定:“由于公安机关不履行法定行政职责,致使公民、法人和其他组织的合法权益遭受损害的,应当承担行政赔偿责任。”这里的不履行法定职责致使公民、法人和其他组织的合法权益遭受损害,应当是指基于具体的事由,公安机关对特定的行政相对人承担具体的作为义务,公安机关没有履行相关义务,从而造成该行政相对人人身、财产损害的情形。《批复》中所称“法定职责”,不是抽象、普遍意义上的法定职责、义务。否则,公安机关负有保障全社会每一个公民人身、财产安全的法定职责,每一个受到违法犯罪行为侵害的公民,均可以公安机关没有维护好社会治安、违法犯罪频发,系不履行法定职责为由,要求公安机关承担行政赔偿责任。本案件中,即便如王展鹏所述,新邱公安分局存在“失职和纵容”刘越超犯罪的不履行法定职责行为,王展鹏受到刘越超伤害,与新邱公安分局不履行法定职责行为之间,也未形成特定的职责义务对应关系。因此,本案并不符合《批复》的适用条件。王展鹏主张,依据《批复》,新邱公安分局应当承担行政赔偿责任,理由不能成立。

四、小结

法治政府是职权法定的政府。行政机关权力的取得和存在必须有法律依据,必须在法律规定的实体及程序范围内行使职权,不能滥用或超越职权。法治政府也是责任政府,是权责统一的政府。权责统一是行政权力与生俱来的本质属性,法律赋予行政机关职权的同时,实际上是赋予行政机关义务和责任,行政机关在接受授权的同时,也接受了义务和责任。行政职权与行政职责不可分离,从一个角度看是行政职权，从另一个角度看就是行政职责。法律赋予行政机关何种职权，通过“权力清单”予以明确，与此同时，与权力清单配套的“责任清单”将行政机关的职责予以强化。这种法定职责，行政机关必须采取积极的措施和行动依法履行，不得放弃、不得推诿、不得转嫁他人、不得不履行。否则，要依法承担相应的法律责任。法治政府权责统一的核心是通过强化责任追究，监督制约行政权力，保障行政权力在法治轨道上运行。

随着依法治国方略的全面推进，政府权责统一、法定职责必须为逐渐成为越来越多行政机关工作人员的共识。但也应看到，随着反腐败工作的深入开展以及政府简政放权的推进，实践中出现了一些违背法定职责必须的情况，“为官不为”就是典型的表现。“为官不为”行为的本质就是不履行必须履行的法定职责，是有法不依的又一种表现。这不仅影响政府职能的履行，也是对国家利益、社会公共利益和管理相对人利益的不负责任，对政府公信力乃至对全社会信法尊法守法都将产生负面影响。要让行政机关“法定职责必须为”落到实处，需要进一步加强法治宣传教育，强化行政机关工作人员权责一致的法治意识，还需要进一步完善权力制约监督体系和严格的问责机制。

第四节　行政行为“明显不当”认定裁判规则

一、导读

2014 年《行政诉讼法》修改时，司法审查根据增加了“明显不当”一项。也就是说，行政行为明显不当的，法院应当予以撤销。明显不当标准的确立，拓宽了司法审查的强度和深度，对于维护公民权，监督行政权，实质性化解行政争议都大有裨益。但理论与实践领域对于明显不当标准存在有不同的认识和理解，有待进一步厘清明显不当的基本内涵及其适用的标准。

在实践中，对于行政行为“明显不当”的认定存在不少问题，主要表现为认定与适用的标准与维度方面的差异。本书此部分通过中国裁判文书网共检索到相关案例 12,837 件，现选取其中较为贴合的 5 个对行政行为“明显不当”相关案例裁判规则进行梳理。

二、行政行为“明显不当”认定的理论及立法规定

(一)行政行为“明显不当”认定的基本理论

1. 行政行为明显不当的定义

行政不当行为多发生在法律规定的自由裁量(定)的行政行为中。因为允许执法有可选择的幅度和范围,于是就产生合法但未必合理的问题。具体地说就是行政主体及其执法人员不合理行使以自由裁量权为主要内容的职权,作出了行政行为。行政不当行为是以合法为前提的,没有违反行政合法性原则;它不会引起惩罚性的行政法律责任,只可能引起补救性行政法律责任;它的法律效力是部分无效或者全部无效,不是自行政行为开始就自始全部无效。

2. 行政行为明显不当的判断标准

行政行为明显不当违反了行政法的合理性原则,但在实践及实际工作中确定衡量行政不当却比较困难。根据合理性原则,一般认为按以下标准进行衡量,对具体行政行为不当是有指导或帮助的。

(1)正当性标准。即行政行为的作出符合正当的目的、动机。不是动机不纯、恶意行政。是以保护人民群众合法权益为出发点的。

(2)正义性标准。即行政行为的作出符合正义的要求,并考虑相对人的主观认错态度和悔改表现,但不能显失公正。《产品质量法》第 55 条也有类似的规定,可以从轻或者减轻处罚。

(3)情理性标准。即行政行为的作出符合客观规律、法律价值取向原则,符合公认的公平、公正、公开原则和社会、道德、生活常理。

(4)对等性标准。主要指行政主体对行政相对人的违法行为的处理轻重程度要与该违法行为的危害程度呈正比。危害程度大的,自然处罚要重;反之,则轻。

结合中国的实践经验,评判行政行为合理性的考虑因素大体上可以归为以下几个方面:①行政机关行使裁量权力时没有考虑相关因素,或者考虑了不相关的因素;②行政机关没有遵循业已形成的裁量基准;③行政机关没有正当理由,违反行政先例;④行政机关违反了公认的法律原则,包括比例原则、平等原则、信赖保护原则等。

3. 行政行为明显不当的分类

(1)根据自由裁量权的范围不同,可以分为:①主体不当。指行政主体选择了不适当的相对人作为行政行为的管理对象,把比较适当的相对人没有作为管理对

象。②时间不当。如行政执法主体对违法行为调查后没有及时作出行政行为,两年后相对人违法行为的社会危害早已消除,行政执法主体才作出具体行政行为。这属于不适当时间实施的行政行为。③地点不当。指行政执法主体实施行政行为所选择的地点不当。

(2)根据自由裁量权的内容不同,可分为:①赋予权利对象、数量不当。如对申请批准生产许可证的五个当事人,作出了批准其中二个申请人的决定,但这两个人的条件都不如其他三个申请人,这是赋予权利对象不当;政府或者社保部门对居民的低保费本应按月发放,却不论时间长短,统一发放一个月,属于赋予权利数量不当。②责令履行义务的对象、数量不当。对在同一时间、同一地点发生的同一类违法行为,行政执法人员对同样危害大小的相对人,作出不同数量的处罚,就属于责令履行义务的对象、数量不当。

需要指出的是,《行政诉讼法》第5条、第54条规定,人民法院审理行政案件,对具体行政行为是否合法进行审查,对是否合理一般不作审查。由此可见,人民法院对行政不当行为的认定和处理没有法律依据。但是行政执法机关滥用行政自由裁量权,作出显失公正的行政处罚时,必须承担违法的责任,这是《行政诉讼法》作出明确规定的。

4. 行政行为合理性的实践模式

法律赋予行政机关裁量权力,也要求行政机关根据具体情形斟酌处理。为了维护个案公正,在某些特殊情况下偏离裁量基准,不仅是允许的,还是必须的。如果行政机关不考虑任何具体情形,做“一刀切”的规定或者“一风吹”地执行,以致严重偏离公正的准则,也是对其裁量职责的怠惰。立法强调“明显”不当,是要求法院节制自己的审查权力,给予行政裁量必要的尊让。面对一些公说公有理、婆说婆有理的事情,法院不是自己去断个是非,而是顺水推舟,听从和维持行政机关的决定。在这个问题上,美国法上的重新审理标准(trial de novo),不适用于中国法院;英国法上的不合理性原则(unreasonableness),不能简单套用;即使是大陆法上的比例原则(proportionality),也必须经过特别界定才能适用。“明显不当”中有“明显”两个字,抛弃了“明显”两个字的比例原则,就不是中国的法律。[1]

---

[1] 何海波:《论行政行为“明显不当”》,载《法学研究》2016年第3期。

(二)法律或司法解释有关行政行为“明显不当”的规定

《行政诉讼法》

第七十条 行政行为有下列情形之一的,人民法院判决撤销或者部分撤销,并可以判决被告重新作出行政行为:(一)主要证据不足的;(二)适用法律、法规错误的;(三)违反法定程序的;(四)超越职权的;(五)滥用职权的;(六)明显不当的。

第七十七条 行政处罚明显不当,或者其他行政行为涉及对款额的确定、认定确有错误的,人民法院可以判决变更。

人民法院判决变更,不得加重原告的义务或者减损原告的权益。但利害关系人同为原告,且诉讼请求相反的除外。

三、最高人民法院及下级各级人民法院关于行政行为明显不当认定的裁判规则

实务要点一

行政机关基于裁量权作出的行政行为只要在合理范围内,就不得轻易改变,尤其是不得做不利于相对人的改变,否则将构成滥用职权或者明显不当。

宁夏中卫市金利工程运输有限公司、宁夏回族自治区中卫市工商行政管理局工商行政管理(工商)行政案

法院认为:

行政机关基于裁量权作出的行政行为只要在合理范围内,按照法安定性和信赖保护的要求,就不得轻易改变,尤其是不得做不利于相对人的改变。否则改变后的行政行为构成滥用职权或者明显不当。在 33 号决定中,中卫市工商局所作金利公司虚报注册资本系一般违法之认定,综合权衡了违法数额和社会危害性等因素,裁量基本合理,本院予以认可。中卫市沙坡头区人民检察院的《不起诉决定书》中虽有金利公司法定代表人许国清已构成虚报注册资本罪的内容,但同时亦有“犯罪情节轻微”之认定,不能据此认定金利公司虚报注册资本的行为构成《公司法》第 199 条规定的“情节严重”,何况该决定书在定罪方面并不具有司法终局的效力。故中卫市工商局主张只要《不起诉决定书》认定该公司法定代表人构成犯罪即表明该公司的违法行为情节严重的抗辩理由难以成立,本院不予支持。33 号决定根据《公

司法》第199条之规定，责令金利公司改正并罚款45万元，于法有据。自治区工商行政管理局以“重责轻罚”为由追究中卫市工商局相关人员的责任，至多说明中卫市工商局相关人员工作上存在过错，但不能证明金利公司对此过错负有责任。中卫市工商局以此否定33号决定的合法性，理由不够充分，本院不予支持。在33号决定送达生效后，金利公司立即按要求补齐了注册资本并足额缴纳了罚款。针对此种情形，中卫市工商局其后所作出的80号决定，只强调违法数额，不考虑社会危害性较小之情节，认为金利公司虚报注册资本构成“情节严重”，33号决定处理畸轻，显然有失偏颇。80号决定不考虑33号决定的合法性、合理性要素且金利公司已主动履行了相关义务等事实，出尔反尔、反复无常，撤销了33号决定，代之以更为不利于金利公司的处理方式即撤销增加注册资本的变更登记，不仅违反信赖保护原则，亦不利于维护法律的安定性以及行政管理秩序的稳定性，被诉行政行为构成权力滥用、存在明显不当。虽然中卫市政府对中卫市工商局作出的行政处罚有权监督，但这种监督权亦应受到法律约束。本案中，中卫市政府组织专题研究并形成的《会议纪要》中，虽有责成中卫市工商局撤销33号决定并吊销金利公司营业执照的内容，但该内容本身亦存在明显不当，不能作为80号决定的权源基础。中卫市工商局以其奉命行事为由否认80号决定违法之理由不能成立，本院不予支持。另外，在中卫市工商局作出被诉行政行为及其后诉讼过程中，金利公司多次强调其曾投入实物作为公司注册资本，该事实主张关系金利公司虚报数额大小之认定，双方对此存有争议。而从现有案卷材料及中卫市工商局之抗辩理由来看，该局并未对此进行充分深入的查证，更多强调票据本身造假，这在一定程度亦造成被诉行政行为的证据不够充分。

实务要点二

因行政协议明显不当引起的行政诉讼，相较于一般行政诉讼，仅判令行政机关再行作出行政行为或者当事人重新协商签订协议，极易导致裁决的无法执行，当事人的权利不能得到实质性保护，故人民法院应当对行政协议当事人的权利义务作出更为直接、具体的裁决。

左大明与贵州省桐梓县人民政府、桐梓县教育局再审行政裁定书

法院认为:

本案的争议焦点是左大明关于安置住房及支付违约金的具体诉讼请求应否得到支持。本案是关于行政协议的诉讼,与一般的行政诉讼有所区别。一般的行政诉讼,当行政行为存在违法或者明显不当时,人民法院原则上判决撤销并视情况责令行政机关重新作出行政行为,仅在符合《行政诉讼法》第 77 条“行政处罚明显不当,或者其他行政行为涉及对款额的确定、认定确有错误”时,为了降低程序运作成本,实质化解行政争议,避免判决撤销、责令行政机关重新作出行政行为可能导致的循环诉讼,人民法院方享有司法变更权。而行政协议是行政机关基于行政裁量权与行政相对人协商一致而达成的,是行政性和合同性的创造性结合,虽其因行政性有别于民事合同,却又因协商一致而与民事合同性质接近,其中约定的行政主体和行政相对人双方的权利义务必须得到遵守和履行,这也是行政法原理所体现的全面履行原则的应有之义。故因行政协议引起的行政诉讼,相较于一般行政诉讼,人民法院应当对行政协议当事人的权利义务作出更为直接、具体的裁决,仅判令行政机关再行作出行政行为或者当事人重新协商签订协议,极易导致裁决的无法执行,当事人的权利不能得到实质性保护。

实务要点三

行政机关对隐私权范围的界定与区分处理,属于行政机关基于行政管理实践与行政管理相对人合法权益的综合判断,属于行政机关自由裁量权范畴,除非行政判断明显不当,否则人民法院应尊重行政机关的判断。

齐明喜、上海市松江区人民政府再审案

法院认为:

该问题实质上涉及了保障公众知情权与保护公民隐私权两者发生冲突时的处理规则。公民、法人和其他组织有权依法获取政府信息。对申请公开的政府信息,行政机关应根据相关规定作出答复。在公开相关信息可能侵害第三方合法权益时,行政机关应根据比例原则,作出适当处理,以取得与同样受法律保护的其他权

利之间的平衡。具体到本案中，根据《行政强制法》的规定，强制执行决定是行政机关依法作出行政决定后，当事人在行政机关决定的期限内不履行义务的，具有行政强制执行权的机关依照行政强制法的相关规定作出的行政行为。齐明喜要求获取行政机关针对第三方作出强制执行决定的文件。首先，涉案信息所涉行政行为不涉及齐明喜，并未侵害齐明喜的个人合法权益。其次，公开涉案信息中隐去的内容，可能会给相关权利人造成潜在的损害，并且隐去部分信息，未侵害齐明喜获取政府信息的权利，亦与行政机关依法行政不存在关联性。所以，松江区政府把涉案信息作出区分，将涉案违法建筑地址等与相关个人存在紧密联系的部分作为个人隐私隐去，公开涉案信息其余部分，并不违反法律规定。

实务要点四

再审裁定可在审查具体行政行为明显不当及复议决定合法适当的基础上，对行政机关及相对公民展开教育。

赵立章与上海市金山区人民政府再审行政裁定书

法院认为：

消防安全事关人民群众生命财产安全，涉及重大公共利益，任何单位和个人都有维护消防安全和预防火灾的义务。执法机关和公民均应高度重视消防安全。各级公安机关及其消防机构对消防工作负有监督管理及具体实施的法定职责。在消防安全面前，相关执法机关应该严格执法，并依法依规进行。根据《行政处罚法》第4条、第5条的规定，设定和实施行政处罚必须以事实为根据，与违法行为的事实、性质、情节以及社会危害程度相当；实施行政处罚，纠正违法行为，应当坚持处罚与教育相结合，教育公民、法人或者其他组织自觉守法。从《行政处罚法》的立法精神来看，行政机关执法既要有利于公共利益和社会秩序的维护，又要有利于公民合法权益的保护。要严格按照法律法规的规定，把握好自由裁量的尺度，坚决防止任性执法和随意执法。只有这样，才能真正实现法律制定和实施的目的。本案中，执法机关金山公安分局在未对涉案违法行为的事实、性质、情节以及社会危害程度进行充分权衡考虑的前提下，即对再审申请人赵立章作出拘留10日的行政处罚决定，并当即执行。该行政处罚其程序明显流于形式，其结果明显不当，对赵立章的合法权益造成了损害。由于涉案行政处罚决定已被再审被申请人金山区政府复议撤销，赵立章可通过申请国家赔偿等方式弥补因行政机关执法不当对其所造成的合法权益的损害。行政复议程序系行政系统内部的自我监督与自我纠错机制。本案中,行政复议机关金山区政府经审查,依法依规撤销了被诉行政处罚决定,对不当行政行为及时进行了纠正,有利于维护行政相对人的合法权益。从原审查明事实来看,被诉行政复议决定程序合法,处理适当,原审判决驳回赵立章的诉讼请求于法有据。当然,从本案行政处罚的事实来看,金山公安分局还存在执法程序上的不规范行为。作为上级主管部门,金山区政府应当进一步加强对金山公安分局的日常监督和管理,金山公安分局也要努力提高宗旨意识和执法水平,坚决防止类似情形再次发生。另外,再审申请人赵立章也要进一步增强消防意识和法治意识,自觉履行法定义务,努力做一名知法、守法、护法的公民。

实务要点五

基于司法资源的有限性,判决"变更"行政行为,仅限于《行政诉讼法》第 77 条的规定的"行政处罚明显不当,或者其他行政行为涉及对款额的确定、认定确有错误"这样一些特定情形,并不包括在被诉行政行为结果正确且对其有利的情况下,仅仅要求变更行政决定中的个别文字表述。

尚淑琴、郑州市金水区人民政府再审案

法院认为:

一个不利行政行为的相对人总是有诉权的,因为被诉行政行为对其施加的负担显而易见。基于同样的道理,一个不利行政行为的相对人,也有权选择行政复议,以维护自己的合法权益。本案的情况就是如此。再审申请人在受到公安机关行政处罚的情况下,提出行政复议申请,复议机关最终撤销了这个处罚决定。按理说,不利行政行为的效力已经消灭,再审申请人的目的已经达到。但再审申请人却针对这个对其有利的复议决定提起了行政诉讼。其诉讼请求竟然是要求法院维持该复议决定书撤销行政处罚决定的主文,只是变更复议决定的部分理由。这样一个诉讼请求,与《行政诉讼法》"保护公民、法人和其他组织的合法权益"的立法目的并不相符,因为撤销处罚决定的复议决定不仅没有对其合法权益产生不利影响,反而已经实现了保护其合法权益的目的。请求维持一个对其有利的复议决定,既无必要,也不见于最高人民法院《关于适用〈中华人民共和国行政诉讼法〉若干问题的解释》

第2条对于各种具体诉讼请求的列举以及《行政诉讼法》规定的各种判决方式。至于判决“变更”行政行为,按照《行政诉讼法》第77条的规定,仅限于“行政处罚明显不当,或者其他行政行为涉及对款额的确定、认定确有错误”这样一些特定情形,并不包括在被诉行政行为结果正确且对其有利的情况下,仅仅要求变更行政决定中的个别文字表述。司法资源毕竟有限,有限的司法资源应当真正用于解决那些确有权利保护需要的请求。对于明显缺乏权利保护需要的起诉,人民法院不能仅仅因为其是行政程序或者复议程序的相对人,就当然地认可其诉权。正确的做法应当是不予立案或者裁定驳回起诉,没有必要任由没有实际意义的起诉进入审理程序。

实务要点六

因房屋征收引起的行政诉讼,存在的明显不当以及行政相对人的实体权利可以通过补偿安置程序予以解决,不再通过再审程序解决。

符智兴等与海口市琼山区人民政府房屋征收案

法院认为:

《国有土地上房屋征收与补偿条例》(以下简称《征补条例》)第9条第1款规定,确需征收房屋的各项建设活动,应当符合国民经济和社会发展规划、土地利用总体规划、城乡规划和专项规划等。本案中,175号棚改方案以及《海口市琼山区国民经济和社会发展第十三个五年规划纲要》,能够证明涉案项目符合国民经济和社会发展规划以及土地利用总体规划、城乡规划。但是,该规划纲要系在15号征收决定之后作出,程序上存在明显瑕疵。《征补条例》第10条第2款规定,市、县级人民政府应当组织有关部门对征收补偿方案进行论证。但本案中,琼山区政府未能提交证据证明涉案征收补偿安置方案依法进行论证。《征补条例》第12条规定,作出房屋征收决定前,应当按照有关规定进行社会稳定风险评估;房屋征收决定涉及被征收人数量较多的,应当经政府常务会议讨论决定;征收补偿费用应当足额到位、专户专储、专款专用。本案中,琼山区政府提交的证据显示,社会稳定风险评估报告系15号征收决定之后作出,且无证据证明15号征收决定经政府常务会议讨论决定,征收补偿费用也是在15号征收决定作出后才陆续到位。根据《行政诉讼法》第74条第1款第1项之规定,行政行为依法应当撤销,但撤销会给国家利益、社会公共利益造成重大损害的,人民法院判决确认违法,但不撤销行政行为。二审已经认定琼山区政府作出15号征收决定存在前述问题,本应依法判决确认15号征收决定违法,但二审仍作出驳回上诉,维持一审驳回诉讼请求的判决结果,适用法律明显不当,本院予以指正。综合考量案涉征地项目的签约率已经超过90%,大部分房屋拆除工作已经完成,且琼山区政府对多数再审申请人已经作出征收补偿决定。再审申请人的实体权利主要是其房屋的补偿安置问题,即补偿安置标准、方式及范围的问题,完全可以在被征收房屋的补偿安置程序中予以解决。结合行政诉讼实质性化解行政争议的目的,15号征收决定是否确认违法并不会对再审申请人的权利产生实际影响,最终影响其权利的是安置补偿问题。故本院即使对15号征收决定确认违法,亦不能解决再审申请人的实体权利,徒增诉累,浪费司法资源。故本院不再对本案提起再审。

实务要点七

基于行政首次判断权原则,提起请求金钱补偿的前提是标准已经明确,如果尚有余地,则不能直接起诉,而是应与行政机关先行协商解决,而后由法院再对其是否合法以及明显不当进行审查。

丁爱国、陶善宝乡政府再审审查与审判监督行政裁定书

法院认为:

本案的实际情况也表明,直接导致路西花炮公司企业关闭和退出这一法律效果之发生的,并非7号通知和63号决定,而是路西花炮公司与金社乡政府签订的《枞阳县烟花爆竹生产(经营)企业退出工作协议书》。正是基于该协议,再审申请人拆除了主要生产设施设备,并按照协议领取了补偿款。再审申请人在起诉中,请求判令安庆市政府、枞阳县政府、金社乡政府另行支付补偿款599万元。其事实根据是,《枞阳县烟花爆竹生产(经营)企业退出工作协议书》第3条中双方约定,“待全县烟花爆竹生产企业退出后,视周边乡、镇补偿额情况酌定给予乙方额外补助”,再审申请人在一审和二审中已提供了其他企业高于再审申请人获得相关补偿的证据,再审被申请人增加补偿的条件已经成就。对此本院认为,烟花爆竹企业整体退出属于产业政策调整范畴,符合公共利益,但退出企业因此而受到的财产损失依法应当予以补偿。根据最高人民法院《关于适用〈中华人民共和国行政诉讼法〉若干

问题的解释》第2条第1款第5项的规定，当事人可以请求判决行政机关予以赔偿或者补偿。但是，提起请求金钱补偿的一般给付之诉，必须是请求金额或者补偿标准已获明确，如果行政机关在作出实际给付之前尚有优先判断或者裁量余地，则不能直接起诉，而是应与行政机关先行协商解决。作出这种要求，系基于行政首次判断权原则，即对于行政机关职权范围内未予判断处理的事项，应待行政机关先行处理后，法院再对其是否合法以及明显不当进行审查。如果司法机关过早介入，就会有代替或者干预行政权行使的嫌疑。本案中，姑且不论协议约定的补偿是否已实际履行到位，即使如再审申请人所主张并未获得最终补偿，按照《枞阳县烟花爆竹生产(经营)企业退出工作协议书》第3条的约定，行政机关也还有"酌定"的空间，在这种情况下，再审申请人应与行政机关协商处理后再行寻求司法救济，人民法院不能代替行政机关率先作出决定。因此，二审法院认为协议书中的前述约定属行政权处理范畴，进而维持一审法院驳回起诉裁定，并无不妥。至于再审申请人质疑一审和二审法院均未开庭审理，因本案并未进入实体审理即被驳回起诉，该项再审理由亦不能得到支持。

实务要点八

公民申请政府信息公开的，对于该项信息能否公开及公开的具体信息等，应在《政府信息告知书》中明确说明。

晏春林、安阳市文峰区人民政府再审审查与审判监督行政裁定书

法院认为：

河南省安阳市中级人民法院一审认为：根据《政府信息公开条例》第21条规定，行政机关如果认为申请人申请公开的政府信息不存在，应当作出答复告知申请人。晏春林申请文峰区政府公开的政府信息是"安阳市人民政府2009年1月5日批准文峰区后张村156.471亩社会养老保险基金每亩168,000元的批准文件"，而文峰区政府向晏春林公开的政府信息为《安阳市人民政府征收土地方案公告》(〔2008〕第16号)及安阳市市委办公室2006年10月23日《关于文峰区征地有关问题的会议纪要》第2条。从上述公开的政府信息内容来看，该政府信息与晏春林申请公开的政府信息明显不符，不具有针对性。文峰区政府虽在庭审中辩称晏春林申请公开的政府信息不存在，但其未在2016年1月8日作出的《政府信息告知

书》中明确说明,故文峰区政府作出的该告知书明显不当。晏春林要求撤销《政府信息告知书》第 2 项理由成立,予以支持。鉴于对晏春林申请公开的政府信息是否存在、是否属于其公开的范围等情况,文峰区政府需进一步调查和裁量,故晏春林要求责令文峰区政府公开"安阳市人民政府 2009 年 1 月 5 日批准文峰区后张村 156.471 亩被征收土地社会养老保险基金每亩 168,000 元的批准文件"的诉讼请求,不予支持。依照《行政诉讼法》第 70 条第 6 项之规定,作出(2016)豫 05 行初 206 号行政判决:"一、撤销文峰区政府 2016 年 1 月 8 日作出的《政府信息告知书》第二项;二、责令文峰区政府在本判决生效之日起十五个工作日内重新作出答复。"

四、小结

行政行为"明显不当"是关于行政行为合理性的判断与认定,在实践中,主要有相对人不适当(选错了行政行为相对人)、行政执法时间不适当(违法性消除后才作出行政行为)、地点不适当(作出行政行为的地点不适合)、赋予权力的对象与数量和责令履行义务的对象与数量自由裁量不当等情形。在司法对具体行政行为作出审查时,应当考虑的是该行为"明显"不当,这是基于比例原则的考量,即从必要性、适当性与损害最小性角度去审查、判断行政行为的合理性与否及不合理的程度大小。

第四章 刑事案件的裁判规则

第一节　立功制度裁判规则

一、导读

立功制度是我国现行《刑法》中一项重要的刑罚裁量制度和刑罚执行制度。其制度设计本身和执行情况不仅关系个案中犯罪人权利的保障程度,更在一定程度上折射出一国法治化进程的实现程度和刑罚制度的民主化水平。本书此部分结合立功制度的基本理论和立法现状,并结合最高人民法院的相关判例,归纳出立功制度在我国具体适用中的裁判规则。

二、《刑法》关于立功制度的基本理论与立法规定

(一)立功制度的基本理论

立功制度是我国《刑法》规定的对犯罪后有立功表现的犯罪人从宽处罚的一项刑罚制度。一般认为,我国《刑法》中规定的立功制度有广义和狭义之分。狭义的立功制度是指与自首制度、累犯制度、数罪并罚制度等并列的一种独立的刑罚裁量制度。广义的立功制度则不仅包括狭义的立功制度即量刑中的立功制度,而且还包括从属于刑罚执行制度的立功制度。量刑中的立功制度是指犯罪人有揭发他人犯罪行为,查证属实或者提供重要线索,从而使司法机关得以侦破其他案件等表现的,对其从轻减轻处罚或者免除处罚的制度。而刑罚执行中的立功制度是指犯罪人在服刑期间有法律规定的几种表现时,据以减刑的制度。

立功制度是我国现行《刑法》中一项重要的刑罚裁量制度和刑罚执行制度。其制度设计本身和执行情况不仅关系个案中犯罪人权利的保障程度,更在一定程度

上折射出一国法治化进程的实现程度和刑罚制度的民主化水平。

(二)法律或司法解释有关立功制度的一般性规定

《刑法》

第六十八条 犯罪分子有揭发他人犯罪行为,查证属实的,或者提供重要线索,从而得以侦破其他案件等立功表现的,可以从轻或者减轻处罚;有重大立功表现的,可以减轻或者免除处罚。犯罪后自首又有重大立功表现的,应当减轻或者免除处罚。

最高人民法院《关于处理自首和立功具体应用法律若干问题的解释》

第五条 根据刑法第六十八条第一款的规定,犯罪分子到案后有检举、揭发他人犯罪行为,包括共同犯罪案件中的犯罪分子揭发同案犯共同犯罪以外的其他犯罪,经查证属实;提供侦破其他案件的重要线索,经查证属实;阻止他人犯罪活动;协助司法机关抓捕其他犯罪嫌疑人(包括同案犯);具有其他有利于国家和社会的突出表现的,应当认定为有立功表现。

第六条 共同犯罪案件的犯罪分子到案后,揭发同案犯共同犯罪事实的,可以酌情予以从轻处罚。

第七条 根据刑法第六十八条第一款的规定,犯罪分子有检举、揭发他人重大犯罪行为,经查证属实;提供侦破其他重大案件的重要线索,经查证属实;阻止他人重大犯罪活动;协助司法机关抓捕其他重大犯罪嫌疑人(包括同案犯);对国家和社会有其他重大贡献等表现的,应当认定为有重大立功表现。

前款所称"重大犯罪"、"重大案件"、"重大犯罪嫌疑人"的标准,一般是指犯罪嫌疑人、被告人可能被判处无期徒刑以上刑罚或者案件在本省、自治区、直辖市或者全国范围内有较大影响等情形。

最高人民法院、最高人民检察院《关于办理职务犯罪案件认定自首、立功等量刑情节若干问题的意见》

立功必须是犯罪分子本人实施的行为。为使犯罪分子得到从轻处理,犯罪分子的亲友直接向有关机关揭发他人犯罪行为,提供侦破其他案件的重要线索,或者协助司法机关抓捕其他犯罪嫌疑人的,不应当认定为犯罪分子的立功表现。

据以立功的他人罪行材料应当指明具体犯罪事实;据以立功的线索或者协助行为对于侦破案件或者抓捕犯罪嫌疑人要有实际作用。犯罪分子揭发他人犯罪行为时没有指明具体犯罪事实的;揭发的犯罪事实与查实的犯罪事实不具有关联性的;提供的线索或者协助行为对于其他案件的侦破或者其他犯罪嫌疑人的抓捕不具有实际作用的,不能认定为立功表现。

犯罪分子揭发他人犯罪行为,提供侦破其他案件重要线索的,必须经查证属实,才能认定为立功。审查是否构成立功,不仅要审查办案机关的说明材料,还要审查有关事实和证据以及与案件定性处罚相关的法律文书,如立案决定书、逮捕决定书、侦查终结报告、起诉意见书、起诉书或者判决书等。

据以立功的线索、材料来源有下列情形之一的,不能认定为立功:(1)本人通过非法手段或者非法途径获取的;(2)本人因原担任的查禁犯罪等职务获取的;(3)他人违反监管规定向犯罪分子提供的;(4)负有查禁犯罪活动职责的国家机关工作人员或者其他国家工作人员利用职务便利提供的。

犯罪分子检举、揭发的他人犯罪,提供侦破其他案件的重要线索,阻止他人的犯罪活动,或者协助司法机关抓捕的其他犯罪嫌疑人,犯罪嫌疑人、被告人依法可能被判处无期徒刑以上刑罚的,应当认定为有重大立功表现。其中,可能被判处无期徒刑以上刑罚,是指根据犯罪行为的事实、情节可能判处无期徒刑以上刑罚。案件已经判决的,以实际判处的刑罚为准。但是,根据犯罪行为的事实、情节应当判处无期徒刑以上刑罚,因被判刑人有法定情节经依法从轻、减轻处罚后判处有期徒刑的,应当认定为重大立功。

对于具有立功情节的犯罪分子,应当根据犯罪的事实、性质、情节和对于社会的危害程度,结合立功表现所起作用的大小、所破获案件的罪行轻重、所抓获犯罪嫌疑人可能判处的法定刑以及立功的时机等具体情节,依法决定是否从轻、减轻或者免除处罚以及从轻、减轻处罚的幅度。

最高人民法院《关于处理自首和立功若干具体问题的意见》

……

三、关于"司法机关还未掌握的本人其他罪行"和"不同种罪行"的具体认定

犯罪嫌疑人、被告人在被采取强制措施期间,向司法机关主动如实供述本人的其他罪行,该罪行能否认定为司法机关已掌握,应根据不同情形区别对待。如果该罪行已被通缉,一般应以该司法机关是否在通缉令发布范围内作出判断,不在通缉令发布范围内的,应认定为还未掌握,在通缉令发布范围内的,应视为已掌握;如果该罪行已录入全国公安信息网络在逃人员信息数据库,应视为已掌握。如果该罪行未被通缉、也未录入全国公安信息网络在逃人员信息数据库,应以该司法机关是否已实际掌握该罪行为标准。

犯罪嫌疑人、被告人在被采取强制措施期间如实供述本人其他罪行,该罪行与

司法机关已掌握的罪行属同种罪行还是不同种罪行,一般应以罪名区分。虽然如实供述的其他罪行的罪名与司法机关已掌握犯罪的罪名不同,但如实供述的其他犯罪与司法机关已掌握的犯罪属选择性罪名或者在法律、事实上密切关联,如因受贿被采取强制措施后,又交代因受贿为他人谋取利益行为,构成滥用职权罪的,应认定为同种罪行。

四、关于立功线索来源的具体认定

犯罪分子通过贿买、暴力、胁迫等非法手段,或者被羁押后与律师、亲友会见过程中违反监管规定,获取他人犯罪线索并"检举揭发"的,不能认定为有立功表现。

犯罪分子将本人以往查办犯罪职务活动中掌握的,或者从负有查办犯罪、监管职责的国家工作人员处获取的他人犯罪线索予以检举揭发的,不能认定为有立功表现。

犯罪分子亲友为使犯罪分子"立功",向司法机关提供他人犯罪线索、协助抓捕犯罪嫌疑人的,不能认定为犯罪分子有立功表现。

五、关于"协助抓捕其他犯罪嫌疑人"的具体认定

犯罪分子具有下列行为之一,使司法机关抓获其他犯罪嫌疑人的,属于《解释》第五条规定的"协助司法机关抓捕其他犯罪嫌疑人":(1)按照司法机关的安排,以打电话、发信息等方式将其他犯罪嫌疑人(包括同案犯)约至指定地点的;(2)按照司法机关的安排,当场指认、辨认其他犯罪嫌疑人(包括同案犯)的;(3)带领侦查人员抓获其他犯罪嫌疑人(包括同案犯)的;(4)提供司法机关尚未掌握的其他案件犯罪嫌疑人的联络方式、藏匿地址的,等等。

犯罪分子提供同案犯姓名、住址、体貌特征等基本情况,或者提供犯罪前、犯罪中掌握、使用的同案犯联络方式、藏匿地址,司法机关据此抓捕同案犯的,不能认定为协助司法机关抓捕同案犯。

六、关于立功线索的查证程序和具体认定

被告人在一、二审审理期间检举揭发他人犯罪行为或者提供侦破其他案件的重要线索,人民法院经审查认为该线索内容具体、指向明确的,应及时移交有关人民检察院或者公安机关依法处理。

侦查机关出具材料,表明在三个月内还不能查证并抓获被检举揭发的人,或者不能查实的,人民法院审理案件可不再等待查证结果。

被告人检举揭发他人犯罪行为或者提供侦破其他案件的重要线索经查证不属实,又重复提供同一线索,且没有提出新的证据材料的,可以不再查证。

根据被告人检举揭发破获的他人犯罪案件，如果已有审判结果，应当依据判决确认的事实认定是否查证属实；如果被检举揭发的他人犯罪案件尚未进入审判程序，可以依据侦查机关提供的书面查证情况认定是否查证属实。检举揭发的线索经查确有犯罪发生，或者确定了犯罪嫌疑人，可能构成重大立功，只是未能将犯罪嫌疑人抓获归案的，对可能判处死刑的被告人一般要留有余地，对其他被告人原则上应酌情从轻处罚。

被告人检举揭发或者协助抓获的人的行为构成犯罪，但因法定事由不追究刑事责任、不起诉、终止审理的，不影响对被告人立功表现的认定；被告人检举揭发或者协助抓获的人的行为应判处无期徒刑以上刑罚，但因具有法定、酌定从宽情节，宣告刑为有期徒刑或者更轻刑罚的，不影响对被告人重大立功表现的认定。

七、关于自首、立功证据材料的审查

……

人民法院审查的立功证据材料，一般应包括被告人检举揭发材料及证明其来源的材料、司法机关的调查核实材料、被检举揭发人的供述等。被检举揭发案件已立案、侦破，被检举揭发人被采取强制措施、公诉或者审判的，还应审查相关的法律文书。证据材料应加盖接收被告人检举揭发材料的单位的印章，并有接收人员签名。

人民法院经审查认为证明被告人自首、立功的材料不规范、不全面的，应当由检察机关、侦查机关予以完善或者提供补充材料。

上述证据材料在被告人被指控的犯罪一、二审审理时已形成的，应当经庭审质证。

八、关于对自首、立功的被告人的处罚

对具有自首、立功情节的被告人是否从宽处罚、从宽处罚的幅度，应当考虑其犯罪事实、犯罪性质、犯罪情节、危害后果、社会影响、被告人的主观恶性和人身危险性等。自首的还应考虑投案的主动性、供述的及时性和稳定性等。立功的还应考虑检举揭发罪行的轻重、被检举揭发的人可能或者已经被判处的刑罚、提供的线索对侦破案件或者协助抓捕其他犯罪嫌疑人所起作用的大小等。

具有自首或者立功情节的，一般应依法从轻、减轻处罚；犯罪情节较轻的，可以免除处罚。类似情况下，对具有自首情节的被告人的从宽幅度要适当宽于具有立功情节的被告人。

虽然具有自首或者立功情节，但犯罪情节特别恶劣、犯罪后果特别严重、被告人主观恶性深、人身危险性大,或者在犯罪前即为规避法律、逃避处罚而准备自首、立功的,可以不从宽处罚。

对于被告人具有自首、立功情节,同时又有累犯、毒品再犯等法定从重处罚情节的,既要考虑自首、立功的具体情节,又要考虑被告人的主观恶性、人身危险性等因素,综合分析判断,确定从宽或者从严处罚。累犯的前罪为非暴力犯罪的,一般可以从宽处罚,前罪为暴力犯罪或者前、后罪为同类犯罪的,可以不从宽处罚。

在共同犯罪案件中,对具有自首、立功情节的被告人的处罚,应注意共同犯罪人以及首要分子、主犯、从犯之间的量刑平衡。犯罪集团的首要分子、共同犯罪的主犯检举揭发或者协助司法机关抓捕同案地位、作用较次的犯罪分子的,从宽处罚与否应当从严掌握,如果从轻处罚可能导致全案量刑失衡的,一般不从轻处罚;如果检举揭发或者协助司法机关抓捕的是其他案件中罪行同样严重的犯罪分子,一般应依法从宽处罚。对于犯罪集团的一般成员、共同犯罪的从犯立功的,特别是协助抓捕首要分子、主犯的,应当充分体现政策,依法从宽处罚。

三、最高人民法院关于立功制度适用的裁判规则

实务要点一

死刑复核期间,揭发他人犯罪,经查证属实,构成重大立功。

杨湘海贩卖、运输毒品复核案刑事判决书
最高人民法院(2001)最高法刑复字第 99 号

最高人民法院认为:

被告人杨湘海非法贩卖、运输海洛因的行为,已构成贩卖、运输毒品罪,且贩卖、运输毒品数量大,依法应予惩处。杨湘海在刑罚执行完毕后 5 年内重新犯罪,系累犯,依法应从重处罚。一审、二审法院判决未认定累犯不当,二审判决认定的事实清楚,证据确实、充分,定罪准确,量刑适当,审判程序合法。鉴于杨湘海在我院复核期间,揭发他人非法制造、销售枪支,经查证属实,构成重大立功,依法应予以从轻处罚。

实务要点二

二审期间检举其他犯罪嫌疑人藏匿地点，协助公安机关抓获其他犯罪嫌疑人，构成立功。

重庆市人民检察院第一分院诉严先贪污复核案
（2002）最高法刑复字第57号

最高人民法院认为：

被告人严先受中共重庆市委组织部委派，挂职担任重庆弹簧厂副厂长和经重庆弹簧厂职代会选举并经国家机关原重庆市机械工业管理局批复同意担任该厂厂长，均属于受国家机关委派从事公务，对其应以国家工作人员论。其在担任重庆弹簧厂副厂长、厂长期间利用职务便利，采取让本单位财会人员做假账、通过转账划款、提取现金等手段，侵吞公款共计157.4万余元人民币的行为已构成贪污罪。其贪污数额特别巨大，并携款潜逃，尚有140余万元人民币赃款未能追回，情节特别严重，论罪应当判处死刑。但鉴于其在二审期间检举其他犯罪嫌疑人藏匿地点，协助公安机关抓获其他犯罪嫌疑人，构成立功。

实务要点三

检举公安机关已掌握的他人犯罪线索，其行为不构成立功。

刘维等组织、领导黑社会性质组织、故意杀人等死刑复核裁定书

最高人民法院认为：

被告人田先伟参加黑社会性质的组织，其行为已构成参加黑社会性质组织罪。田先伟伙同黑社会性质组织成员或他人故意非法剥夺被害人生命，其行为已构成故意杀人罪。田先伟作为黑社会性质组织的参加者，应当按照其所参与的犯罪处罚。在故意杀害被害人陈某甲等人的共同犯罪中，田先伟开枪射击，是致陈某甲等人死亡的凶手之一；在故意杀害被害人王丙的共同犯罪中，田先伟持刀砍击王丙身体，是致王丙死亡的凶手之一。在上述两起故意杀人共同犯罪中，田先伟均起主要作用，均系主犯，应当按照其所参与的全部犯罪处罚。田先伟伙同他人实施故意杀

人犯罪 2 起，致 4 人死亡、1 人轻伤、1 人轻微伤，犯罪手段残忍，情节恶劣，后果和罪行极其严重。田先伟检举他人犯罪线索经查证公安机关已掌握，其行为不构成立功。对田先伟所犯数罪，均应依法惩处并数罪并罚。

实务要点四

虽有立功表现，但所犯罪行极其严重的，不足以从轻处罚。

王永权抢劫死刑复核刑事裁定书

最高人民法院认为：

被告人王永权采用暴力手段劫取他人财物，其行为已构成抢劫罪。在抢劫共同犯罪中，王永权参与预谋，准备作案工具，具体实施抢劫行为，系致被害人死亡的直接凶手及地位、作用最为突出的主犯。犯罪性质恶劣，情节、后果严重，且系累犯，应依法从重处罚。虽然王永权有协助公安机关抓获同案被告人王素珍的立功表现，但其所犯罪行极其严重，不足以从轻处罚。

实务要点五

检举他人违纪违法线索，经查，其检举线索均未查证属实的，不构成立功。

许迈永受贿、贪污、滥用职权死刑复核案刑事裁定书

最高人民法院认为：

被告人许迈永身为国家工作人员，利用职务便利为他人谋取利益，非法收受、索取他人财物，其行为已构成受贿罪；许迈永身为国有公司工作人员，利用职务便利侵吞国有资产，其行为已构成贪污罪；许迈永身为国家机关工作人员，为徇私利，不正确履行职权，违规将土地出让金返还企业，造成了恶劣的社会影响，给国家利益造成重大损失，其行为构成滥用职权罪。许迈永受贿数额特别巨大，且具有索贿情节，情节特别严重，社会危害性极大，应依法惩处，并与其所犯贪污罪、滥用职权罪数罪并罚。许迈永虽在有关部门调查期间主动交代了部分受贿事实，且赃款已全部追缴，但考虑其行为已严重侵害了国家工作人员的职务廉洁性，造成了极其恶劣的社会影响，故不足以对其从宽处罚。许迈永归案后检举他人违纪违法线索，经查，

其检举线索均未查证属实,其行为不构成立功。

实务要点六

检举他人前,被检举人已经被举报、查处,或者不构成犯罪的,不构成立功。

济南市人民检察院诉王怀忠受贿、巨额财产来源不明复核案(2004)最高法刑复字第15号

最高人民法院认为:

被告人王怀忠身为国家工作人员,利用职务上的便利,索取他人275万元人民币,非法收受他人230万元人民币、1万元澳元,共计折合517.1万元人民币,为有关单位和个人谋取利益,其行为已构成受贿罪;王怀忠的财产和支出明显超过合法收入,差额巨大,本人对价值480.581103万元人民币的巨额财产不能说明合法来源,其行为已构成巨额财产来源不明罪。王怀忠受贿数额特别巨大,并具有多次索贿的法定从重处罚情节。更为恶劣的是,王怀忠为逃避法律制裁,在有关部门查处其涉嫌经济犯罪期间,仍继续向他人索贿,且将索取的巨额贿赂用于企图阻止有关部门对其经济犯罪问题的查处,受贿犯罪情节特别恶劣,社会危害性极大,罪行极其严重。在法院审理期间,王怀忠检举他人犯罪,经有关部门查证,其检举或者无时间、地点等具体情节,不具备立案查证条件,或者所涉人员在王怀忠检举之前已经被举报、查处,或者不构成犯罪,王怀忠的行为不符合《刑法》第68条第1款关于立功的规定,不具有法定的从轻处罚情节。在一审期间,王怀忠拒不认罪;二审期间,王怀忠对其所犯大部分罪行予以供认,但对有确凿证据证明的其他犯罪事实仍予以否认,不足以从轻处罚。

第二节　自首制度裁判规则

一、导读

自首是指犯罪后自动投案,向公安、司法机关或其他有关机关如实供述自己的罪行的行为。我国《刑法》规定,自首的可以从轻或减轻处罚。其中,犯罪较轻的可

以免除处罚。被采取强制措施的犯罪嫌疑人、被告人和正在服刑的罪犯,如实供述司法机关还未掌握的本人其他罪行的,以自首论。然而在法律实践中,如何根据《刑法》第 57 条规定的量刑一般原则和司法实践经验对自首者进行适当量刑始终是一个难题。截至 2018 年 4 月,在中国裁判文书网中输入词条"自首(刑事案由)"检索出共计 1,590,429 篇判决书,其中由最高人民法院审判的共计 42 篇。本书此部分旨在通过归纳介绍自首的相关规定与理论,主要围绕最高人民法院裁判案例,归纳提炼自首的司法裁判规则。

二、自首的理论及立法规定

(一)自首的基本理论

1. 自首的概念

根据我国《刑法》第 67 条的规定,自首是指犯罪分子犯罪以后自动投案,如实供述自己的罪行的行为。被采取强制措施的犯罪嫌疑人、被告人和正在服刑的罪犯,如实供述司法机关还未掌握的本人其他罪行的,以自首论。①

2. 自首的意义

自首的意义主要体现在:一方面有利于分化瓦解犯罪势力,争取犯罪分子的绝大多数,感召、激励和促使他们悔过自新;另一方面可以减少侦查机关破案的困难,有利于犯罪案件的及时处理,节省司法资源,从而获得有利于国家、社会的预防犯罪效果。②

3. 自首的种类

根据我国《刑法》第 67 条的规定,自首分为一般自首和特别自首两种。其中,一般自首也被称为普通自首,是指犯罪分子犯罪以后自动投案,如实供述自己罪行的行为。特别自首,亦称"准自首"或者"余罪自首",是指被采取强制措施的犯罪嫌疑人、被告人和正在服刑的罪犯,如实供述司法机关还未掌握的本人其他罪行的行为。③

4. 自首的成立条件

一般自首的成立条件:(1)投案行为必须发生在犯罪人尚未归案之前。(2)自动投案一般应是基于犯罪分子本人的意志。(3)最终必须自愿置于司法控制之下,

---

① 高铭暄、马克昌主编:《刑法学》,北京大学出版社、高等教育出版社 2016 年版,第 263 页。
② 高铭暄、马克昌主编:《刑法学》,北京大学出版社、高等教育出版社 2016 年版,第 263 页。
③ 高铭暄、马克昌主编:《刑法学》,北京大学出版社、高等教育出版社 2016 年版,第 263 页。

等待进一步交代犯罪事实。特别自首的成立条件：(1)主体必须是被采取强制措施的犯罪嫌疑人、被告人和正在服刑的罪犯。(2)必须如实供述司法机关还未掌握的本人其他罪行。①

(二)法律或司法解释有关自首的规定

1. 自首的认定及效力

《刑法》

第六十七条　犯罪以后自动投案，如实供述自己的罪行的，是自首。对于自首的犯罪分子，可以从轻或者减轻处罚。其中，犯罪较轻的，可以免除处罚。

被采取强制措施的犯罪嫌疑人、被告人和正在服刑的罪犯，如实供述司法机关还未掌握的本人其他罪行的，以自首论。

第六十八条　犯罪分子有揭发他人犯罪行为，查证属实的，或者提供重要线索，从而得以侦破其他案件等立功表现的，可以从轻或者减轻处罚；有重大立功表现的，可以减轻或者免除处罚。

犯罪后自首又有重大立功表现的，应当减轻或者免除处罚。

最高人民法院《关于处理自首和立功具体应用法律若干问题的解释》

第一条　根据刑法第六十七条第一款的规定，犯罪以后自动投案，如实供述自己的罪行的，是自首。

(一)自动投案，是指犯罪事实或者犯罪嫌疑人未被司法机关发觉，或者虽被发觉，但犯罪嫌疑人尚未受到讯问、未被采取强制措施时，主动、直接向公安机关、人民检察院或者人民法院投案。

犯罪嫌疑人向其所在单位、城乡基层组织或者其他有关负责人员投案的；犯罪嫌疑人因病、伤或者为了减轻犯罪后果，委托他人先代为投案，或者先以信电投案的；罪行尚未被司法机关发觉，仅因形迹可疑，被有关组织或者司法机关盘问、教育后，主动交代自己的罪行的；犯罪后逃跑，在被通缉、追捕过程中，主动投案的；经查实确已准备去投案，或者正在投案途中，被公安机关捕获的，应当视为自动投案。

并非出于犯罪嫌疑人主动，而是经亲友规劝、陪同投案的；公安机关通知犯罪嫌疑人的亲友，或者亲友主动报案后，将犯罪嫌疑人送去投案的，也应当视为自动投案。

犯罪嫌疑人自动投案后又逃跑的，不能认定为自首。

---

① 高铭暄、马克昌主编：《刑法学》，北京大学出版社、高等教育出版社2016年版，第264～267页。

(二)如实供述自己的罪行,是指犯罪嫌疑人自动投案后,如实交代自己的主要犯罪事实。

犯有数罪的犯罪嫌疑人仅如实供述所犯数罪中部分犯罪的,只对如实供述部分犯罪的行为,认定为自首。

共同犯罪案件中的犯罪嫌疑人,除如实供述自己的罪行,还应当供述所知的同案犯,主犯则应当供述所知其他同案犯的共同犯罪事实,才能认定为自首。

犯罪嫌疑人自动投案并如实供述自己的罪行后又翻供的,不能认定为自首;但在一审判决前又能如实供述的,应当认定为自首。

第二条 根据刑法第六十七条第二款的规定,被采取强制措施的犯罪嫌疑人、被告人和已宣判的罪犯,如实供述司法机关尚未掌握的罪行,与司法机关已掌握的或者判决确定的罪行属不同种罪行的,以自首论。

2.涉及自首的处罚

最高人民法院《关于处理自首和立功具体应用法律若干问题的解释》

第三条 根据刑法第六十七条第一款的规定,对于自首的犯罪分子,可以从轻或者减轻处罚;对于犯罪较轻的,可以免除处罚。具体确定从轻、减轻还是免除处罚,应当根据犯罪轻重,并考虑自首的具体情节。

第四条 被采取强制措施的犯罪嫌疑人与司法机关已掌握的或者判决确定的罪行属同种罪行的,可从轻处罚;如实供述的同种罪行较重的,一般应当从轻处罚。

三、最高人民法院关于自首问题的裁判规则

实务要点一

自首要求在司法机关掌握其主要犯罪事实之前主动交代犯罪事实。

张光明故意杀人死刑复核刑事裁定书

最高人民法院认为:

本院认为,被告人张光明因被害人金某提出结束婚外情而心生怨恨,驾驶车辆两次撞击金某等人乘坐的摩托车,致金某等人倒地受伤后,又再次驾车撞击金某头部,致一人死亡、一人轻伤、一人轻微伤,其行为已构成故意杀人罪。犯罪性质恶劣,手段特别残忍,情节、后果特别严重,应依法惩处。张光明虽然自动投案,但在司法机关掌握其主要犯罪事实之前没有主动交代故意杀人事实,不构成自首。复核期

间,被告人张光明的辩护律师提出张光明具有自首情节,可以从轻或者减轻处罚的意见,本院不予采纳。第一审判决、第二审裁定认定张光明故意杀人的事实清楚,证据确实、充分,定罪准确,量刑适当。审判程序合法。但认定张光明具有自首情节不当,应予纠正。

实务要点二

主动投案却不能如实供述自己罪行的,不构成自首。

王志生故意杀人死刑复核刑事裁定书

最高人民法院认为:

本院认为,被告人王志生故意非法剥夺他人生命,其行为已构成故意杀人罪。王志生与被害人李某乙发生争执后,持携带的消防斧将李某乙杀死,为报复,持事先购买的菜刀将被害人王某甲及其孙女王某乙和被害人白某某杀死,犯罪情节恶劣,手段残忍,后果和罪行极其严重。王志生曾因犯故意伤害罪被判处刑罚,现又犯故意杀人罪,并致四人死亡,主观恶性深,人身危险性和社会危害性大,应依法惩处。王志生虽能主动投案,但在一审判决前未能如实供述所犯罪行,不具有自首情节,依法对其不予从轻处罚。第一审判决、第二审裁定认定的事实清楚,证据确实、充分,定罪准确,量刑适当。审判程序合法。

实务要点三

被告人虽有自首情节,但犯罪手段残忍、犯罪后果严重,主观恶性极深的,可不从宽处罚。

1. 汪小平故意杀人死刑复核刑事裁定书

最高人民法院认为:

本院认为,被告人汪小平故意非法剥夺三人生命,其行为已构成故意杀人罪。汪小平因被害人杨某与其离婚而不满,图报复持菜刀连续杀死无辜二人,之后又当众持刀将杨某杀死,其犯罪情节特别恶劣,手段特别残忍,后果特别严重,罪行极其严重,应依法处罚。虽然汪小平有自首情节,但不足以从轻处罚。原审判决、重庆市高级人民法院复核审裁定认定的事实清楚,证据确实、充分,定罪准确,量刑适当。审判程序合法。

2. 赵金强故意杀人死刑复核刑事裁定书

最高人民法院认为:

本院认为,被告人赵金强因琐事持刀行凶,故意非法剥夺他人生命,致二人死亡、一人重伤,其行为已构成故意杀人罪。犯罪性质恶劣,手段残忍,后果特别严重,社会危害极大,应依法惩处。虽有自首情节,但其所犯罪行极其严重,不足以从轻处罚。第一审判决、第二审裁定认定的事实清楚,证据确实、充分,定罪准确,量刑适当。审判程序合法。

3. 刘传林故意伤害死刑复核刑事裁定书

最高人民法院认为:

本院认为,被告人刘传林故意伤害他人身体,致人死亡、重伤,其行为已构成故意伤害罪。刘传林为报复被害人的父亲,向两名年幼的被害人强行灌食、泼洒硫酸,致一人死亡,一人重伤并严重残疾,虽然刘传林作案后自动投案并如实供述自己的罪行,系自首,但其犯罪手段极其残忍,情节特别恶劣,后果和罪行极其严重,不足以从轻处罚。郴州市中级人民法院原审判决、湖南省高级人民法院复核裁定认定的事实清楚,证据确实、充分,定罪准确,量刑适当。审判程序合法。

4. 谢四恩故意杀人死刑复核刑事裁定书

最高人民法院认为:

本院认为,被告人谢四恩故意非法剥夺他人生命,其行为已构成故意杀人罪。谢四恩虽有自首情节,但其故意杀死2人,并致1人轻微伤,犯罪后果特别严重,情节特别恶劣,不足以从轻处罚。第一审判决、第二审裁定认定的事实清楚,证据确实、充分,定罪准确,量刑适当。审判程序合法。

5. 朱永国故意杀人死刑复核刑事裁定书

最高人民法院认为:

本院认为,被告人朱永国趁人不备持管钳猛击他人头部,其行为已构成故意杀人罪。朱永国致三人死亡，一人轻伤，犯罪后果特别严重，依法应予严惩。朱永国虽患有抑郁病症，但经鉴定，其具有正确辨认和控制自己行为的能力，系完全刑事责任能力人。朱永国虽有自首情节，但综合考虑其犯罪性质和后果，不足以对其从轻处罚。第一审判决、第二审裁定认定的事实清楚，证据确实、充分，定性准确，量刑适当。审判程序合法。

实务要点四

犯罪性质较轻且具有自首情节的，可免予刑事处罚。

刘茂荣非法吸收公众存款刑事通知书（2017）最高法刑申字第236号

最高人民法院认为：

认定一个行为是民间借贷还是非法吸收公众存款，关键在于该行为是否具有社会性和公开性的特征。行为人一开始向身边熟识的亲友借款，发展到通过亲友向社会公众介绍的方式向不特定人借款，这种口口相传的方式达到从单线借款到多线借款的效果，经历了由向特定人借款到让特定人帮助你借款的转变。此时，行为人对借款的辐射面不加控制，放任借款人任意扩大，借款性质已经发生了转变。最高人民法院、最高人民检察院、公安部《关于办理非法集资刑事案件适用法律若干问题的意见》规定：在向亲友或者单位内部人员吸收资金的过程中，明知亲友或者单位内部人员向不特定对象吸收资金而予以放任的，属于向社会公众吸收资金；明知吸收资金的信息向社会公众扩散而予以放任的，属于向社会公开宣传。本案行为人的行为符合该意见的规定，具有社会性和公开性特征，依法构成非法吸收公众存款罪。原判考虑本案行为人非法吸收公众存款主要用于生产经营，又具有自首情节，犯罪性质较轻，对其免予刑事处罚，已经充分考虑了本案的特殊情况，其对此提出的申诉理由不能成立，本院不予采纳。

实务要点五

因婚姻家庭矛盾引发的犯罪，犯罪嫌疑人主动投案自首，依法可以从轻处罚，归案后认罪、悔罪，对其判处死刑可不立即执行。

吴亚东故意杀人死刑复核刑事裁定书

最高人民法院认为:

本院认为,被告人吴亚东与被害人同居期间因琐事发生争执、厮打中,持刀行凶,致人死亡,其行为构成故意杀人罪。犯罪手段残忍,后果严重,应依法惩处。第一审判决、第二审裁定认定的事实清楚,证据确实、充分,定罪准确。审判程序合法。鉴于本案系因婚姻家庭矛盾引发,吴亚东案发后主动投案自首,依法可以从轻处罚,吴亚东归案后认罪、悔罪,对其判处死刑可不立即执行。

实务要点六

犯罪嫌疑人具有自首情节和重大立功表现,但其之后又进行犯罪活动,系再犯,主观恶性深,不足以从轻处罚。

李成祥贩卖毒品死刑复核刑事裁定书

最高人民法院认为:

本院认为,被告人李成祥为牟取非法利益,违反国家对毒品的管制规定,贩卖海洛因的行为已构成贩卖毒品罪。虽然李成祥在涉嫌贩卖毒品被追捕的情况下,向公安机关投案并如实供述了此前贩卖毒品的犯罪事实,后协助公安机关抓获多名向其购买毒品的下线,提供侦破其他案件的线索,具有自首情节和重大立功表现,但其之后又进行贩卖毒品犯罪,其多次贩卖毒品,数量大,社会危害严重,且系毒品再犯,主观恶性很深,不足以从轻处罚。第一审判决、第二审裁定认定的事实清楚,证据确实、充分,定罪准确,量刑适当。审判程序合法。

实务要点七

被采取强制措施后如实供述司法机关尚未掌握的犯罪事实,构成特别自首。

李鸿抢劫、盗窃死刑复核刑事裁定书

最高人民法院认为：

本院认为，被告人李鸿以非法占有为目的，伙同他人使用暴力手段劫取财物，其行为已构成抢劫罪；李鸿还伙同他人秘密窃取财物，数额较大，其行为又构成盗窃罪。李鸿参与共谋抢劫、盗窃，事先准备作案工具，积极实施抢劫、盗窃行为，抢劫中直接致死被害人，在共同犯罪中起主要作用，系罪行最为严重的主犯，应按其所参与的全部犯罪处罚。李鸿两次结伙持刀抢劫，并致一人死亡，犯罪情节特别恶劣，社会危害性极大，罪行极其严重，应依法惩处。李鸿被采取强制措施后如实供述司法机关尚未掌握的盗窃犯罪事实，具有自首情节，对其所犯盗窃罪，依法可从轻处罚。对李鸿所犯数罪，应依法并罚。第一审判决、第二审裁定认定的事实清楚，证据确实、充分，定罪准确，量刑适当。审判程序合法。

四、小结

自首制度是以犯罪人的自首行为为评价对象的法律制度，也是我国刑罚制度的重要组成部分。《刑法》总则规定的自首制度适用于一切犯罪，旨在通过鼓励犯罪人自动投案，一方面有利于案件的及时侦破与审理，促进刑罚制度的实现，且与罪责刑原则相适应；另一方面促使犯罪人悔过自新，不再继续作案，减少犯罪可能性。

由于《刑法》对自首实体规定的相对稳定性，从宽处罚规定的相对原则性以及对自首证明材料的证据形式、证据效力等规定的相对匮乏性，面对实践中不断出现的表现形式各异的类似自首行为，实务部门认定时存在较大的认识分歧。然而，值得肯定的是，须满足三个必要条件主动投案、如实供述、接受审判。作为一项诉讼行为，自首本质上就是一种意思表示：自首的行为意思是指行为人应当明确其到案的直接目的是为了将自己置于司法机关的管辖之下，并接受司法机关的审查和裁判；自首的表示意思是指行为人应当是主动投案的，并具有通过投案这一特定方式传达其愿意接受司法机关审查、裁判的意识；自首的法效意思是指行为人应当具有明确的期望发生预定法律效果（启动刑事诉讼程序，接受司法机关审查、裁判）的意思。三个条件必须同时具备，缺一不可。

自首作为司法实践中最常见、最广泛适用的法定量刑情节，正确适用自首制度,特别是厘清当前司法实践中常见的疑难问题,对于司法机关认真贯彻落实宽严相济刑事司法政策具有十分重要的现实意义,这也是本文的意义所在。

第三节　正当防卫认定问题裁判规则

一、导读

之前曾一度引发社会热烈讨论和持续关注的“于欢案”引起社会舆论与法律界又展开了一场关于正当防卫的讨论。一审判决认为,于欢不成立正当防卫;而有的学者指出,于欢成立正当防卫不负刑事责任;也有的学者认为,于欢行为属于防卫过当,一审量刑偏重。这就反映出了在司法实践当中对于正当防卫的认定并无具体且明确的法律规定。本书此部分通过对正当防卫的相关问题进行探讨,并梳理全国各地高级人民法院和最高人民法院关于正当防卫认定的裁判规则,进一步了解正当防卫在理论与实践中的各种问题。

二、正当防卫的基本理论与立法规定

(一)正当防卫的基本理论

正当防卫的一般条件主要包括 5 个方面。

(1)必须存在现实的不法侵害。

①不法性。不法侵害的“不法”即违反法律,但与刑法理论上的符合构成要件且违法意义上的“不法”,不是等同概念。可以认为,不法侵害既包括犯罪行为,也包括其他一般违法行为,但又不是泛指一切违法行为。首先,不法侵害包括犯罪行为与其他一般违法行为。因为犯罪行为与其他一般违法行为都是侵犯法益的行为,而法益都受法律保护,没有理由禁止公民对其他一般违法行为进行正当防卫;公民在面临其他一般违法行为时,事实上也可能需要进行正当防卫;公民一时很难区分不法侵害是犯罪行为还是其他一般违法行为,将不法侵害限于犯罪行为,就不利于公民进行正当防卫;《刑法》使用了“不法”一词,而没有使用“犯罪”概念,表明对其他一般违法行为可以进行防卫。其次,并非对任何违法犯罪行为都可以进行防卫,只是对那些具有进攻性、破坏性、紧迫性的不法侵害,在采取正当防卫可以减轻或者避免法益侵害结果的情况下,才宜进行正当防卫。例如,假冒注册商标罪、重

婚罪、贿赂罪等虽然是犯罪行为，却不能对之进行正当防卫。基于同样的理由，对于单位犯罪本身一般不能进行正当防卫。此外，对于轻微的不法侵害，对于处于被保护、被监护地位的人的一般不法侵害，对于非暴力的敲诈勒索行为，对于自己所引发的一般侵害行为，不宜实行正当防卫。在此意义上说，正当防卫以具有必要性为前提。

②侵害性。作为防卫对象的侵害，一般是指对法益的威胁即只有当行为威胁法益时，才能对之进行正当防卫。

③现实性。不法侵害必须是现实存在的。客观上并无不法侵害，但行为人误认为存在不法侵害，因而进行所谓防卫的，属于假想防卫。假想防卫不是正当防卫，如果行为人主观上有过失，且《刑法》规定为过失犯罪的，就以过失犯罪论处；如果主观上没有过失，则按意外事件处理。至于故意针对合法行为进行“反击”的，则不是假想防卫，而是故意的犯罪行为（如不构成犯罪，则是故意的一般违法行为）。

（2）不法侵害必须正在进行。不法侵害正在进行时，才使法益处于紧迫的危险之中，才使防卫行为成为保护法益的必要手段。不法侵害正在进行，是指不法侵害已经开始且尚未结束。

①开始。关于不法侵害的开始时间，刑法理论上有进入侵害现场说、着手说、直接面临说与综合说（一般以着手为标准判断，特殊情况以直接面临为标准判断）其实，着手说与直接面临说并无区别。可以肯定的是，如果不法侵害人已经着手实行不法侵害，就应当认定不法侵害正在进行。然而，所谓“在不法侵害的现实威胁十分明显、紧迫，待其着手实行后来不及减轻或者避免结果时，也应认为不法侵害已经开始”的直接面临说，其实也是着手说。这是因为，既然现实威胁十分明显、紧迫，就表明不法侵害已经着手。所以，着手说、直接面临说与综合说实际上是没有区别的学说。值得注意的是，有些犯罪的预备行为，相对于其他犯罪而言是已经着手的实行行为，在这种情况下不法侵害已经开始。

②结束。不法侵害已经结束，是指法益不再处于紧迫、现实的侵害、威胁之中，或者说不法侵害已经不可能继续侵害或者威胁法益。主要表现为以下几种情况：不法侵害人已被制伏，不法侵害人已经丧失了侵害能力，不法侵害人已经自动中止了不法侵害，不法侵害人已经逃离现场，不法侵害已经造成了侵害结果并且不可能继续造成更严重的结果，等等。不过，在财产性违法犯罪情况下，行为虽然已经既遂，但在现场还来得及挽回损失的，应认为不法侵害尚未结束，可以实行正当防卫。换言之，被当场发现并同时受到追捕的财产性违法犯罪的侵害行为，一直延续到不法侵害人将其所取得的财物藏匿至安全场所为止；在此之前，追捕者可以使用强力

将财物取回。

关于不法侵害正在进行的认定,除掌握不法侵害的开始时间与结束时间外,还应注意以下几点:

①在某种法益已经受到了侵害的情况下,如果其他法益仍然面临着不法侵害的危险,应当认为不法侵害正在进行,可以进行正当防卫。

②在持续的不法侵害过程中,即使表面上某段时间停止了不法侵害,但从整体上看侵害行为正在进行时,仍然可以进行正当防卫。

③防卫人是否预见到不法侵害的发生,以及防卫人事先是否携带了某种可用于防卫的工具,不影响不法侵害正在进行的认定;换言之,只要是客观上正在进行的不法侵害,不管防卫人事先是否已经预见,事先是否作好防卫准备,都可以进行正当防卫。因为不法侵害行为的紧迫性,是一种客观事实,并不取决于防卫人是否已经预见。

(3)关于防卫意识。

现实的不法侵害正在进行时,就可以实施正当防卫。但我国传统的刑法理论认为,具有防卫意识,才可能成立正当防卫。一般来说,防卫意识包括防卫认识与防卫意志。防卫认识,是指防卫人认识到不法侵害正在进行;防卫意志,是指防卫人出于保护国家、公共利益、本人或者他人的人身、财产和其他权利免受正在进行的不法侵害的目的。但是,防卫意识的重点在于防卫认识。换言之,行为人认识到自己的行为是与正在进行的不法侵害相对抗时,就应认为具有防卫意识。这样理解,有利于将基于兴奋、愤怒等进行的防卫行为认定为正当防卫。

(4)必须针对不法侵害本人进行防卫。

在具备正当防卫的前提条件下,只能针对不法侵害人本人进行防卫。这是正当防卫的特点决定的。正当防卫是制止正在进行的不法侵害、保护法益的行为,不法侵害是由不法侵害人直接实施的,针对不法侵害人进行防卫,使不法侵害人不再继续实施不法侵害行为,才可能制止不法侵害、保护法益。针对不法侵害人以外的第三者进行防卫,就不可能制止不法侵害、保护法益。即使在面对共同不法侵害的情况下,也只能对客观上正在进行不法侵害的人进行防卫。针对不法侵害人进行防卫通常包括两种情况:一是针对不法侵害人的人身进行防卫,如束缚不法侵害人的身体、造成不法侵害人伤害乃至死亡。二是针对不法侵害人的财产进行防卫,如不法侵害人使用自己的财产作为犯罪工具或者手段时,如果能够起到制止不法侵害、保护法益的作用,则可以通过损毁财产进行正当防卫。

(5)必须没有明显超过必要限度造成重大损害。

1979年《刑法》第17条第2款规定:"正当防卫超过必要限度造成不应有的危害的,应当负刑事责任;但是应当酌情减轻或者免除处罚。"针对这一规定,理论上对正当防卫的必要限度提出了不同学说。正当防卫的必要限度,是指防卫行为必须与不法侵害相适应,相适应不意味着二者完全相等,而是指防卫行为所造成的损害从轻重、大小等方面来衡量大体相适应。

尽管理论上存在不同观点,但司法实践上对正当防卫的必要限度采取了较为严格的态度,使公民正当防卫的积极性受到了挫伤。鉴于此,现行《刑法》第20条第2款与第3款,放宽了正当防卫的限度。

《刑法》第20条第2款规定:"正当防卫明显超过必要限度造成重大损害的,应当负刑事责任,但是应当减轻或者免除处罚。"这是关于防卫过当的一般规定。其中的"必要限度",应以制止不法侵害、保护法益的合理需要为标准,易言之,只要是制止不法侵害、保护法益所必需的,就是必要限度之内的行为。是否"必需",应通过全面分析案件得出结论。一方面,要分析不法侵害行为的危险程度、侵害者的主观内容,以及双方的手段、强度、人员多少与强弱、在现场所处的客观环境与形势等。防卫工具通常是由现场的客观环境决定的,防卫人往往只能在现场获得最顺手的工具,般不能要求防卫人在现场选择比较缓和的工具。问题在于如何使用防卫工具即防卫强度问题。对此应根据各种客观情况,判断防卫人在当时的情况下应否控制防卫强度、能否控制防卫强度。另一方面,还应权衡防卫行为所保护的法益性质与防卫行为所造成的损害后果。即所保护的法益与所损害的利益之间,不能相差过大,不能为了保护微小权益而造成不法侵害者重伤或者死亡,即使是非杀死侵害人不能保护微小法益的情况下,也不能认为杀死不法侵害人是必需的。

应特别注意以下几点:

第一,不能过分要求手段相适应,进而将正当防卫认定为防卫过当。例如,不法侵害人没有使用刀具等工具,而防卫人使用了刀具等工具,造成不法侵害者伤害的,并不意味着防卫行为超过了必要限度。

第二,在判断防卫行为是否超过必要限度时,不能仅将不法侵害者已经造成的侵害与防卫人造成的损害进行比较,还必须对不法侵害的侵害行为可能造成的侵害与防卫人造成的损害相比较。

第三,不能无视不法侵害者在被防卫过程中实施的新的暴力侵害,不能仅将防卫行为及其造成的损害于不法侵害人先前的不法侵害进行对比,而应当将防卫行为及其造成的损害与不法侵害原有的不法侵害、新的暴力侵害、可能继续的暴力侵害进行比较。

第四,不能误解《刑法》第 20 条第 1 款与第 3 款的关系,亦即,不能认为,只要不法侵害不属于《刑法》第 20 条第 3 款规定的情形,防卫行为造成了不法侵害者伤亡,就属于防卫过当。不可认为,只要造成伤亡,而不法侵害又不属于正在行凶等严重危及人身安全的暴力犯罪,就属于防卫过当。

(二)法律或司法解释有关正当防卫的规定

《刑法》

第二十条 为了使国家、公共利益、本人或者他人的人身、财产和其他权利免受正在进行的不法侵害,而采取的制止不法侵害的行为,对不法侵害人造成损害的,属于正当防卫,不负刑事责任。

正当防卫明显超过必要限度造成重大损害的,应当负刑事责任,但是应当减轻或者免除处罚。

对正在进行行凶、杀人、抢劫、强奸、绑架以及其他严重危及人身安全的暴力犯罪,采取防卫行为,造成不法侵害人伤亡的,不属于防卫过当,不负刑事责任。

三、高级人民法院关于正当防卫认定问题的若干裁判规则

实务要点一

正在发生的不法侵害已经被制止,行为人仍然侵害他人的,不构成正当防卫。

谢新凤故意伤害案刑事附带民事裁定书(2016)湘刑终字第 128 号

湖南省高级人民法院认为:

谢新凤上诉提出 7 组村民阻拦建房具有重大过错,互殴中打伤对方属正当防卫,请求改判无罪,不承担民事赔偿责任的上诉理由。经查,谢新凤建房虽经当地国土部门批准,但其建房位置确属与 7 组村民存在实际争议的地段,谢新凤在双方协商未果的情况下开工建房,7 组村民前来阻工虽对激化矛盾负有责任,尚不能认定为具有重大过错;谢新凤在 7 组村民挖损水泥墩的行为被制止后,持斧头连伤数人,明显具有侵害对方的不法意图,不符合正当防卫的法定条件;谢新凤持斧头打伤谢

某甲头部，导致谢某甲重度颅脑损伤，是引起谢某甲死亡的直接原因，应当对谢某甲的死亡承担故意伤害意图下的刑事责任，并承担相应民事赔偿责任。故该上诉理由亦不能成立。

实务要点二

发生纠纷后，被害人持凶器与行为人发生口角但无伤害行为，行为人主动和被害人发生打斗的，不属于正当防卫。

赵双友、赵增强故意伤害二审刑事判决书(2016)冀刑终字第16号

河北省高级人民法院认为：

双方在发生口角和争执后，被害人虽然持刀来到赵双友家附近进行辱骂，但并未对赵双友实施伤害行为，而上诉人赵双友从家中拿出铁叉，主动上前和被害人发生打斗，其明显具有伤害他人的意图，该行为不属于正当防卫。赵双友上诉所提系正当防卫的理由不能成立。被害人酒后滋事，对引发本案确有过错，原审法院关于被害人对引发本案负有直接责任，具有一定过错的认定，并无不当，赵双友上诉所提被害人有严重过错没有理据支持，不能成立。

实务要点三

面对由一方挑起的言语挑衅行为，主动上前进行攻击，应认定双方均有侵害对方的故意，此时任何一方的行为均不构成正当防卫。

刘正犯故意伤害罪二审刑事判决书(2015)鲁刑四终字第103号

山东省高级人民法院认为：

刘正面对任某乙等人的再次挑衅，主动冲向对方，并持刀进行攻击，此番打斗虽系任某乙一方挑起，但此时双方均有侵害对方的主观故意，双方的行为皆不具有正当性。鉴于被害人任某乙酒后滋事，任意殴打多人，在前番与刘正、刘某乙的殴斗结束后，再次返回现场进行挑衅，对于引发本案负有过错，且上诉人刘正具有自首情节，依法可予以从轻处罚。

后 记

中国司法案例研究中心微信公众号——“判例研究”(chinesecase)于2015年开始推送有关裁判规则,目前已经推送各类裁判规则200多个,阅读量达到5万余人次。推送的诸多裁判规则被国内一些有影响的微信公众号转发。这些被推送的裁判规则也为众多法官、检察官、律师、法学学者和法科学生等关注与学习。本中心推送的众多“裁判规则”俨然已成为法学界和法律界喜闻乐见的“快餐读品”。如何将这些裁判规则由“线上”走向“线下”,实现“线上”与“线下”的互动与交融,是本中心追求的方向,这也正是本中心推出“大数据与裁判规则”系列丛书的初衷。

司法的最终呈现载体为裁判,而裁判中的精华为裁判规则与裁判思路。裁判规则与思路承载着法官对法律适用和案件事实实践的经验智慧。案件的“不可完全相同性”决定了每一个裁判的“不可复制性”,但裁判规则中蕴含的法官经验智慧则是可“复制”与可“模仿”的实践经验,这些经验智慧可以成为后来相似案件裁判的指引方向。而如何从中国裁判文书网上“海量”案件中检索出相似案件,特别是如何从这些相似案例中再提炼和归纳出承载法官裁判智慧的规则并非易事。河南省高级人民法院的王韶华副院长、研究室马献钊主任、行政庭马磊法官,郑州大学法学院沈开举教授,河南省检察官学院田凯教授等,在案件如何检索特别是裁判规则如何提取等方面对本书给予了有益指导,笔者在此表示衷心的感谢!

本中心的微信公众号在推送裁判规则以及其他案例的过程中,得到了河南天欣律师事务所以及河南正臻律师事务所的大力支持,在此表示感谢!

《司法裁判精要与裁判规则》一书所收录的已经被微信公众号“判例研究”(chinesecase)所推送以及尚未推送的大量裁判规则之所以能够从中国裁判文书网“海量”案件中被提炼和归纳,得力于郑州大学法学院的博士生、硕士生——付翔宇、武文浩、马斌、游大宇、余怡然、张盟、孟馨琳等同学无数次地讨论提炼和归纳裁判规则的方法与路径,以及夜以继日地不断尝试和努力,进而最终完成了这项工作。对同学们的辛勤付出表示感谢！

最后还要特别感谢法律出版社的戴伟分社长、林蕊编辑在选题和出版等方面给予的大力支持和帮助！

本书的具体分工和写作如下：

张嘉军 郑州大学法学院教授 序言 后记 第二章第一、二、三、四节

马 斌 河南天欣律师事务所主任、郑州大学法学院硕士生 第一章第十五、十六、十七、十八、十九、二十节 第四章

付翔宇 郑州大学法学院博士生 第二章第五、六节

武文浩 郑州大学法学院博士生 第三章第一、二节

游大宇 郑州大学法学院诉讼法硕士生 第一章第一、二、五、六、七、八、十一、十二节

余怡然 郑州大学法学院诉讼法硕士生 第一章第九、十节

张 盟 郑州大学法学院诉讼法硕士生 第一章第三、四节

孟馨琳 郑州大学法学院诉讼法硕士生 第一章第十三、十四节

《司法裁判精要与裁判规则》一书仅是中国司法案例研究中心推出的系列丛书“大数据与裁判规则”的第一部专著，今后将会推出更多更为专题化的“裁判规则”书籍。希望我们今后的工作能够一如既往地得到各界朋友的大力支持！也希望各界朋友特别是法学理论界和实务界的同人对“大数据与裁判规则”系列丛书多提宝贵意见，以便我们能够推出更贴近司法实践现实和学界需求的“裁判规则”。

“路漫漫其修远兮，吾将上下而求索。”我们已上路，以积极的姿态！

二零一八年六月十九日

图书在版编目（CIP）数据

司法裁判精要与裁判规则：2018年卷 / 张嘉军等著
．--北京：法律出版社，2018
ISBN 978-7-5197-2691-1

Ⅰ．①司… Ⅱ．①张… Ⅲ．①民事诉讼－审判－研究
－中国 Ⅳ．①D925.118.24

中国版本图书馆CIP数据核字（2018）第212918号

司法裁判精要与裁判规则（2018年卷）
SIFA CAIPAN JINGYAO YU CAIPAN GUIZE
（2018 NIAN JUAN）

张嘉军 等著

策划编辑 林 蕊
责任编辑 程 岳 林 蕊
装帧设计 汪奇峰

出版 法律出版社
总发行 中国法律图书有限公司
经销 新华书店
印刷 天津嘉恒印务有限公司
责任校对 杨锦华
责任印制 胡晓雅

编辑统筹 法律应用·大众读物出版第一分社
开本 710毫米×1000毫米 1/16
印张 20
字数 350千
版本 2018年10月第1版
印次 2018年10月第1次印刷

法律出版社／北京市丰台区莲花池西里7号（100073）
网址／www.lawpress.com.cn
投稿邮箱／info@lawpress.com.cn
举报维权邮箱／jbwq@lawpress.com.cn
销售热线／010-83938336
咨询电话／010-63939796

中国法律图书有限公司／北京市丰台区莲花池西里7号（100073）
全国各地中法图分、子公司销售电话：
统一销售客服／400-660-6393
第一法律书店／010-83938334/8335
西安分公司／029-85330678
重庆分公司／023-67453036
上海分公司／021-62071639/1636
深圳分公司／0755-83072995

书号：ISBN 978-7-5197-2691-1
定价：58.00元